경인교육대학교 특성화사업단
C-멘토링 총서 9

새터민 청소년, 현명한 민주시민으로 거듭나기

오기성 · 김미선 · 신은섭 공저

MENTORING

학지사

머리말

한국사회로 이수해 온 새터민 가정 학생은 대체로 2001년 이후 매년 1,000명 이상씩 증가해 왔다. 그러나 2006년 이후로는 매년 2,000명 이상씩 증가하여 2008년 말을 기준으로 총 15,057명에 이르고 있다. 이 중 초 · 중등학생이 총 602명인데(한겨레중 · 고등학교 학생 85명 제외), 초등학생 341명, 중학생 181명, 고등학생 80명으로 초등학생이 압도적으로 많은 수를 차지한다(2007년 4월 현재).

주지하듯이 이들은 우리 사회의 구성원으로 자라면서 많은 어려움을 겪고 있다. 특히 이들의 가장 큰 고민은 학교 성적인 것으로 나타나고 있다. 중학생의 경우 대부분이 학교 성적에 대한 고민이 가장 크며, 초등학생은 학교 성적과 다른 말씨에 대한 고민이 큰 것으로 나타났다.

그러나 새터민 가정 학생들의 어려움이 성적만은 아니다. 이들은 대부분 불안 증상을 보이고 있다. 북한의 경제적인 불안으로 겪게 되는 기아의 고통, 가족의 죽음과 이별, 죽음을 무릅쓰고 탈출하는 과정에서의 두려움, 중국 및 동남아의 제3국에서 체류하는 동안의 고통, 남한에 입국하는 과정에서의 공포 등이 불안한 심리적인 증상으로 나타나는 것이다.

이러한 아픔을 가지고 있는 새터민 가정 학생들이 우리 사회에서 정상적인 구성원으로서 성장하도록 하기 위해 우리는 많은 도움을 아끼지 말아야 할 것이다. 무엇보다 새터민 가정 학생들이 탈북 과정에서 겪은 고통, 공포 등으로 인한 불안 증상을 해소하는 데 주안점을 두고, 학교생활 적응, 특히 신뢰에 기초한 인간관계 형성에 도움을 주며, 언어의 차이로 발생하는 의사소통의 어려움을 극복하도록 적극적으로 도와주어야 한다. 나아가 학교생활에서의 자신감 신장을 통해 대인관계를 원만하게 형성할 수 있도록 하고, 남북한의 문화적 차이를 다양성의 차원에서 받아들이도록 지도하며, 학습 부진 및 교육격차를 해소하는 데 도움을 주어야 한다.

한편으로 새터민 가정 학생이 한국사회에서 성공적으로 적응하고 성숙하는 과정에서 우리는 무엇보다도 통일이 이루어진 후 이질화되어 있는 남북한 출신의 청소년들이 함께 살아갈 때 나타나게 될 사회, 심리적 적응 문제들을 미리 볼 수 있다. 따라서 새터민 가정 학생 교육은 통일 한국에서 발생할 수 있는 갈등이나 문제들을 예측하고 그에 대한 대책을 세울 수 있는 일종의 '예비실험적 성격'을 가진다. 물론 우리가 함께 교육하려는 새터민 가정 학생들의 성향이나 생활 태도가 북한 주민이나 청소년 전체의 그것들을 반영하는 것은 아니다. 그러나 통일 후 사회문화적 통합을 준비하는 과정에서 새터민 가정 학생의 남한사회 적응 과정이나 교육 적응 실태에 대한 분석 및 이들의 성숙과정은 통일 사회의 문화 통합에 준거틀을 제공해 줄 것이다.

이때 유의해야 할 점이 있다. 새터민 가정 학생이 남한사회에 건강하게 통합되도록 하기 위해서는 이들에 대한 교육에서도 그들이 지닌 문화적 특성에 대한 존중과 이해를 바탕으로 이들을 동화의 대상이 아닌 행위 주체로 보는 관점, 새터민 가정 학생과 남한 주민 간의 상호 이해를 촉진시키는 관점을 견지하는 것이 중요하다. 새터민 가정 학생 교육에서 '적응' 못지않게 중요한 것은 일종의 자발적인 비적응, 즉 자신들을 차별하고 비하하는 남한사회의 지배문화를 객관화, 상대화하고 이에 대한 적당한 거리두기를 할 수 있는 능력의 함양이다. 따라서 새터민 가정 학생 적응 교육의 성공적 실행은 역설적으로 사회구조적 적응과 적절한 문화적 부적응을 성취할 수 있는 교육력을 동시에 확보할 때만 가능하다.

이러한 관점에서 이 책은 교육적 측면에서 새터민 가정 학생의 '적응'에도 관심을 갖지만, 남한사회에 대한 적당한 거리두기를 할 수 있는 능력 향상 교육을 위한 프로그램도 제시하고자 하였다. 또한 현장 교사가 아닌 교육대학생의 멘토링을 통해 프로그램을 수행하는 형식을 고려하였다.

멘토링이 추구하는 주요 방향은 멘티를 문화적 상호주의자로서, 현명한 민주시민으로서 거듭나기 위한 것에 두었다. 그리고 이를 위한 멘토링 프로그램을 제시하고 적합한 지도 방법과 사례를 소개함으로써 새터민 가정 학생을 대상으로 멘토링을 수행하고자 하는 대학생에게 이 책은 하나의 모델이 될 수 있을 것이다. 이 프로그램을 통해 새터민 가정 학생에 대해 멘토링을 수행하는 멘토는 남한사회 안내자, 사회적 지지기반–보호자, 부모의 대체 및 보완자, 꿈꾸는 법을 가르쳐 주는 사람–긍정적 자기암시의 교육자, 어른 역할의 모델링, 친구, 긴급구호자, 민주사회 생활양식(자유와 선택)의 안내자가 되기 바란다.

이 책은 교육과학기술부가 지원하는 2008년 수도권 특성화 지원사업의 일환으로 출판되었다. 이 책이 출판되기까지 도움을 주신 경인교육대학교 특성화사업단과 학지사 관계자 여러분께 감사의 말씀을 전한다.

2009년 2월

저자 일동

차례

제 1 장

새터민의 한국으로의 발길과 역경

1. 탈북 과정에서의 고통과 역경
2. 한국사회에서 새터민 청소년의 모습

1 탈북 과정에서의 고통과 역경

분단 이후 1990년대 초까지 국내에 입국한 새터민은 매년 10명 내외의 적은 규모였다. 그러나 1999년 28명의 새터민이 하나원에 입원을 시작한 이후 매년 그 수가 증가하여 2002년부터 1,000~2,000명, 2006년부터 2,000여 명씩 점차로 증가하였으며, 2007년 말에는 이미 12,000명이 넘어섰다. 2000년 이후로는 특히 새터민 청소년들이 늘어나 1999년 7월부터 2006년 12월 7일까지 입국한 새터민 청소년은 모두 1,477명으로 전체 새터민의 17.7%에 이른다.

현재 상당수의 새터민 청소년들은 제도권 학교에 편입학하여 생활하고 있다. 그러나 2006년 조사 결과에 따르면, 새터민 청소년의 초·중등학교 취학률은 초등학생 85.7%, 중학생 49.1%, 고등학생 6.6%에 불과하다. 이는 새터민 청소년들이 상급 학교로 진학할수록 학교생활에 적응하지 못하고 있다는 사실이다. 심지어 새터민 청소년의 과반수는 남북한 학제와 학력 차이, 제3국 체류와 국내 체류 기간에 발생한 긴 학습 공백, 생활양식의 차이 등으로 우울증에 시달리고 있다. 이러한 현실은 비행 청소년 문제로 이어지는가 하면, 취학 및 편입 포기, 나아가 취업의 어려움까지 가중되면서 심각한 사회문제로 대두되고 있다.

새터민 청소년들에게 학교생활의 적응 문제가 심각하게 나타나는 이유로는 우선 북한에서의 어려운 생활을 들 수 있다. 특히 1990년대 중반 북한에서 발생한 심각한 기근은 식량 부족으로 이어졌고, 배급까지 중단되는 결과를 낳았다. 먹을 수 있는 풀뿌리를 캐어서 먹거나 이도 제대로 먹지 못하게 되면서, 점차 중국으로 탈북하는 사람이 늘어나는 한편, 가족이 생계를 위해 뿔뿔이 흩어지는 현상까지 나타나게 되었다. 문제는 기아와 영양 부족에 따른 질병, 다양한 물자의 결핍으로부터 발생하는 복합적 피해 양상이, 결국 새터민 아동, 청소년들의 신체 발달과 성장 발육의 문제로 확대되고 있다는 점이다(최명선 외, 2006: 26). 특히 1990년대 후반 이후 이른바 고난의 행군 시기에 북한에서는 식량난 때문에 학생과 교사들이 정상적으로 등교할 수 없는 상황이 발생하고, 그 결과 많은 지역에서 학교교육이 파행적으로 이루어졌다. 이 때문에 새터민 청소년들은 학교에 제대로 다니지 못한 경우가 대부분이었으며 구걸, 꽃제비, 떠돌이, 약초나 해산물을 채취하거나 공원으로 일하면서 생존을 위해 노동에 나서게 된다. 다시 말해서, 새터민 청소년의 대부분은 소학교나 중학교를 중도에 그만두고 탈북하여 학교교육을 받지 못했을 뿐만 아니라 학교 경험 부족과 학력 결손의 문제를 지니게 되었다.

일반적으로 새터민 청소년들은 〈표 1-1〉에서 볼 수 있듯이 탈북 후 중국 등 제3국에서 수개월 이상 체류하다가 남한으로 입국한다. 제3국에서 청소년들은 취학(27.8%), 교회의 원조(22.2%), 노동(25.0%), 은둔생활(19.4%), 꽃제비 및 구걸(5.6%) 등의 생활을 한다(박모란, 2002; 최명선 외, 2006: 26-27). 특히 탈북 이후 제3국에서 겪는 공포 속에서의 생활은 새로운 사회에서의 적응에 장애가 된다. 북한의 청소년들이 북한을 떠나는 이유는 대체로 식량난으로 인한 배고픔, 가족이 해체되어 의지할 곳이 없거나 부모의 의견을 따르거나 중국으로 가면 가난을 면할 수 있을 것이라는 막연한 기대와 희망, 돈을 벌기 위해서 등 많은 이유가 있다. 그러나 목숨을 걸고 국경을 넘은 후에는, 현실에 부딪히면서 국적 없이 떠돌며 숨어 지내거나 굶주림, 학대, 인신매매, 성폭력, 심한 노동 등을 비롯해 청소년 또래들과는 다른 생활을 하면서 항상 불안에 떨면서 지내는 고통의 시간을 보내야 했다. 폭력과 죽음의 위험 속에서의 도피생활은 특히 무연고 새터민 청소년들의 경우 스스로가 자신을 지켜야 했기 때문에 험난하고 괴로운 경험의 고통들이 되어 정신건강에 부정적인 영향을 주게 된다(최명선 외, 2006: 27). 결국 여러 국가를 떠도는 과정에서 자신의 신분을 숨겨야 하는 자기 부정과 은둔의 경험은 정체성 형성기의 청소년들에게 정체성의 혼란, 외상후 스트레스장애, 불안, 우울증 등의 결과를 나타낸다.

〈표 1-1〉 탈북 후 남한 입국까지 시간(2004년 현재 통일부)

기 간	백분율(%)
6개월 이하	27.2
6개월 이상 1년 이하	11.4
1년 이상 2년 이하	14.9
2년 이상 3년 이하	11.5
3년 이상 4년 이하	11.0
4년 이상	24.0
계	100.0

탈북 과정에서 겪은 고통 또한 남한사회와 교육에 적응하는 데 어려움으로 나타난다. 대체로 새터민들은 갑작스러운 탈북으로 초래되는 예상치 못한 상실을 경험한다. 친구, 소유물, 가족 등 감정적으로 애착되어 있는 것에 대해 이별도 못하고 떠나는 상황에 놓이게 된다. 특히 무연고 새터민 청소년의 부모와의 이별은 심리적으로 중요한 상실 경험이 된다.

새터민의 상실이 심리적으로 극복되기 어려운 것은 한 문화에서 다른 문화로의 극단적인 변화가 있기 때문이다. 친숙한 물건이나 사랑하는 사람이 남기고 간 것으로부터 위로받을 수 없고, 또한 새로운 사회에서의 정착 후에는 살아가는 데 많은 에너지를 쏟아야 하기 때문에 상실을 극복할 수 있는 일상적인 가족의 삶을 재구성하기가 힘들다.

새터민은 탈북 과정 혹은 북송 과정에서 여러 형태의 폭력의 희생자 또는 목격자가 된다. 폭력 경험을 떠올리는 것은 정신건강의 문제 혹은 신체적인 상흔을 남기고 이는 신체적인 고통뿐만 아니라 폭력적 상황을 반복적으로 떠올리게 하는 단서로 작용한다(조정아, 2007: 51−52). 아울러 유사한 상황에 대해 강한 반응을 보이거나 정서적으로 위축되기도 하며, 사회적 고립, 무기력감, 공포, 감정의 고갈, 무감각, 신뢰관계 형성에도 어려움을 겪는다. 위협적 상황과 비위협적 상황을 변별하는 능력이 손상될 경우 위협적 상황이라고 판단되면 쉽게 흥분하게 된다.

2 한국사회에서 새터민 청소년의 모습

한국사회로 오기 전에 이러한 어려움을 겪은 새터민 청소년들은 한국의 초·중등학교에 편입학을 한 이후에도 이전의 부정적인 경험이 그대로 영향을 미친다. 우선 새터민 청소년들의 한국사회에서의 모습을 보면, 남한의 일반 학생보다 나이가 많은 것이 특징이다. 탈북 과정과 제3국 체류과정에서 시간을 소비했기 때문에 한국의 동학년 학생들보다 나이가 보통 두세 살 정도 많고, 이는 심리적 어려움으로 다가오게 된다. 어린 학생들과 함께 공부하는 것이 자존심이 상할 뿐만 아니라, 공부를 하다가 모르는 문제가 있을 때 나이가 많기 때문에 창피를 당하거나 무시를 당할까 봐 급우들에게 물어보지 못하고 포기해 버리는 경우가 많다.

경제적 측면에서 보면, 새터민 청소년의 대부분은 가정환경이 열악한 편이다. 대부분 정부에서 제공해 주는 작은 평수의 임대아파트에서 생활하며 부모님의 직업은 불안정한 경우가 많아 경제적으로 어려운 형편이다. 특히 무연고 새터민 청소년의 경우 근로 능력이 부재하여 경제적으로 대부분 힘든 상황이며 그 결과 사설 학원 등에서 공부를 할 수가 없다.

새터민 청소년의 학습 능력은 대체로 상당히 낮은 편이다. 북한에서 경제적인 어려움으로 학교를 제대로 다니지 못하는 경우가 많고, 탈북하여 중국 등 제3국에서 학습할 기회가 적어 남한 학교에 편입학하여 수업을 받더라도 긴 학습 공백으로 배우지 못한 부분이 많기 때문이다. 영어, 사회 과목은 북한에서 전혀 배우지 못하였기 때문에 학습을 하는 데 매우 힘들어 한다. 학교급이 올라갈수록 학업 능력 부족으로 어려움을 겪으며, 교과교육에서 사용하는 북한과 남한의 언어와 용어 차이로 수업시간에 이루어지는 설명을 제대로 이해하지 못하는 경우도 많다. 대부분의 새터민 청소년들은 학습 수준이 낮지만 경제적인 어려움 때문에 이를 보완하거나 극복할 수 있는 사교육의 혜택을 받지도 못한다. 결국 학습의 기회는 적은 반면, 학습 능력은 부족하여 학습을 따라가지 못하고 포기하는 경우가 있다. 특히 고학년에 올라갈수록 공부가 힘들고 학업을 따라가기 힘들어 남학생 중에서는 공부를 거의 포기하고 아르바이트를 하는 경우도 있다.

정서적 측면에서도 안정적이지 못한 것이 현실이다. 탈북 후 중국 등 제3국에서 중 · 장기간 머물고 체류하면서 불안정하고 자유분방한 생활로 새터민 청소년 대부분이 정서적으로 불안정하고 산만하다. 그 정도는 남학생들이 여학생들보다 훨씬 심하다. 일부 남학생들은 자유스럽게 생활하고 제멋대로 행동하고 말하여 일반 학생 및 교사와 마찰을 빚기도 한다(새터민 학생 교육보호담당관모임, 2007: 90). 모임이나 활동에 참석하기로 교사와 약속을 하고 한 마디 말없이 약속을 지키지 않는 경우가 있는가 하면, 학교 준비물을 잘 챙겨오지 못하고 등교하는 학생도 많은 편이다.

새터민 청소년은 자아존중감도 낮은 편이다. 북한에서 경험하지 못한 남한의 문화를 접하는 과정에서 남한 친구들에게 무시를 당하거나 따돌림을 당할까 봐 대부분의 새터민 청소년들은 북한 출신이라는 신분을 들키지 않으려고 한다. 이는 새터민 청소년들이 낮은 자아존중감을 갖고 있다고 해석할 수 있다. 학업 성적이 상당히 낮은 것도 자아존중감을 낮추는 한 요인이 될 수 있다.

반면 새터민 청소년의 자존심은 강한 편이다. 무시를 당한다는 느낌을 받거나 감정이 좋지 않은 말을 듣게 되어 자존심에 손상이 올 경우, 누군가 조금만 건드려도 심리적으로 견디기 힘들어하며 울분을 참지 못하고 분노와 적대감을 폭발시키는 경우가 있다(한상훈, 2008: 19－20). 그 과정에서 자신을 지키기 위한 방어로 앞뒤를 가리지 않고 거친 말을 하거나 싸우며 폭력을 사용하는 경우도 있다.

신체상의 외소함도 남한의 학교생활에 영향을 준다. 〈표 1－2〉에서 볼 수 있듯이, 북한은 식량난, 에너지난, 외화난 등의 경제 사정의 악화 속에서 특히 1990년 들어 배급량이 줄어들기 시작하였다.[1] 이로 인해 거의 모든 계층이 배급을 제대로 받지 못하였다. 영양 공급이 부진하자 새터민 청소년들은 신체적인 발육이 지체되고, 그 결과 대체로 키가 작은 편이다. 따라서 새터민 청소년의 신체 발달은 남한 청소년에 비해 현저히 지체되어 있다. 발달 지체는 남학생의 경우 더욱 심각하게 나타나고 있다. 영양 부족은 몸무게보다 신장에 더 큰 영향을 미친다(조정아, 2007: 37). 이는 상대적으로 신체가 큰 남한 학생들에 대해 신체적인 열등감을 갖게 되고, 결과적으로 스트레스가 되면서 심리적으로 위축되는 경우가 많다.

이향규(2007)가 127명의 새터민 학생들의 가족 사항에 대하여 조사한 결과에 따르면, 부모가 모두 있는 경우는 전체의 1/3 정도에 불과하다(이향규, 2007: 25). 그러나 이 비율은 친부모와 양부모를 합한 결과다. 새터

1) 북한 당국과 UNICEF, WEP, EU가 함께 한 영양실태조사 결과에 의하면, 북한 어린이들이 심각한 수준의 영양 실조와 발육 부진 상태에 있었음을 보여 준다. 김영훈, 지인배(2006). 식량난 이후 북한의 농업과 농정변화 분석(1995~2005년). 서울: 한국농촌경제연구원, p. 14.

〈표 1-2〉 북한 식량 수급 실태(1991~1995)

(단위: 천 명, 천 톤)

연도	인구	공급량				소요량		부족량	
		국내 생산량	해외 도입량	남한 지원량	계 (A)	최소소요량 (C)	권장소요량 (D)	C-A	D-A
1991/92	20,798	4,427	1,290	-	5,717	4,934	6,002	△783	285
1992/93	21,123	4,268	830	-	5,098	5,011	6,096	△87	998
1993/94	21,353	3,884	1,093	-	4,977	5,066	6,162	89	1,185
1994/95	21,543	4,125	490	-	4,615	5,111	6,217	496	1,602
1995/96	21,684	3,451	962	150	4,563	5,145	6,258	582	1,695

출처: 김영훈, 지인배(2006). 식량난 이후 북한의 농업과 농정변화 분석(1995~2005년). 서울: 한국농촌경제연구원, p. 14.

민 가정 중에는 부모 가운데 한사람, 흔히 어머니가 자녀를 데리고 입국하여 남한에서 다시 가정을 이루는 경우가 적지 않다. 부모와 함께 살고 있는 새터민 학생들도 양부 혹은 양모와의 갈등, 새로 구성된 형제들 간

〈표 1-3〉 새터민 청소년의 가족 사항

	초등학교	중학교	고등학교	계	백분율(%)
부모	21	8	4	33	32.0
편모	23	7	3	33	32.0
편부	4	1	0	5	4.9
기재 사항 없음	7	5	5	17	16.5
결측치	15	-	-	15	14.6
계	70	21	12	103	100.0

출처: 이향규(2007). 학교공부의 벽: 새터민 청소년 교육 실태와 학력 격차. 한반도평화연구원 제3회 한반도 평화포럼 자료집. 새터민 청소년 교육-우리의 미래다: 새터민 청소년들의 학력 격차 및 미래 교육을 위한 제언, p. 25.

의 갈등이 있는 경우가 적지 않다. 모자 가정의 수는 전체의 1/3로 부모와 함께 사는 학생들의 수만큼이나 많다. 새터민 가운데 70%가 여성이라는 점을 고려하면, 편모 가정이 많음을 쉽게 알 수 있다.

새터민 청소년의 학교생활을 안정화시키는 데 기여하는 중요한 요소는 가정이다. 새터민 가정은 새터민 청소년들이 남한 학교에서 생활하는 동안의 경제적인 지원뿐만 아니라 생활 지도, 정서적 조력 등을 수행해야 한다. 그러나 새터민의 가정 상황은 북한 탈출 과정에서 부모들의 보호자 기능이 상실되는 특징을 보인다. 남한의 새터민들은 부모가 자녀를 두고 남한에 먼저 입국하고 그 자녀들은 북한에서 고생하며 살다가 후에 부모의 조력으로 중국을 거쳐 탈출한 경우거나 또는 부모와 함께 탈출한 경우가 많다. 대다수의 새터민들은 탈출과정에서 가정이 해체되고 난민 상태에서 인권 유린을 겪었으며 도망자의 생활 속에서 보호자로서, 도덕적·규범적 안내자로서의 기능을 할 수 없었다. 오히려 새터민 부모들은 생존을 위해 겪지 말아야 될 것과 하지 말아야 될 일들을 자녀 앞에 보이게 되었다. 이로 인한 정신적 외상을 입은 부모들의 경우 오히려 새터민 청소년들이 보호자 역할을 하는 경우도 적지 않다.

북한에서는 어려서부터 아이들을 기관에 맡겨 키우고, 부모들은 직장에 일찍(7시 30분 출근, 30분 청소 및 독보) 출근하고 늦게 퇴근(6시 퇴근, 작업총화 및 생활총화 8시 퇴근)하기 때문에 가족들 간의 친밀한 상호작용이 적을 수밖에 없다. 또한 식량난으로 북한에서의 최악의 생존 상황, 탈출 기간 가족으로서의 기능 상실, 남한에 정착하는 과정에서 부모의 역할과 권위의 약화 등으로 새터민 가정은 많은 혼란을 겪고 있다. 이에 따라 대부분의 새터민 아동과 청소년들은 부모에 의해 비자발적으로 탈출하는 기간의 어려움과 남한 생활의 어려움, 또래관계에서의 소외 등으로 부모에 대한 불만이 크다.

또한 가부장적인 북한사회에서 절대 권력을 누리던 아버지의 말을 듣고 탈출한 새터민 청소년들의 불만은 아버지의 권위에 대한 도전으로 나타난다. 또한 남한사회의 아버지들과 비교하게 되고 북한에서 누렸던 권위를 지키고 싶은 아버지와 남한의 청소년과 같이 또 그보다 더한 도전의식을 갖게 된 새터민 자녀들은 마찰이 심각해지고 그 사이에서 어머니들은 역할 조정에 실패해 가정 자체가 파괴되는 경우가 많다(조명순, 2008: 40). 한편 성인이 되어 남한에 입국하여 적응 지체 현상을 겪고 있는 부모들보다 적응 유연성이 큰 새터민 청소년들은 오히려 부모들의 남한사회의 안내자 역할을 하기도 한다. 삶의 무게가 자신이 감당할 수 없을 정도로 심한 경우는 자신에게 도움을 주려는 사람이나 그런 역할을 하고 있는 사람들에게 모든 짐을 지우려는 경향이 있다. 새터민 부모에게서 자신들의 남한사회 적응이 부진하고, 자녀에 대한 통제력이 약화된 상태에서 자녀들의 문제를 방관하거나 타인의 도움에 지나치게 기대려는 경향이 나타나고 있다.

제2장

새로운 터에서의 불안과 혼돈

1. 심리적 불안
2. 문화의 차이
3. 학업 능력
4. 경제 및 가정생활
5. 대인관계

1 심리적 불안

새터민 청소년은 개개인마다 북한에서의 생활, 탈북 동기와 과정, 여러 가지 경험 등이 다르기 때문에 그들의 심리 상태를 일반화할 수는 없다. 따라서 비교적 다수가 보이는 공통된 심리적인 어려움을 살펴보고자 한다.

새터민 청소년은 대부분 불안 증상을 나타낸다. 북한의 경제적인 붕괴로 겪게 되는 기아의 고통, 가족의 죽음과 이별, 죽음을 무릅쓰고 탈출하는 과정에서의 두려움, 중국 및 동남아의 제3국 체류 기간의 고통, 남한에 입국하는 과정에서의 공포 등 불안한 심리적인 증상이 있다. 특히 새터민 청소년들은 붙잡혀서 북쪽으로 송환되는 것에 대해 항상 극단적인 공포심을 느끼고 있다(최명선 외, 2006: 28). 이는 송환된 후의 자기 자신의 운명만이 아니라 가족과 친척들에 대한 염려 때문이기도 하다. 이러한 공포심은 극단적인 죄책감과 결합되어 있는 경우가 대부분인데, 위험한 고비를 넘기고 안전한 곳에서 생활하게 되면 곧 심한 죄책감과 수치심을 느끼는 경우가 많다고 한다.

새터로서 한국으로 입국하면, 낯선 문화에서 앞으로 어떻게 생활하여 나갈 것인가에 대한 걱정, 남한 학교의 친구들과 함께 지내면서 사고방식, 놀이 문화의 차이로 소외감을 당하지 않고 친구를 사귈 수 있을까 하는 우려, 학교에서 학업을 잘 따라가고 사회생활에 적응하여 잘 지낼 수 있을까 등 불확실한 미지의 상황에 대한 심리적인 불안감이 생긴다(한상훈, 2008: 18). 아울러 부모와 자녀 간의 상호작용 과정에서 문화적인 괴리감, 공감대의 부재, 경직된 의사소통의 어려움도 겪게 된다.

무엇보다도 새터민 청소년들이 가장 많이 토로하는 문제는 외로움이

다. 아는 사람이 거의 없이 또래집단이나 가족의 정서적 지지를 받을 수 없기 때문에 입국 초기에 특히 많은 외로움을 경험하는 것으로 보고되고 있다.

이처럼 갑작스러운 환경 변화와 사회적 조건, 낯선 문화, 구체화되지 않은 미래에 대한 걱정, 그리고 친구관계에 대한 불안, 진학 및 가정에 대한 불안 등 다양한 측면에서의 불안감과 걱정 등은 스트레스의 요인으로 작용한다. 초기에는 주로 남한사회에 대해 잘 알지 못하기 때문에 불안을 경험하지만, 후기로 갈수록 친구관계나 학습에 대한 자신감 상실 등이 불안의 주요 원인으로 작용하는 것으로 나타난다(양계민, 황순택, 2008: 335). 특히 남한 사람들과 만나는 과정에서 언어적 차이나 사람을 대하는 태도나 방식의 차이, 농담에 끼일 수 없는 분위기, 놀이 문화의 차이 등으로 소외감을 느끼며 학교나 학원에 다녀도 강한 소속감을 느끼기는 어려운 것으로 나타나고 있다.

2 문화의 차이

문화의 차이는 무엇보다 가치관의 다름에서 두드러진다. 그리고 가치관의 다름은 곧 새터민 청소년에게 어려움으로 다가온다. 한편으로 새터민 청소년들은 남한 문화를 동경하면서 문화에 편입되고자 노력하지만 빈번히 부딪히는 문화적 충격과 이질감 때문에 적응에 어려움을 겪는다. 다른 한편으로 새터민 청소년들은 남한 문화에 민감하고 맹목적으로 좇아가려 한다. 그러나 남한의 청소년 문화가 매우 이질적이고 빠른 속도로 변화하기 때문에 또래 문화를 받아들이는 과정에서 많은 문제점을 노출하고 있다(최명선 외, 2006: 29). 그 결과 공공기관을 통해 집단적으로 양육을 받아 집단 활동에 익숙한 새터민 청소년끼리 어울리게 된다. 또한 남한의 개인주의적인 문화 및 자기 결정과 책임의 문화에 대한 어색함과 사회구성원으로서의 소속감을 느끼지 못하고 이방인에 불과하다는 생각을 갖게 되어, 고독감에 빠져 버린다.

새터민 청소년들은 성역할에 대한 고정관념을 가지고 있어 남한사회에서의 성역할에 충격을 받는다. 남한사회에서 요구하는 성역할에 대한 기대에 부딪히면서 갈등을 겪는 것이다. 성역할의 변화에 대한 적응은 본인의 가치관에 그치지 않고 대인관계 및 사회생활에 많은 영향을 미친다. 따라서 그것은 남한 생활에서의 가족 문제, 생활 적응에 따른 스트레스로 이어질 가능성을 갖고 있다(최명선 외, 2006: 29).

새터민 청소년들의 감정 경험과 감정적 표현의 일반적 특성으로 지적되는 것이 감정의 에너지가 풍부하고 극적이고 고저가 심하다는 점이다. 정감이 넘치다가도 직설적으로 자신의 감정과 의사를 표현하여 당황스럽게 하는 경향이 있고, 공격적인 성향이 강하다는 것이다. 이러한 성향이 나타나는 한 원인은 탈북 이주 과정에서 오는 심리적 긴장이 경험한 감정 혼란이라고 할 수 있다. 아울러 새터민 청소년들은 이주의 어려움에 더하여 청소년기에 겪게 되는 불안전성으로 심리적 긴장이 더욱 크게 작용한다고 볼 수 있나. 또 다른 요소로는 남북한의 문화적 차이에서 대인관계를 지배하는 감정의 표현, 감정 경험의 폭과 정도가 다르기 때문일 수 있다. 또한 공격성은 경험을 통한 폭력 상황으로부터 학습된 결과, 또는 좌절이 많은 상황에 대한 반응일 수도 있다(최명선 외, 2006: 29).

새터민 청소년들은 남한사회에 편입되어 새로운 문물을 접하면서 크고 작은 충격을 받는다. 또한 이질적인 문화에 대한 호기심과 새로운 물질에 대한 소유 욕구는 청소년들로 하여금 충동적인 사고와 행동을 초래하도록 하며, 이는 부모 세대와 갈등을 빚는 주요 요인으로 작용한다(임순희, 2006: 30). 10대 청소년들은 상당히 빠른 속도로 남한의 사회환경과 문화특성을 받아들이는 경향이 있다. 이른바 과동화(over-acculturation) 현상이다. 특히 또래 친구들과의 관계를 통해 남한의 말씨와 헤어스타일, 의복 등을 쉽게 따라하고 남한 청소년들의 문화를 있는 그대로 수용하고 빠르게 흡수하면서 문화적으로 과동화된다. 그러나 이질적인 남한 문화에 대한 이해가 부족한 대부분의 새터민 부모 세대는 특히 남한의 신세대 문화에 대해 매우 부정적으로 인식하고 있다. 따라서 사춘기를 겪는 자녀들이 그와 같은 문화를 받아들이는 것에 걱정을 한다. 예컨대, 청소년들의 습관적인 상스러운 언행, 흡연, 과도한 겉치장, 이성 교제, 여성 음주와 흡연 등을 자녀들이 모방할까 경계하며 자녀들에 대한 간섭과 단속에 주의한다.

3 학업 능력

초 · 중 · 고 학령기 새터민 청소년은 지속적으로 증가되어 왔다. 예컨대, 2003년 592명에서 2005년 1,011명으로 증가되었고, 2007년에는 1,178명으로 증가되었다. 이를 교육기관별 재적 현황(2007. 4. 1. 기준)으로 보면, 2006년에 비해 전체 청소년은 791명에서 1,015명으로 28.3% 증가된 수치다. 2006년에 비해 일반학교의 새터민 청소년은 444명에서 602명으로 35.6%로 증가하였으며, 학교수도 190개교에서 256개교로 증가하였다. 다음 〈표 2-1〉에서 볼 수 있듯이 약 70%의 학생(602명 중 419명)이 수도권 학교에 재학 중이며, 5명 이상 재학 학교(총 23개교, 서울 15개교)는 대도시 임대아파트 주변에 집중되어 있다(교육인적자원부, 2007; 조명순, 2008: 38-39).

〈표 2-1〉 새터민 청소년 교육기관 재적 현황

<table>
<tr><th rowspan="2">구분</th><th rowspan="2">한겨레학교</th><th colspan="3">일반학교</th><th rowspan="2">평생교육시설 및 민간단체</th><th rowspan="2">합계</th></tr>
<tr><th>초</th><th>중</th><th>고</th></tr>
<tr><td rowspan="2">인원(명)</td><td rowspan="2">85</td><td>341</td><td>181</td><td>80</td><td rowspan="2">328</td><td rowspan="2">1,015</td></tr>
<tr><td colspan="3">602</td></tr>
<tr><td>교육분담률(%)</td><td>8.4</td><td colspan="3">59.3</td><td>32.3</td><td>100</td></tr>
<tr><td rowspan="2">교육기관 수</td><td rowspan="2">1</td><td>113</td><td>91</td><td>52</td><td rowspan="2">18</td><td rowspan="2">275</td></tr>
<tr><td colspan="3">256</td></tr>
</table>

새터민 학생이 학교생활에서 가장 어려운 점은 〈표 2-2〉와 〈표 2-3〉에서 볼 수 있듯이 학업 능력의 부족이다. 이와 관련하여 학업 능력 관련 조사 결과를 요약해 보면(한만길, 현주, 오기성, 1999: 50-51; 한만길 외, 2000: 35-42), 첫째, 탈북 직후 하나원의 새터민 청소년들은 국어 읽기와 쓰기, 사회과 등의 기초능력검사에서조차 남한의 학생에 비해서 많이 부족하였다. 삼죽초등학교의 학생들은 국어 읽기와 쓰기, 수학의 수와 연산, 도형, 측도 및 관계, 사회과와 과학과의 모든 교과에서 같은 학년의 남한 학생에 비해서 학력이 많이 떨어졌다.

둘째, 새터민 청소년들은 읽기보다는 쓰기 문제에서 더 큰 어려움을 겪고 있었다. 수학의 수와 연산에서는 성적이 비교적 좋았지만 도형, 관계, 측도에서는 성적이 많이 떨어지는 경향을 보였다.

셋째, 학력 검사에서 어려움을 겪는 이유는 시험 경험의 유무, 시험 형식의 차이, 교과에서 사용하는 용어의 차이, 생활 문화 경험의 차이, 교육과정의 차이로 인해 내용을 습득하지 못한 경우 또는 탈북 이후의 공백기로 인해 내용을 습득하지 못한 경우, 실제로 기초 능력이 부족해서 습득 못한 경우 등 여러 가지다.

넷째, 새터민 청소년들은 대체로 남한 학교에 재학한 후에도 국어, 영어, 사회, 한문 등의 교과에서 어려움을 겪었다. 특히 영어 교과는 거의 모든 새터민 청소년들이 어려워하는 과목이다.

다섯째, 북한에서 성적이 우수했던 학생들은 대부분 남한에서의 적응 기간이 지나면 우수한 성적을 나타내는 경향이 있다. 그렇지만 학업상 공백기가 있었거나 여러 가지 사정으로 학습 태도에 문제가 있거나 학습에 흥미를 느끼지 못하는 학생들은 많은 교과에서 저조한 성적을 보였다.

〈표 2-2〉 새터민 청소년이 학교생활에서 어려운 점

구분	정진경 · 정병호 · 양계민, 2006			정병호 · 이향규 외, 2007
	초등학생	청소년	합계	
학업 따라가기	5(29.4%)	16(72.7%)	21(53.8%)	56(45.9%)
말투, 말을 못 알아들음	3(17.6%)	–	3(7.7%)	8(6/6%)
친구 사귀기	4(23.5%)	–	4(10.3%)	20(16.4%)
연령차 극복하기	–	4(18.2%)	4(10.3%)	20(16.4%)
기타	5(29.4%)	2(9.1%)	7(17.9%)	
전체	17	22	39	104

출처: 조정아(2007). 함께 살기와 서로 돕기: 새터민 청소년의 학교생활 적응과 지원 방안. 한반도평화연구원 제3회 한반도평화포럼 자료집. 새터민 청소년 교육-우리의 미래다: 새터민 청소년들의 학력 격차 및 미래 교육을 위한 제언, p. 41.

보다 최근에 이루어진 김미숙의 연구에 따르면, 새터민 초등학생의 기초학력 검사 결과 기초학력 획득 준거인 60점 이상을 얻은 초등학생들은 82.1%였으며, 60점 미만을 받은 학생들은 17.9%로 나타났다(김미숙, 2005: 27). 한편 수학에서 기초학력 획득 준거인 60점 이상을 받은 초등학생은 34.2%였으며, 60점 미만인 학생들은 65.8%였다. 같은 맥락에서 정병호의 연구 결과에 따르면, 학생들의 언어 영역 원점수를 백분위 점수로 환산하면 약 52.7로 나타난다. 이는 남한 학생들의 평균 정답률 90%

에 크게 못미치는 수치로서(정병호, 2006: 89), 남한 학생의 58.6% 수준이다.

〈표 2-3〉 현재 가장 큰 고민

구분	초등학교(%)	중학교(%)	합계(%)
1. 학교 성적이 좋지 않은 것	20(58.9)	28(90.3)	48(73.9)
2. 말씨가 다른 것(북한 사투리)	7(20.6)	–	7(10.8)
3. 어려운 가정환경	1(2.9)	–	1(1.5)
4. 외모(키, 얼굴, 몸매 등)	3(8.8)	2(6.5)	5(7.7)
5. 친한 친구가 없음	2(5.9)	1(3.2)	3(4.6)
6. 가정 불화(다툼, 이혼 등)	–	–	–
7. 선생님의 무관심	1(2.9)	–	1(1.5)
전체	34(100.0)	31(100.0)	65(100.0)

출처: 김미숙(2005). 북한 이탈 학생의 남한 학교 다니기. 교육사회학연구, 15(2), p. 27.

이상의 조사 결과를 놓고 보면, 탈북 이전 비교적 안정된 가정에서 학습 기회를 부여받은 학생들을 예외로 할 경우 대부분의 새터민 청소년들의 학습 능력은 낮다고 판정할 수 있다. 즉, 정도의 차이는 존재하고 예외적인 경우가 있겠지만 전반적으로 자신과 경쟁이 되는 남한 청소년들에 비해 학업 성취가 떨어지는 것은 엄연한 사실이다. 연령별로 보면 저연령(주로 초등학교 재학)보다는 고연령(중등학교, 학교 외 교육제도, 혹은 독학 등)의 경우가 더욱 힘들고 이로 인한 심리적 스트레스도 더욱 큰 것으로 보인다(이기영, 2001: 49). 여기에는 심각한 학습 부진을 경험하는 사례들도 존재하고 있다.

4 경제 및 가정생활

새터민 청소년들은 경제적으로 어려움을 겪고 있으며, 이로 인해 학교생활에도 상당한 곤란을 겪고 있는 것으로 나타났다. 새터민 청소년들의 부모들은 대부분 무직인 경우가 많은데 새터민 청소년을 지도하고 있는 교사나 자원봉사자들은 이 같은 사실이 학생들에게 부정적인 영향을 미치고 있다는 점을 우려하고 있다. 또한 이들 새터민 청소년에 대한 교육적 지원이 단순히 학비 지원에만 머물러 있기 때문에 참고서 구입이나 학원 수강 등 학력 보충에 필요한 혜택은 전혀 받지 못하고 있는 실정이다.

학원 수강비 등을 마련하기 어려운 새터민 청소년들을 대상으로 시민단체 소속 대학생들이 자원봉사의 형태로 과외 지도를 해 주고는 있지만, 학교 공부를 따라가기에는 역부족이다. 그런데 이마저 개인 사정에 따라 1~3개월 간격으로 담당 자원봉사자가 변경되는 사례가 잦아 지속적인 지도가 이루어지기 어렵다. 이런 경험에서 새터민 청소년들은 심리적으로 충격을 받으며 남한 학생에 대해 불신감을 가지게 된다.

새터민 청소년들은 경제 문제와 더불어 가정 문제의 이중고를 겪고 있다. 북한에서 탈출하여 남한으로 이주하기까지 새터민 청소년들은 대부분 많은 역경과 우여곡절을 겪었다. 남한으로 힘겹게 이주한 후에도 경제적인 어려움 때문에 가족과 함께 거주하지 못하는 경우가 많다. 새터민 청소년들은 부모와 함께 거주하는 경우가 흔치 않으며, 부모 중에서 상대적으로 취업이 수월한 어머니만 취업을 하거나, 부모님이 실직 상태인 경우가 많다. 이 때문에 새터민 청소년의 가정은 생활보호대상자로 지정되어 최저생계비를 지원받는 사례가 많다. 북한이탈주민후원회에서 2001년 5월 중순부터 7월 초까지 새터민 553명을 대상으로 사회 적응

〈표 2-4〉 새터민의 월평균 소득 현황

월보수액	수	%
1~60만 원	27	23.1%
61~80만 원	24	20.5%
81~100만 원	23	19.7%
101~120만 원	13	11.0%
121~140만 원	9	7.7%
141~160만 원	11	9.4%
161~180만 원	5	4.3%
181~200만 원	3	2.6%
201만 원 이상	2	1.7%
전체	117	100.0%

출처: 북한이탈주민후원회; http://www.dongposarang.or.kr/

실태를 조사한 결과에 따르면, 취업 및 직장 상황은 무직 27.5%, 정규직 25.1%, 학생 신분 16.5%, 임시직 15.6%, 가정주부 7.3%, 자영업 7.2% 등으로 나타나고 있다. 그리고 〈표 2-4〉에서 볼 수 있듯이 취업한 새터민이 직장에서 받는 보수는 평균 98만 원으로, 일반 근로자 평균 임금 171만 원(노동부, 2001)의 절반이 조금 넘는 57% 수준의 매우 낮은 양상을 보이고 있다.

5 대인관계

새터민 청소년들은 의리와 온정을 중시하고 자기 이해관계에 집착하지 않으며 조직화되어 움직이는 사회에서 살아왔다. 따라서 그들이 자유롭고 이해관계에 치밀한 자본주의 사회에서 교우관계를 새롭게 잘 형성하는 것은 쉬운 일이 아니다.

현재 새터민들은 인간관계를 제일 어려운 문제로 보고 있다. 한 새터민은 "학교에서 친구들과의 관계, 교수님들과의 관계, 직장에서 동료들과의 관계, 상사와의 관계, 동네에서 이웃과의 관계, 사회에서 사람들과의 관계 등이 조직적인 사회에서 자유주의 사회로 이동한 우리들에게 가장 힘든 문제다. 자유주의적이고 이해관계에 치밀한 자본주의 사회에서 인간관계를 새롭게 잘 형성하는 것이 학문을 연구하거나 기술을 체득하는 것보다 더 어려운 문제가 아닌가 생각된다. 이러한 여러 가지 사정들은 겹겹이 둘러싸인 자본주의 문화 속으로 들어가는 데 어려움으로 남고 그러다 보니 남한 생활 중 가장 어려운 것은 인간관계의 회복인 것 같았다."고 술회하고 있다(한만길, 현주, 오기성, 1999: 67).

새터민 청소년들이 학교생활에 적응할 때 가장 힘들어하는 문제 중의 하나가 교사-학생 간의 인간관계 혹은 급우들과의 관계다. 그 이유는 선생님들이 새터민 청소년에 대하여 무관심하거나 이해가 부족하여 학생이 심리적으로 상처를 받기 때문이다. 또한 수업 중에 선생님이 북한에 대해 언급하는 것에 대하여 새터민 청소년들은 예민한 반응을 보이며, 자신을 다른 남한 학생과 비교를 하면 자존심이 상한다고 말하고 있다(오기성, 2002: 6-7). 그리고 새터민 청소년들은 대부분 선생님을 어려워하거나 선생님의 말씀에 복종하는 경향이 있는데, 이는 선생님의 말에 무조건 따라야 한다는 북한에서의 교원에 대한 인식이 남아 있기 때문이라고 한다.

새터민 청소년들은 대부분 선생님의 지시를 잘 따르고, 수업 시간에 올바른 태도로 수업을 받는 것으로 나타났다. 그러나 담당 선생님의 무관심이나 새터민 청소년에 대한 이해 부족으로 학생들이 심리적으로 상처를 받고 있으며, 심지어 탈선을 하는 경우도 있다. 이 같은 사례는 흔하지 않은 경우지만, 새터민 청소년에 대한 관심과 특별 지도가 일선 학교에서 거의 이루어지지 않고 있다는 사실을 단적으로 보여 준다. 실제로 초 · 중 · 고등학교에 재학 중인 새터민 청소년들을 지도하는 교사들은 이들이 새터민 청소년이라는 것을 공개적으로 알리고 특별 지도를 해야 하는지, 새터민 청소년이라는 사실을 모른 채 일반 학생과 같은 지도를 해야 하는지에 대한 근본적인 판단 기준조차 가지고 있지 않은 실정이다.

한편, 급우들과의 관계에서도 부적응의 양상이 나타나는데, 그 이유는 이들이 남한에 입국하기 전 상당 기간 힘든 도피 생활을 경험함으로써 심리적 부작용이 나타나기 때문이다.

새터민 청소년들은 편입학한 학교에서 자신들이 북한에서 왔다는 사실을 숨기고 싶어하는데, 그 이유는 위와 같은 새터민 청소년에 대한 남한 학생들의 선입견에서 기인하는 경우가 많다. 또한 새터민 청소년들이 학교생활에 적응할 때 생기는 문제점 중의 하나는 남한의 학생들이 사용하는 은어, 혹은 외래어에 대한 이해 부족으로 생기는 갈등이라고 할 수 있다.

새터민 청소년들은 남한 학생들이 이해타산적이기 때문에 친구를 사귀기가 어렵다고 한다. "북한에서는 이해타산 없이 친구를 만나는데 남한의 아이들은 이해타산에 밝은 편이다."라고 지적하는 경우가 있다. 또한 "북한에 있을 때와 비교해서 친구를 사귈 때 다른 점이 있다면, 제가 보기엔 남한 애들이 똑똑하기도 하고 개인주의적이라서 북한 애들에 비해 진실한 면이 부족한 것 같아요. …… 또 북한에서는 하고 싶은 말이 있으면 직접적으로 표현하는데 남한 사람들은 직접적으로 표현하지 않고 예를 든다든지, 다른 사람을 통해서 간접적으로 말하더라고요."라고 부정적인 평가를 내리기도 한다.

또한 새터민 청소년들은 대부분 주변 친구들이 자신이 북한에서 왔다는 사실을 알고 있고 이로 인해 약간의 불편함을 겪고 있는 것으로 나타났다. 한 새터민 청소년은 "가끔 아이들이 놀릴 때면 내가 북에서 왔다는 것을 모르는 새로운 곳에서 다시 시작하고 싶다는 생각이 든다."라고 말하였으며, 또 다른 새터민 청소년은 "이제 나는 내가 북에서 왔다는 것이 알려지는 것에 대해 아무렇지도 않고 다른 학교에 다니고 있는 여자 친구에게도 말을 했는데 그 여자 친구가 그것은 아무 상관이 없다고 했다. 그런데 학급의 일부 아이들 중에는 내가 북에서 왔다는 것에 대해 이상하게 신경쓰는 경우가 있다. 특히 여자 아이들과의 관계에서 부담스럽다."라고 술회하고 있다(한만길, 현주, 오기성, 1999: 67－71).

남한 학생들은 새터민 청소년을 처음에 호기심으로 대하는 경우가 많다. 특히 그들의 언행에 대해 호기심을 갖는다. 그러나 이것이 새터민 청소년들에게는 부담이 된다. 또한 북한에서 왔다는 이유로 북한 말을 흉내내면서 놀리기도 한다. 이런 경우 대부분의 새터민 청소년들은 다른 학생들과 이야기하는 것을 싫어하게 된다. 강한 억양 때문에 사람들과 어느 정도의 거리감을 두게 되는 것이다. 언어의 이질감 때문에 알아듣지 못하는 단어도 있고, 또 북한에서만 사용하는 단어를 듣고 사람들이 웃는 경우도 있다. 물론 사람들이 비웃는 것은 아니지만 새터민 청소년들은 이러한 상황에 매우 안타까워한다(한만길, 현주, 오기성, 1999).

이러한 심리적 불안정과 선입견 외에도 나이 차이로 발생하는 문제도 있다. 새터민 청소년들은 남한 학교에 편입할 때 자신의 취학 연령보다 1~2년 정도 낮추는 사례가 많기 때문에 급우들과의 인간관계에 문제가 생기게 된다. 즉, 상급 학년의 불량한 학생들과 어울려 탈선을 하는 경우도 나타나고 있다.

나이에 맞는 학년으로 편입하면 학업을 따라가지 못할 것을 우려하여 자기 나이보다 낮은 학년으로 편입하는 것이지만 이 때문에 친구와 원만한 인간관계를 형성하기가 어렵다. 그래서 새터민 청소년들은 실제로 검정고시를 준비하는 경우도 있다.

이와 같이 새터민 청소년들은 학교생활과 친구들과의 인간관계에서 쉽게 적응하지 못하고 있다. 무엇보다도 이러한 현상이 발생하는 원인은 새터민 청소년들이 동료 학생과의 연령 차이, 교사와의 대화 부족, 학생 자신이 적극적인 인간관계를 가지려는 태도가 부족하기 때문이라고 할 수 있다. 이러한 부적응은 단시일 안에 극복하기 어려운 문제라고 할 수 있다. 특히 학교에는 이들을 이해하고 지도할 만한 전문성을 갖춘 교사가 없기 때문에 더욱 어렵다. 이들이 남한사회에서 원만히 적응하려면 남한의 교사나 학생들이 먼저 이들을 이해하려는 자세를 가져야 할 것이다. 또한 이들의 적응을 지원하고 격려해 줄 수 있는 우리사회의 분위기가 중요하다고 할 수 있다.

한편 학교 이외의 장에서의 인간관계 형성은 학교와는 다른 환경적 문제를 제기한다. 새터민 청소년의 상당수가 학교 재입학에 따르는 부작용, 예컨대 저연령 청소년과 같은 학년이 되는 것으로 인한 부작용들을 피하고 학력 인정을 보장하는 검정고시 학원을 찾는 것으로 보고되고 있다. 그러나 학교 외의 이러한 비정규 교육기관은 성격상 새터민 청소년들을 비교적 거친 환경에 노출시킴으로써 학교와는 또 다른 적응의 난점을 제공한다. 학교와는 달리 구성원들은 연령, 성별, 삶의 배경 등이 다양하고 일반적으로 학업의 이수과정이 정상적이지 않다. 이러한 학습 환경에서 학생들은 성별과 연령, 그리고 배경 등을 초월하여 다양한 사람들을 만남으로써 넓은 인간관계를 형성할 수도 있겠지만, 이로 인해 위험성도 존재한다. 특히 학교와 비교하여 보다 비보호적이고 비관용적인 인간관계를 형성하거나 혹은 새터민 청소년의 정체감을 혼란하게 하는 인간관계가 형성된다. 예컨대, 검정고시 학원에서 다양한 사람들과의 관계를 형성하면서 공부보다는 주로 재미를 찾는 쪽으로 몰아가는 경우가 있다. 즉, 학업증진에 도움을 줄 검정고시 학원이 오락과 유흥의 다양성을 제공하는 장이 되고 있어, 새터민 청소년이 적지 않은 위험과 부작용에 노출될 가능성이 있다.

제3장

왜 힘들어할까

1. 상이한 체제의 거리
2. 상이한 교육의 거리

1 상이한 체제의 거리

북한은 집단주의를 바탕으로 하고 있는 사회주의 체제를 삶의 형식으로 하고 있다. 반면, 남한은 개인주의를 바탕으로 하고 있는 민주적 자본주의 체제를 삶의 형식으로 하고 있다. 삶의 형식이란 측면에서 보면 이 둘은 본질적으로 상이할 뿐만 아니라 사상적으로 상극관계다.

두 사회는 이러한 상극적, 대립적인 이념과 체제를 기초로 자신들 체제의 우월성을 과시하기 위한 체제 경쟁을 지속하여 왔다. 즉, 각 사회의 국가 체제를 뒷받침하고 국가 활동을 정당화시키는 이데올로기 경쟁이 두 사회의 기본 구조에 매우 큰 영향을 주었다.

남한의 이념은 헌법에도 명시되어 있듯이 자유민주주의다. 일반적으로 민주주의와 비민주주의를 구분하는 공약수적 차원에서의 함수는 정치적 평등, 국민 주권, 입헌주의, 다수결 원칙으로 설명될 수 있다(이용필, 1994). 물론 한국의 정치가 이러한 민주주의의 요건이 안정적으로 실현되었다고 볼 수는 없지만, 국민의 자유와 인권을 최대한 보장하는 자유민주주의의 이념을 실현하고 있다고는 볼 수 있다. 이러한 기본 이념하에 남한은 몇 차례의 정치적 위기와 헌법 개성을 겪있지민 기본적으로 민주주의 정치 체제의 기본 골격을 유지해 왔다. 남한에서는 국민의 기본권과 자유경쟁 원리가 보장되고 선거제도에 의해서 정기적으로 국민의 대표들이 정치 과정에 참여할 수 있는 통로가 보장되어 있다. 그리고 행정부, 사법부로 권력이 분화되어 상호 견제와 균형이 가능하다.

반면 북한의 이념은 마르크스-레닌주의의 창조적인 적용이라고 하는 주체사상으로 대별된다. 1990년대 이후 우리식 사회주의, 사회주의 강성대국론, 선군정치론 등이 제시되어 왔지만, 북한에서는 현재에도 주체사상이 체제 구성원들의 모든 활동의 지침이 되며, 그럼으로써 상징적 차원에서 통일성이 표면상 거의 완벽하게 이루어지고 있다고 볼 수 있다. 이러한 주체사상을 토대로 북한은 혁명계승론과 김정일 우상화를 실시해 왔으며, 정치 체제 또한 수령의 영도를 대를 이어 실현하는 수령제 사회주의 체제를 구축하여 왔다. 이 체제에서 수령은 인민대중의 최고 뇌수이며 당은 인민대중의 핵심부대가 된다. 여기에 인민대중은 혁명과 건설을 위해 인민대중을 혁명의 주인으로 보는 혁명적 군중관으로 무장하여야 한다.

경제적 측면에서 남한은 자본주의 시장경제를 채택하고 있다. 자본주의 경제 체제는 합리적인 이윤 추구를 정당시하며, 이를 뒷받침해 주는 제도로서, 첫째 모든 생산수단을 사유재산의 형태로 배분하는 소유제도, 둘째 시장의 자율성, 셋째 생산성을 높이기 위한 기술 개발, 넷째 합리적이고 예측 가능한 법률제도, 다섯째 자유 노동, 여섯째 주식 및 유가증권의 자유로운 교환이 중시되는 경제의 산업화 등이 포함된다. 이러한 자본주의 시장경제에 기초하고 있는 남한의 경제 체제는 물질적 인센티브를 중심으로 경제 행위의 동기를 개별화시키고, 시장 기능을 경제 활동의 메커니즘으로 채택한 가운데 국가가 시장에 계획적 · 합리적으로 개입함으로써 높은 효율성을 유지해 왔다. 그러나 현재 남한의 경제 체제는 경제 행위의 동기화 수준이 저하되어 있고, 시장 기능과 국가 개입 사이에 조화와 균형이 정립되지 않는 등 여러 가지 취약점을 가지고 있다. 이러한 취약점에 대하여 남한의 경제체제는 현재 국가와 자본, 노동의 관계를 합리적으로 조정하는 등 효율성을 회복하기 위한 노력을 경주하고 있다.

반면 북한은 사회주의 경제 체제의 기본 전제하에서 볼 때 생산수단의 국 · 공유화, 농업의 집단화를 바탕으로 한 중앙집권적 계획경제의 실시, 주체사상에 입각한 자립경제의 확립에 있다고 볼 수 있다(손일대, 1987).

특히 북한은 '자력 갱생 노선'에 따라 '자립 경제'를 건설하기 위해서 주체적 공업화 정책과 주체적 산업화 정책을 채택하고 있다. 주체적 공업화 정책을 우선적으로 발전시키면서 경공업과 농업을 병진적으로 발전시킨다는 기본 원칙하에, 중공업은 주로 중앙공업기구에서 그리고 경공업은 지방공업기구에서 관리하여 두 부문의 발전을 도모하려는 것이다.

북한은 이러한 중앙집권적 계획경제를 토대로 사회주의 국가들의 변동에 동요하지 않고 주체사상에 따른 자급 체제를 꾸준하고 강력하게 고수하면서 경제 폐쇄성을 지속하여 왔다. 물론 북한 경제가 폐쇄적이라고 하지만 완전한 폐쇄를 뜻하는 것은 아니다. 문제는 국내 시장의 규모가 작고 자원이 부족함에도 불구하고 대내 지향적인 공업 정책을 수행한 결과 해외 부문이 국민 경제에 한정된 소극적인 역할밖에 하지 못하고 있다는 점이다. 이는 결국 북한 경제의 난국이라는 결과를 낳았고, 주민의 생활 수준은 급격히 떨어졌다. 그러나 북한은 1990년대 −4.3 정도의 지속적인 마이너스 성장에도 불구하고, 최근 사회주의 강성대국론의 차원에서 경제 자립을 위해 북한식 경제구조를 살리기 위한 투쟁을 계속 강화해야 한다고 강조하고 있다.

사회문화적 측면에서 볼 때, 남한사회는 대체로 민주주의에 기초하는 다원주의 사회로서 개인주의에 입각한 합리성과 실용성을 중시하는 비집단적이고 개방적인 사회다. 이러한 다원주의를 기초로 남한의 문화 정책은 정부가 국가적 차원에서 문화예술에의 접근 기회를 증가시켜 전체 국민에게 균등하게 배분하고 있다. 따라서 남한에서 실질적인 문화 활동은 개인이 담당하고 정부는 직접 관여하지 않는 방향을 지향하고 있다. 남한에서 문화의 목표는 정책적 결정에 의하여 제시되는 것이 아니고 체제 자체의 자율적 작용에 의하여 형성된다(정홍익, 1993). 이에 따라 남한의 문화는 국민 공동체의식의 함양, 국민 정서의 순화를 통한 바람직한 가치관으로의 계도, 국민의 정서적 욕구 충족, 순수 예술론의 관점에서 예술 그 자체의 발전을 목표로 한다.

그러나 북한은 '사회정치적 생명체론', 그리고 이를 토대로 한 '우리식 사회주의론'과 '조선민족제일주의론'이라는 이념을 통해 주체사상과 당의 유일사상 체계가 모든 가치를 지배하는 획일적이고 통제적인 사회를 구축해 왔다. 이에 따라 북한의 문화는 정치적 예속물로서 최고 통치 이념인 '주체사상'(이념문화)이 표방하고 있는 '우리식 사회주의'를 계승 발전시키기 위한 주요 수단으로 활용되고 있다고 볼 수 있다. 이 때문에 북한의 문화는 대체로 당규약이나 김정일의 교시에서 벗어날 수 없는 한계를 가지고 있는 것이다.

문화향수의 측면에서 볼 때, 북한 주민의 문화생활은 일종의 지속적인 전시동원 체제하에 놓여 있다고 할 수 있다. 북한은 지난 반세기 동안 전시동원 체제가 지속된 사회로서 이는 주민들로 하여금 생산과 노력봉사에 끊임없이 자신의 능력을 동원할 것을 요구한다(오기성, 1999: 190-191). 그 결과 노동이나 생산 시간이 끝나면 더 이상 추가적인 문화 활동이 불가능한 상태가 된다. 왜냐하면 문화예술 활동은 그 자체로 독자적인 창의력과 노력 그리고 시간을 필요로 하기 때문이다.

북한사회는 동원이나 '집단주의 원리'에 따라 움직여지기 때문에 새터민들은 하루 일과를 마치고 직업, 소득 수준, 교육 수준에 따라 자유분방하게 생활하는 남한 사람들의 생활 태도에 적응하기가 어렵다(이서행, 1994: 255-256). 또한 풍요롭게 물질생활을 하는 남한 사람들의 행동에서 상대적 빈곤감과 소외감을 경험하게 된다. 북한의 여가생활 수단은 대부분 대중매체, 즉 영화, 연극, 집체예술 등 집단주의적 원칙에 따라 이루어지며 개인적 차원의 여가 향유 수단은 극히 제약된다. 대중매체 활용이 허락된다 해도 통제사회인 북한에서는 텔레비전 채널과 라디오 주파수가 제한되어 있다. 새터민의 증언에 따르면, 바로 이 여가생활에서 남북의 차이와 갈등을 느낀다고 한다. 그 결과 새터민들은 이주 초기에 동료끼리의 친목을 다짐으로써 소외감을 극복하고, 차차 종교생활을 해나가면서 정상적인 자신의 여가생활을 하게 된다.

2 상이한 교육의 거리

1) 교육 이념과 제도

이러한 정치, 경제, 사회문화에 바탕하고 있는 북한의 교육 이념이나 목표는 북한의 정치 지도 이념과 불가분의 관계에 있다. 북한의 노동당 규약 전문은 "조선로동당의 당면 목적은 공화국 북반부에서 사회주의의 완전한 승리를 이룩하며, 전국적 범위에서 민족해방과 인민민주주의의 혁명과업을 완수하는 데 있으며, 최종 목적은 온 사회의 주체사상화와 공산주의 사회를 건설하는 데 있다."라고 정치노선을 밝히고 있다. 1998년에 개정된 북한 헌법 제43조에는 "국가는 사회주의 교육학의 원리를 구현하여 후대들을 사회와 인민을 위하여 투쟁하는 견결한 혁명가로, 지덕체를 갖춘 '공산주의적 새 인간'으로 키운다."라고 규정하고 있다.

북한교육에서 바이블격에 해당되는 「사회주의 교육에 관한 테제」에서는 교육을 "공산주의적 인간을 양성하는 사상 · 문화교양의 무기"로 정의하며 교원을 "후대들을 혁명의 계승자, 공산주의자로 키우는 직업혁명가"로 규정하고 있고, "모든 학생들이 개인주의 · 이기주의를 없애고…… 집단주의 원칙에 따라…… 사회와 인민의 이익, 당과 혁명의 과업을 위하여 몸 바쳐 투쟁하도록 교양하여야 한다."라고 명시해 놓았다. 그리고 사회주의 교육학이란 "후대들을 혁명화, 로동계급화, 공산주의화하여 김일성 수령에게 무한히 충직한 혁명투사를 양성하는 과학적 원리와 방법"이라고 정의하였다(김일성, 1997). 이에 따라 특히 김정일 체제 이후 교원들에게 ① 김정일만을 믿고 따르는 혁명적 수령관 확립, ② 정치적 조직생활에의 적극적인 참여, ③ 혁명가로서의 사상 정신적 풍모 수립 등을 촉구하고 있다.

이렇게 볼 때, 북한의 교육 이념은 자라나는 세대들을 온 사회의 주체 사상화와 공산주의 사회를 건설하고 사회와 인민을 위하여 투쟁하는 강력한 혁명가로, 지덕체를 갖춘 공산주의적 새 인간으로 양성하는 데 두고 있음을 알 수 있다. 교육 이념으로서 공산주의적 새 인간상이란 궁극적으로 공산주의 이념과 주체사상을 가장 잘 실천할 수 있는 혁명성 · 계급성이 투철한 인간을 말한다. 이와 같은 이념을 구현하기 위한 교육 목표는 김일성과 김정일에게 무한히 충직한 혁명투사로서 후대들을 혁명화 · 노동계급화 · 인테리화 · 공산주의화하는 데 두고 있다.

이를 위해 학교에서는 정치사상교양 과목이 중요시되고 있다. 북한의 '사회주의 교육 테제'에서도 "모든 교육 조건과 수단은 사람의 사상을 개조하는 데 복종하여야 한다." 혹은 "정치사상 교육을 잘하는 기초 우에서만 과학기술 교육과 체육 교육도 성과적으로 진행할 수 있다."라고 규정하고, 교육의 내용이 정치 사상성을 띨 것을 강조하고 있다. 이러한 정치 사상성은 북한의 교과서에 그대로 반영되어 있다(통일원, 1992; 박성희, 1994: 188-215; 통일교육원, 2000: 271-275).

또한 교육 방법에 대해 북한의 '사회주의 교육 테제'는 ① 깨우쳐 주는 교수 교양, ② 이론 교육과 실천 교육, 교육과 노동의 결합, ③ 조직생활, 사회정치 활동의 강화와 교수 사업과의 밀접한 결합, ④ 학교교육과 사회교육의 결합, ⑤ 학교 전 교육, 학교교육 및 성인 교육의 병진 등의 교육 방법을 제시하고 있다. 그리고 그들은 이러한 방법을 매우 칭송하고 있다. 그러나 실제 학교에서, 특히 인문사회 과목에서 사용되는 방법은 원문통달식이다.

북한의 학교에서 이루어지는 평가는 크게 다음의 세 가지 활동으로 구성되어 있다. 첫째, 일상적인 학업 성적의 이해를 위한 평가 둘째, 주로 학기말 또는 학년말에 이루어지는 시험 셋째, 학업 성적에 대한 종합적 평가가 있다(곽병선 외, 1998: 67－68). 그러나 주로 사용되는 평가는 주관식, 암기 위주의 평가다.2) 이상의 북한 교육의 특징을 토대로 남·북한 교육을 비교하여 정리하면 다음 〈표 3－1〉과 같다.

〈표 3－1〉 남·북한 교육의 영역별 비교 평가

		남한 교육	북한 교육
교육 이념	이질성	○ 개인주의와 자유주의 ● 서구 지향과 경제 교육 우선 ● 주지주의와 출세의 수단 ○ 홍익인간과 민주시민 ○ 다원적 가치 지향	● 집단과 평등주의 ● 이데올로기 교육 우선 ○ 주정주의, 주의주의 ● 혁명 전통과 주체사상 ● 일원적 가치 지향
	동질성	● 민주시민 교육과 한민족 공동체 교육의 결여 ● 전인적 인격 형성의 결여	
교육 내용 (과정)	이질성	○ 교육과 정치의 명시적 분리 ○ 객관적 사실주의 원칙 ● 서구 이론과 사실주의 ● 응용과학의 발달 ● 응용주의와 예체능 무시	● 교육과 정치의 명시적 결합 ● 허위와 허구의 구조 ● 민족 이론과 조작적 토착 이론 ○ 기초 이론의 발달 ○ 예체능 교육의 강조
	동질설	● 지나친 현실주의와 지배 이데올로기의 예속	

2) 북한의 학교에서는 대체로 학생들의 학적부에 학력점수와 생활점수를 병행하여 기록하고 있다. 학력점수는 5(최우등), 4(우등), 3(보통), 2~1(낙제)의 5단계로 기록하고 있으며, 생활점수는 모범/낙후의 2단계로 기록한다. 제1단계(낙제)는 시험문제 가운데 한 가지도 답변 못한 경우(1), 제2단계(낙제)는 시험문제 가운데 절반 이상을 답변 못한 경우(2), 제3단계(보통)는 시험문제 가운데 한 가지를 답변하지 못하고, 두 가지를 완전히 답변한 경우(3), 제4단계(우등)는 시험문제 모두 답변했으나 시험관의 보충 질문에 답변 못한 경우(4), 제5단계(최우등)는 시험문제와 시험관 보충 질문에 모두 답변한 경우(5)다.

교육 방법	이질성	○ 개별적 상호 경쟁의 원리 ○ 사랑의 원리 ● 서구적 교수 · 학습론 ○ 개별 지도(완전학습) ○ 탐구학습법 강조	● 집단적 경쟁 심리 조성 ● 증오와 애정의 대비법 ● 주체적 학습 방법론 ○ 집단 지도법(토론수업 응용) ○ 모델학습법 발달 ○ 긍정적 감화 교양법
	동질성	● 흑백론적 사고와 태도의 발달 ○ 발견학습법의 강조(깨우쳐 주는 교수 교양법)	
주) ○ 비교적 긍정적 요인 ● 부정적 요인			

출처: 신효숙(2006). '남북한 교육행정 및 제도 비교'. 남북한 비교론. 서울: 명인문화사, p. 251.

2) 교육 용어의 차이

남북한은 교수 · 학습 과정 중 사용되는 용어에서 많은 차이를 보이고 있다. 북한의 교육 용어는 대부분 교시와 당 강령에 기초한 강령적인 내용과 관련된다. 바꾸어 말하자면, 북한의 교육 용어는 교육학이라는 학문적 범주에 기초하여 생성 · 채용 · 사용되는 것이 아니라 공산주의 사회를 건설하는 데에 요구되는 자질과 특성, 그리고 그와 관련된 강령적 언어들이다. 다만 교육 용어들 간에 나타나는 선후관계 또는 논리적 관계를 굳이 찾아보면, 모든 교육 용어의 당위성이 공산주의 도덕관과 수령의 교시(주체사상)에서 출발한다는 점이다. 이러한 위계는 북한의 사회주의교육학의 구조와 내용을 통하여 한눈에 확인할 수 있다.

사회주의 교육학에 따르면, 공산주의 도덕은 ① 세계관 발전의 최고 단계를 이루는 주체사상에 기초한 도덕, ② 로동계급과 전체 인민을 위한 집단주의에 기초한 도덕, ③ 정치생활 규범, 법 규범과 유기적으로 연관되어 사회 발전을 다그치는 혁명적인 도덕, ④ 수령에 대한 충실성을 최고 기준으로 하는 도덕이라고 규정한다(한만길 외, 1999: 51－59). 이에 비추어 사회주의 생활양식을 유추하는데, 북한의 '사회주의 생활양식'이란 한 마디로 공산주의 도덕교양을 강화하기 위한 방도를 의미한다.

또한 교육 용어로 구성되는 교육 이론의 진술도 교육 용어가 강령적인 것과 마찬가지로 훈시, 계도, 설득의 문장진술 형태를 띠고 있다. 이는 남한의 교육 이론이 규범적인 것이긴 해도 진술방식에서 서술형을 띠고 있다는 점과 뚜렷한 대조를 이룬다. 같은 맥락에서 북한의 교육 용어는 엄밀한 의미에서 보면 교육학 이론을 구성하는 구성체(components)라기보다는 학생들의 실천을 전제한 행동강령이라고 할 수 있다. 이 같은 교육 용어가 지향하는 바는 두말할 나위 없이 공산주의 인간화에 있다. 북한의 교육에서 공산주의적 인간 육성에 주체사상이 결합되어 수령의 교시와 당의 강령이 이를 촉진하는 역할을 하는 과정에서 북한 교육 용어가 갖는 실천성의 특징을 짐작할 수 있다.

교수 행위나 교육 평가와 관련된 교육 용어도 같은 맥락에서 이해할 수 있다. 북한에서 교수 형태의 가장 기본적이고 으뜸으로 삼는 '깨우쳐 주는 교수 방법'도 사회주의 본성에 맞는 능동적인 사고를 할 수 있는 인간을 양성하는 데에 초점이 맞추어진 교수 방법이다. 깨우쳐 주는 교수 방법의 대표적인 예를 ① 설명(이야기, 담화), ② 토론(논쟁, 문답식), ③ 실물 교육과 직관 교육으로 간주하는 것은 교수 방법의 이론적 가능성에 기초한 것이 아니라, 실천적이고 수령의 교시와 당의 강령을 구체화할 수 있는 방법을 모색한 결과로 보아야 한다. 교육 평가는 한 마디로 학생들의 이해 정도를 정확하게 파악하기 위한 실천적 방법이 모두 동원된다고 볼 수 있다. '학업성적료해평가' '과제수행 정형검열' '담화검열' '5단계 채점법' 등이 그 예라고 할 수 있다. 북한 교육 용어의 실천적이고 강령적인 측면은 '시험'이라는 용어를 정의하는 데서 잘 나타난다. "시험은 교수 내용에 대한 학생들의 소화 정도를 검열하고 평가하는 중요한 수단입니다."라는 김정일의 교시에 기초하여 '이해 수준(정도)'을 의미하는 '소화 정도'라는 용어가 교육 평가와 관련된 문헌에서 자주 등장한다.

현재 남한 학교에 재학 중인 새터민 청소년의 경우 교수 · 학습 과정에서 특히 용어로 인해 어려움을 겪는 경우가 많다. “첫 미술시간에 선생님이 ‘켄트지 가져 와라.’라고 말했을 때 무슨 말인지 몰랐다.”거나 “처음에 아이들이 사용하는 ‘캡’ ‘짱’ 같은 속어와 ‘라커룸’ 같은 외래어를 잘 몰라 어려움이 많았다.”고 한다. 특히 적응 초기에는 실생활에 쓰는 외래어를 잘 이해하지 못하는 경우가 많다. 이러한 측면에서 시험 때 사용되는 OMR 카드는 새터민 청소년들에게 아주 생소한 것이 된다. 이는 용어의 문제이기도 하지만 주관식으로 구성되는 시험문제와 5단계 평정으로 이루어지는 북한의 평가 방법이 남한과 다르다는 것에 기인한다.[3)]

북한에서 사회적 기본 단위는 개인이 아니라 인민대중이다. 그러므로 북한의 청소년들에게는 개인으로서가 아니라 한 성원으로서 사회와 집단을 위하여 얼마나 이바지하느냐 하는 것이 그들의 생활의 가치척도로 되어 왔다. 예를 들어, 학교 체육대회에서 개인 시합은 거의 없고 대부분 집단 대항 형식으로 대회를 개최함으로써 청소년들은 어려서부터 개별적으로 무엇인가를 성취해야 한다는 의식보다는 집단적으로 잘해야 하며, 이것이 훌륭한 공산주의 청년상으로 의식화되었다.

이와 같이 북한 청소년들은 집단생활을 통해 명령에 복종하는 훈련과 집단 가치에 대한 훈련을 받아 왔기 때문에 개인이 자발적으로 행위를 선택하도록 사회화된 것이 아니라 상부의 계획과 동원에 의해서 타율적이고 수동적으로 사회화되었다고 볼 수 있다. 그러므로 북한 청소년들은 창의력이나 개인 간의 경쟁이 부족하고 개방적인 환경에서 여러 대안 중 어느 하나를 선택하여 의사 결정을 할 수 있는 능력이 매우 부족할 수밖에 없다. 결국 이러한 사실들은 새터민 청소년이 한국사회의 떳떳한 민

---

3) 이러한 어려움은 학생들만 겪는 것이 아니라 교사나 대학교수의 경우도 유사한 양상을 띤다. 특히 이들의 경우 남한의 교육학에서 나타나는 서구의 교육 이론이나 교육 용어에 대한 지식은 거의 부재한 상태다.

주시민으로 거듭나기 위해서는 학업 능력 증진과 아울러 민주자본주의 사회에서 건전한 시민성 함양이 매우 중요하고 시급하다는 뜻이다. 물론 이러한 필요성은 종전의 시각, 즉 동화주의적 시각에서 중요시하는 적응 개념의 접근도 중요하지만, 새터민 청소년이 주체적으로 기존의 정체성을 지니면서 보다 적극적인 정체성을 가지고 성장할 수 있도록 해야 한다.

제4장

현명한 민주시민으로 거듭나기 위한 멘토링

1 기본 방향: 문화적 상호주의자로서의 거듭나기

문화적 갈등이란 문화 변동의 과정에서 서로 통합되지 못한 부분이 개인이 참을 수 있는 한도를 벗어나서 강하게 또는 많이 존재하고 있는 상황, 또는 그럼으로써 사람들에게 불편과 저항감을 경험하게 하는 상황을 말한다(김광억, 1989). 문화 변동의 부정적인 결과는 단순히 외래문화의 유입뿐만 아니라 사회 내의 기술 체계 및 환경적 변화, 사회 구성원들의 사회적 계급이나 문화적 배경의 이질화의 증대, 새로운 제도와 이념의 발생 등에서 기인한다. 또한 외래문화의 수용 자체가 이러한 정치적 이데올로기와 제도, 경제적 윤리와 가치관, 사회적 관계의 성격 등의 변화와 함께 어우러져 이루어지는 것이다.

노비스(Adam Nobis, 1996)에 의하면, 문화는 비유전적 방식으로 전승된 상대적으로 안정된 행위 유형이다. 종종 개인들은 문화적으로 유형화된 행위 방식으로 행동한다. 그들은 문화적 행위 유형을 재생산한다. 그러나 때때로 개인들은 부분적 또한 자발적으로, 즉 다른 개인들과 문화 유형으로부터 벗어나 독자적인 방식으로 행동한다. 동시에 자발적 행위와 문화적으로 유형화된 행동 사이의 상호작용은 끊임없이 새로운 유형을 발생시킨다. 사람들이 자발적으로 행동하는 한, 새로운 유형의 형성과정은 비결정론적이고 예상할 수 없으며 돌이킬 수도 없다. 사람들이 새로운 문화 방식으로 행동할 때, 새로운 유형들은 상호작용하는데 그것은 긍정적일 수도 있고 부정적일 수도 있다.

문화 갈등은 부분적 또는 전체적 파괴에 이를 수 있는 문화적 행위 유형 사이의 비교적 안정된 부정적 상호작용이다. 문화 갈등의 수준은, 첫째, 기본적 행위 유형들 사이의 갈등인 미시적 수준, 둘째, 삶의 방식, 이데올로기, 종교의 갈등인 중간적 수준, 셋째, 문화들 사이의 갈등인 거시적 수준으로 분류될 수 있다.

이렇게 볼 때 사회문화적 갈등은 상당 부분이 '문화적 문제'라는 개념으로 파악되는 것이 가능하다. 또한 문화적 문제들은 사회적 · 심리적 문제들과 혼합되어 있으므로, 사실상 '사회 · 문화적(socio－cultural) 문제들'이라고 표현하는 것이 타당할 것이다.

특히 서로 다른 사회 체제에서 살면서 상이한 의식과 사고, 생활관, 생활 감각이 형성된 사람이 서로 만날 경우에는 상호 낯선 것들이 충돌하기 마련이다. 이것은 바로 문화적 차이에 기인한다. 흔히 동양인이 서양에 가서, 혹은 반대로 서양인이 동양에 와서 낯선 언어와 관습, 행동 방식과 음식에 어려움을 겪는 것을 문화적 차이 때문이라고 말하지만, 분단국가가 통합될 때에도 유사한 현상이 일어난다. 이처럼 낯선 문화와의 만남에서 발생하는 모든 형태의 어색하고 부자연스러운 현상들을 미국의 인류학자 캘베로 오버그(Kalvero Oberg)는 '문화적 충격(Cultural Shock)'이라고 지칭하면서, "모든 사회적 접촉에서의 익숙한 기호(약속)들과 상징들을 잃어버리는 것"(Kalvergo Oberg, 1960; 이상면, 1997)이라고 정의하였다. 그 후 1996년 피터슨(Paul Pederson)은 『문화적 충격의 다섯 단계』에서 "어느 한 사람이 낯설고, 과거에 습득한 과정들이 더 이상 적용되지 않는 사회 체제에 자신을 적응시키는 것이 강요된 상황"으로 정의하였다. 피터슨에 의하면, 문화충격을 겪는 사람들은 자신들에게서 기대되는 것과 그들이 주변 사람들로부터 기대할 수 있는 것에서 더 이상 확신을 갖지 못하는 상황 속에서 고통당하게 된다고 한다.

이렇게 낯선 사회 체제와의 갑작스러운 만남에서 발생하는 문화적 충격과 이때의 문제들은 바로 동독인이, 그리고 새터민들이 경험할 문제의 양상들이라고 볼 수 있다. 국내적으로 일어나는 문화적 충격 현상들이 개인의 의식 속에서 변화되는 과정을 볼프 바그너는 다음과 같은 U자형의 5단계 도식으로 표시했다. 이 도표는 문화적 충격에 부딪힌 개인이 낯선 요소, 갈등을 인지하고 다른 문화를 이해하고 익숙해지면서 극복하는 과정을 말해 준다.

문화적 충격의 U 커브 진행

1. 출발점 '한희'
   - 자기 문화 내에 존재하는 단계
   - 외래문화와의 접촉에서 관찰자의 시각
2. 하강 '소외'
   - 외래문화를 다소 충격적으로 접함
   - 문화적 대응 능력 상실, 자기 회의
   - 자신의 문화에 책임 전가
3. 추락 '확장'
   - 외래문화 거부－자기 문화의 옹호, 미화(美化)
   - 향수병이 최고조에 달함
4. 상승 '오해의 인식'
   - 상호 이해의 어려움이 문화적 차이에 기인함을 인식
   - 문화적 대응 능력 상승
5. 종점 '상호 이해'
   - 낯선 문화의 규준 이해, 습득
   - 두 문화의 규준에 따른 문화적 대응 능력 재획득

북한에서 도피했거나, 외국을 거쳐 남한에 이주해 온 새터민들이 경험하는 문화적 충격은 매우 크다. 따라서 통일 이후 남한 문화를 접하게 되는 북한 사람들은 이들과 유사한 경험을 하게 될 것이다. 이러한 사회·문화적 문제들이 점진적으로 해결되어 가는 과정은 장기간의 노력을 필요로 한다. 따라서 궁극적 통일이란 정치와 경제의 통합, 법의 통합을 거쳐서 사회 · 문화의 통합이 이룩되어야 진정으로 완성되는 것이다.

대체로 일반적인 다원주의 사회에서 나타날 수 있는 인성 발달 유형은 문화적 흡수자, 문화적 고립자, 문화적 배척자, 문화적 상호주의자로 나누어 볼 수 있다. 유형별 특징을 남북한 사회의 이질화 상태와 새터민의 남한사회 적응과 관련하여 살펴보면 다음과 같다.

첫째, 문화적 흡수자의 특성을 가진 개인은 자신이 속한 사회의 가치나 규칙을 무시하고 상대 사회의 것만을 인정하는 사람들이다(Wong-Rieger & Quintana, 1987; 김도태, 이경화, 1997). 이들은 언어의 사용이나 표정 등에 이르기까지 상대 사회의 것을 모방한다.

둘째, 문화적 고립자는 자신이 속한 사회의 가치나 관습만을 인정하고 상대 사회가 지닌 것들은 배척한다. 자신이 속한 사회에서 배운 행동으로 상대 사회 주민들과 교류를 하는 경우 자신과 다른 가치를 가지고 있는 상대에 대해 거부감을 갖기 쉬우며, 상대 사회의 주민을 이해하려고 하지 않고 자신이 속한 사회 안에서만 충실하려고 한다. 더욱이 상대 사회 주민에 대해 우월감을 가지고 대하기 때문에 불안과 불편의 수준이 높아진다. 그래도 자신이 노력을 하면 얼마든지 갈등을 극복할 수 있다고 믿는다(S. Sue & D. Sue, 1971; 김도태, 이경화, 1997).

셋째, 문화적 배척자는 자신이 속한 사회나 상대 사회를 모두 부정함으로써 자신이 속한 사회와 상대 사회를 오가면서 불안한 정체감으로 고생한다. 갈등을 해결하기 위해 자신이 속한 사회의 관습이나 가치를 배척하고, 상대 사회에 속하려는 과정에서 상대 사회 주민 앞에서 자신이 속한 사회의 사회적 관습이나 가치를 경멸한다. 그러나 상대 사회에 속하였을 경우 자신이 그리던 모습을 찾기 어렵다.

넷째, 문화적 상호주의자는 자신이 속한 사회와 상대 사회의 이질적 문화구조 사이에서 두 문화의 상호작용 영역을 이해하면서 자신의 정체감을 갖는 사람들이다. 이들은 두 사회 사이에서 사회 · 문화적 유동성을 성취하면서 경제적 · 정치적 장애를 상황에 따라 전략적으로 극복한다. 이 과정에서 갈등을 겪게 되는데, 그 이유는 문화적 흡수자나 문화적 고립자들에 대해 참을 수 없어 하고, 자신이 속한 사회의 사회적 가치를 일방적으로 인정하지 않고 상대 사회의 특정한 면을 함께 인정하기 때문이다.

문화적 상호주의자는 새터민 청소년의 주체적인 거듭나기를 위한 교육이 지향해야 할 목표라고 할 수 있다. 동화를 뛰어넘는 문화적 상호주의자로서의 능력 함양을 의미한다. 다시 말해, 새터민 청소년의 주체적인 거듭나기를 위한 교육은 새터민이 남한 문화가 자신의 문화와 상이함을 이해하고 현 상황에 맞게 적절히 이해하도록 하는 것에 목적을 두어야 한다. 다원주의 사회에서 살고 있는 새터민들이 남한사회의 가치나 기준을 이해하고 또 그 과정에서 발생하는 갈등을 긍정적으로 해결하려고 하는 사고의 틀을 갖도록 해야 하는 것이다.

한편 남한사회와의 접촉에서 긍정적인 사고를 갖도록 격려하고 지원하더라도 상이한 사회 · 문화적 환경에서 새터민은 갈등을 경험하게 될 것이다. 북한사회에 익숙한 새터민이 새로운 터, 즉 남한의 환경에 적응하려면 사회 · 문화적 갈등과 심리적 갈등이 생길 수밖에 없다(J. Matsuoka, 1990; S. Fong, 1974). 유일사상으로 철저히 무장하여 상대 문화를 이해하지 못하는 새터민이 개인주의적이고 다원주의적인 남한사회와 문화를 접촉하게 되면 정서적 불안과 개인적 기대의 상실을 경험하게 되는 것이다.

새터민이 남한사회에 건강하게 통합되도록 하기 위해서는 이들에 대한 교육에서 새터민들이 지닌 문화적 특성에 대한 존중과 이해를 바탕으로 이들을 동화의 대상이 아닌 행위 주체로 보는 관점, 새터민과 남한 주민 간의 상호 이해를 촉진시키는 관점을 견지하는 것이 중요하다. 새터민 교육에서 '적응' 못지않게 중요한 것은 일종의 자발적인 비적응, 즉 자신들을 차별하고 비하하는 남한사회의 지배문화를 객관화, 상대화하고 이에 대한 적당한 거리두기를 할 수 있는 능력의 함양이다(정진웅, 2004: 189; 조정아 외, 2006: 206). 따라서 새터민 적응 교육의 성공적 실행은 역설적으로 사회구조적 적응과 적절한 문화적 부적응을 성취할 수 있는 교육력을 동시에 확보할 때만 가능하다.

2 거듭나기 프로그램

1) 국어교육 멘토링

(1) 북한의 언어관과 국어교육

북한 교육의 목적은 '공산주의 실현을 위한 혁명가의 양성', 즉 '공산주의적 새 인간'의 양성에 있다. 이는 비단 교육 분야에만 적용되는 것이 아니라 북한사회의 전반에 적용되고 있다. 마찬가지로 국어교육의 목적도 이와 다르지 않다. 예컨대, 북한의 소학교(초등학교) 국어교육의 목적은 "우리말과 글을 통하여 학생들을 경애하는 수령님의 혁명사상, 주체사상으로 튼튼히 무장시켜 그들에게 혁명적 정서와 사고력을 키워 주고, 우리말과 글에 대한 기초적인 지식과 기능을 갖추어 줌으로써 그들을 자주성과 창조성, 의식성을 가진 공산주의 혁명 인재로 키우는 데 있다."고 밝히고 있다. 또한 중학교(고등중학교) 「국어 문학」 교육의 목적은 "위대한 수령님의 혁명사상, 주체사상과 주체적 언어문예 사상, 친애하는 지도자 선생님의 언어문예 방침으로 학생들을 무장시키며 그들에게 언어와 문학에 대한 일반 기초 지식과 실천 기능을 키워 주고 혁명적 정서와 사고력을 발전시킴으로써 위대한 수령님과 친애하는 지도자 선생님께 끊임

없이 충직한 혁명 전사로 키우는 데 있다."고 밝히고 있다.

위에서 제시한 북한의 국어교육은 전자나 후자 모두 우리말과 글을 '힘 있는 무기'로 하여 김일성의 혁명사상과 주체사상으로 학생들을 무장시키고, 당과 수령에게 충직한 '공산주의 혁명가'로 키워내는 것이 그 목적으로 설정되어 있다(최현섭, 이인제, 최영환, 1999: 31–33). 언어를 혁명적 세계관 형성의 무기로 보는 북한의 언어관이 그대로 반영되어 있다고 할 수 있다.

북한의 언어관은 주로 『주체의 언어 이론』(1982)을 동해서 질 파악할 수 있다(유동석, 1995: 335–337). 이에 따르면, 언어는 민족을 이루는 공통성의 하나이며, 나라의 과학과 기술을 발전시키는 힘 있는 무기이고, 문화의 민족적 형식을 결정짓는 중요한 징표다.

북한의 언어관은 주시경, 최현배 등의 어문민족주의에 언어를 '발전과 투쟁의 무기'로 보는 유물론적 언어관을 결합시킨 것이라 할 수 있다(김민수, 1989: 98–99). 다시 말해서 스탈린의 언어관에 기초하여 언어를 사상 교환과 사상 교육의 주요 수단으로, 그리고 사회주의 혁명 건설을 위한 중요한 무기로 여기면서 발전시키려는 목표가 있다고 하겠다.

북한은 1960년대 들어서부터 김일성의 항일빨치산 때의 언어규범화 분야에서 이룩한 '혁명전통 교양'과 '주체적 언어사상'을 접목시켜 수령 중심과 체제 반영을 위주로 사대주의, 교조주의를 배격하면서 민족어 발전을 추진하였다. 이는 "언어생활에서 부르주아적 요소나 복고주의적 요소가 스며드는 것을 반대하고 투쟁해야 하며 노동자, 농민이 늘 쓰는 말에 토대하여 발전시키며 혁명적으로 세련시켜야 된다."는 것과 관계된다(하치근, 1993: 24). 이렇게 노동자, 농민을 포함한 모든 인민들이 사용할 수 있는 형태로 언어 발전을 도모해 왔다.

따라서 북한의 언어관은 언어도구관의 입장에 있다고 볼 수 있다. 언어가 사회생활에서 교제를 위한 사고의 도구라는 관점을 견지함으로써,

언어는 다만 전달을 매개하는 것으로 본다. 근원적으로 사고와 언어가 별개의 이원적 존재이므로 부차적인 표현보다 사고가 먼저라고 보며, 본질적으로는 실제로 나타난 표면적인 언어 실행을 언어라고 본다.

이것은 북한의 언어관이 기본적으로 공산주의 언어관을 바탕으로 하고 있다는 데 기인한다(장경모, 1993: 217－219). 사회과학원 어문학연구소에서 발간된 『조선말사전』(1962)에서 언어를 '호상 리해를 달성하는 데 가장 중요한 수단'으로 보고 있는 것이나, 『현대조선말사전』(1968)에서 '혁명과 건설의 강력한 무기로 복무'한다는 것, 그리고 『조선문화어사전』(1973)에서 '혁명과 건설의 무기로 복무'한다는 것이 그 예다. 이러한 관점은 언어를 통해 사람들의 혁명적 단결을 강화하고 같은 사상으로 무장해 나가야 한다는 것으로 북한의 언어관이 언어도구관의 관점을 강화, 발전시켜 나가고 있음을 뜻한다.

반면 북한에서 언어에 대한 인식은 1980년대부터의 급변하는 국제정세에 대한 미봉책으로 주체사상 확립의 강조와 함께 교육을 비롯한 사회의 전 분야에서 자주적이며, 창조적인 생활을 강조하면서 한 차례의 변화를 수반하게 된다. 즉, 1981년 발간된 『현대조선말사전』에서는 김일성의 교시를 인용하여 "언어는 민족을 이루는 공통점의 하나이며 나라의 과학과 기술을 발전시키고 혁명과 건설의 힘 있는 무기로서 사람들의 자주적이며 창조적인 생활에 복무한다."(사회과학원 언어학연구소, 1981: 김일성, 1983: 283)고 정의하고 있다.

여기서 언어가 "자주적이며 창조적인 생활에 복무한다."는 것은 궁극적으로 김일성에게 절대 충성하는 주체형의 공산주의 혁명가를 양성하는 데 있다(사회과학원 언어학연구소, 1976: 9). 이는 언어를 통하여 인간의 사상, 의식을 개조시킨다는 의미를 내포한다. 또한 어떤 사상이 발생하든지 또는 그것이 어느 때 생겨나든지 사상은 언어에 기초해서만 발생하며 언어 없이는 사유할 수 없다(김동수, 1983: 14). 이러한 측면에서 북한의 언어관은 언어가 사상의 상위 개념에 존재하는 언어사상 형성관의 관점에 있음을 보여 준다.

이상의 언어관을 통해 볼 때, 북한에서의 국어교육은 사회주의 교육학 이론에서 제시한 사회주의 교육의 기본 원리를 바탕으로 김일성과 김정일의 언어와 문예에 관한 사상 및 이론에 충실하게 학생들을 공산주의 혁명 인재로 양성하는 데 주요 목표가 있음을 알 수 있다(교육인적자원부, 충남교육청, 2007: 74). 즉, 북한에서의 언어는 공산주의 사상을 뿌리 깊게 심어 놓을 수 있는 중요한 수단인 것이다. 북한의 국어교육 목표 또한 다른 과목들처럼 공산주의 사상을 강화하는 것에 초점을 두고 있다.

(2) 국어교육 멘토링 프로그램

새터민 청소년이 남한사회에서 주체적인 구성원으로서 생활하기 위해서는 무엇보다 그 토대라고 할 수 있는 언어 습득이 우선적이다. 이를 위해 남북한 언어 이질화 극복 및 문화규범적 차이 극복을 위한 교육 프로그램의 운영이 필요하다. 남한 학생과 새터민 학생들 간의 학력격차가 매우 큰데, 새터민 학생들의 기초 학력 수준을 영역별로 살펴보면, 수학 영역보다 언어 영역의 학력이 더욱 부진하다. 읽기, 쓰기 등과 같은 국어 영역에서의 학력 부진이 더 심각하다는 것이다.

하나원 새원 학생들을 대상으로 한 조사 결과를 고려하면 초기 적응 과정에서 새터민 학생들은 언어 영역, 정확하게 말하면 읽기와 쓰기에서 학력 부진이 매우 심각하다. 이러한 실태는 삼죽초등학교의 사례에서 볼 수 있으며, 보다 최근에 새터민 초등학생 연구 학교로 지정된 인천 장도 초등학교의 경우에도 동일하게 나타나고 있다. 특히 중국에서 태어났거나 중국에서 장기간 체류한 새터민 학생들은 나이를 불문하고 한글을 전혀 배우지 않은 상태가 대부분이어서, 중국어는 능숙하나 국어의 기본적인 읽기 · 쓰기에 어려움이 많다(삼죽초등학교, 2008: 55).

2008년 7월 말부터 8월 초까지 경인교대 대학생들이 멘토링을 실시했던 장도초등학교에 재학 중인 새터민 학생의 경우, 중국에서 태어나고 부모 중 한 명은 중국인이고 한 명은 한국인인 학생은 모두 3명이었다. 이들은 중국어로만 의사소통이 가능하여 국어교육에서 자모음부터 학습을 시작해야 하는 상태였다. 장도초등학교에 재학 중인 31명의 새터민 학생 중 한국어를 전혀 못하는 3명을 포함하여 약 12명 정도가 한글에 대한 이해 정도가 약해 교과학습에 어려움을 겪고 있었다. 현재 장도초등학교는 한국어학습이 전혀 되어 있지 않은 학생을 포함하여 9명을 한글반으로 편성하여 한국어학습을 집중적으로 실시하고 있다. 이러한 상황을 고려해 볼 때, 새터민 학생들에 대한 초기 적응교육에서 무엇보다도 국어교육에 대한 보다 세심한 배려가 요청된다는 것을 알 수 있다(윤상석, 2008: 73).

다양한 국어영역에 대한 수준을 고려하여 본 연구에서는 크게 4단계로 국어교육 멘토링 프로그램을 설정하였다. 1단계는 '한글 익히기', 2단계는 '낱말 익히기', 3단계는 '문장 익히기', 4단계는 '짧은 글 익히기', 5단계는 '일상생활 및 학교생활에 필요한 표현 익히기'로 구성하였다. 자세한 내용은 〈표 4-1〉과 같다.

〈표 4-1〉 국어교육 멘토링 프로그램

단계	주제	목표	주요 내용
1	한글 익히기	• 자음을 익히고 낱자를 순서에 맞게 쓸 수 있다.	• 자음 ㄱ, ㄴ, ㄷ, ㄹ 익히기 • 자음 ㅁ, ㅂ, ㅅ, ㅇ 익히기 • 자음 ㅈ, ㅊ, ㅋ, ㅌ 익히기 • 자음 ㅍ, ㅎ 익히기 • 낱자를 차례에 맞게 쓰기

		• 모음을 익히고 쓰고 낱자를 순서에 맞게 쓸 수 있다.	• 모음 ㅏ, ㅑ 익히기 • 모음 ㅓ, ㅕ 익히기 • 모음 ㅗ, ㅛ 익히기 • 모음 ㅜ, ㅠ 익히기 • 모음 ㅡ, ㅣ 익히기 • 낱자를 차례에 맞게 쓰기
2	낱말 익히기	• 자음과 모음을 더하여 낱말이 이루어짐을 알 수 있다.	• 그림을 보며 자음과 모음을 조합하여 받침이 없는 낱말 만들기 • 그림을 보며 받침 없는 낱말 만들기 • 그림을 보며 받침 없는 낱말 써 보기
		• 그림을 보고 받침이 없는 낱말을 읽고 쓸 수 있다.	• 그림을 이용하여 받침이 없는 낱말 읽기 • 그림을 이용하여 받침이 없는 낱말 쓰기 • 여러 가지 단어 익히기
		• 자음과 모음을 조합하여 받침 있는 음절을 만들 수 있다.	• 자음과 모음을 조합하여 받침 있는 음절 만들기 • 받침 있는 음절 읽고 쓰기 • 북, 공, 책 등 쓰기
		• 받침 있는 쉬운 낱말을 구별할 수 있다.	• 주변 사물을 찾아 이름을 말해 보기 • 주변 사물을 찾아 이름을 써 보기 • 사물과 이름 정확히 연결하기
		• 자음과 모음을 더하여 낱말이 이루어짐을 알 수 있다.	• 그림을 보며 자음과 모음을 조합하여 받침이 있는 낱말 만들기 • 자기 이름, 선생님과 부모님 이름 쓰기
		• 받침이 있는 낱말을 읽고 쓸 수 있다.	• 그림을 이용하여 받침이 있는 낱말 읽기 • 그림을 이용하여 받침이 있는 낱말 쓰기
		• 그림을 보고 받침이 있는 낱말을 읽고 쓸 수 있다.	• 그림과 주변 사물을 보고 받침이 있는 낱말 읽기 반복 연습 • 그림과 주변 사물을 보고 받침이 있는 낱말 쓰기 반복 연습

3	문장 익히기	• 문장의 짜임 익혀 문장으로 나타낼 수 있다.	• 그림 보고 문장 완성하기 • 완성된 문장을 선생님 따라 읽기 • '무엇이 어찌하다' 형식의 문장 쓰기 • 그림과 어울리는 문장선으로 연결하기
		• 문장의 짜임을 생각하며 글을 읽을 수 있다.	• 그림을 보고 〈보기〉와 같은 형식의 문장 만들기 • 완성된 문장 읽기 • 〈보기〉 글과 같은 형식의 문장 고치기 • 알맞은 문장이 되도록 선으로 잇기 • 문장 완성하기 • 소리 내어 읽기
		• 문장 부호에 대하여 바르게 알 수 있다.	• 문장 부호 이름 알기 • 문장 부호의 쓰임 알기 • 문장 부호 익히기
		• 문장에서의 문장 부호의 쓰임을 알고 익힐 수 있다.	• 문장에서 문장 부호의 쓰임 알기 • 문장 부호가 있는 문장을 자연스럽게 읽기
		• 글을 읽고 문장 부호를 바르게 사용하였는지 찾을 수 있다.	• 문장 부호의 이름과 쓰임 익히기 • 간단한 문장의 □ 안에 알맞은 문장 부호 쓰기 • 글을 읽고 알맞은 문장 부호 찾아 쓰기 • 문장 부호를 살펴보고 □ 안에 알맞은 말 쓰기 • 주어진 문장 부호를 사용하여 그림에 알맞은 문장으로 완성하기 • 문장의 종류에 따라 문장 부호가 변화되는 것 알기
4	짧은 글 익히기	• 이어지는 내용을 꾸며 쓸 수 있다.	• 이어질 내용을 쓸 때 주의할 점 알기(앞의 내용과 잘 어울려야 한다. 까닭을 생각한다. 재미있게 쓴다.) • 이야기를 읽고 이어질 내용 꾸며 쓰기
		• 글을 실감나게 읽을 수 있다.	• 때와 등장인물 등의 내용 파악해 보기 • 인물의 말과 행동을 생각하며 읽기 • 어울리는 목소리로 읽기

		• 대상을 생각하며 알리는 글을 쓸 수 있다.	• 글감에 대하여 알기 • 알리는 글을 쓸 때 주의할 점 알기(읽을 사람을 생각하여 쓰고, 내용이 잘 드러나게 쓰기) • 내가 알고 있는 옛날 이야기 써 보기
		• 'ㄲ, ㄸ, ㅃ, ㅉ'이 들어간 낱말을 알 수 있다.	• 글자 모양 살피기 • 'ㄲ, ㄸ, ㅃ, ㅉ'이 들어간 낱말 찾기 • 'ㄲ, ㄸ, ㅃ, ㅉ'이 들어간 낱말 바르게 쓰기
5	일상생활 및 학교 생활에 필요한 표현 익히기	• 필수적인 인사법을 알고, 간단한 자기소개를 할 수 있다.	• 인사 관련 표현 익히기 • 친구들에게 나를 소개하기
		• 직업에 대한 이해를 통해 자신의 진로를 구상할 수 있다.	• 직업 소개 문장 익히기 • 친구들에게 나의 직업 소개하기
		• 장소와 위치 관련 표현을 할 수 있다.	• 장소와 위치 알아보기 • 길 안내 해 보기 • 내가 알고 있는 장소에 대한 질문과 답하기
		• 달력을 보고 날짜를 읽을 수 있다.	• 날짜와 요일 익히기 • 달력을 보고 날짜 읽기
		• 시간표를 읽을 수 있다.	• 시간과 관련된 표현 익히기 • 시간표 읽어 보기
		• 은행에 갔을 때 필요한 표현을 알 수 있다.	• 은행에 가본 경험 이야기하기 • 은행에서 이루어지는 대화 연습해 보기
		• 병원에 갔을 때 필요한 표현을 알 수 있다.	• 병원에 가본 경험 이야기하기 • 병원에서 이루어지는 대화 연습해 보기 • 병원놀이 해 보기
		• 학교에서 공부 시간에 필요한 표현을 알 수 있다.	• 공부 시간에 필요한 표현 익히기 • 역할을 정해 학교 놀이 해 보기
		• 학교 시설물 이용에 필요한 표현을 알 수 있다.	• 우리 교실 밖을 살펴보기 • 교실 밖에서 이루어지는 상황에 맞추어 대화 연습해 보기

2) 민주시민성 함양 멘토링

(1) 멘토링의 기본 방향

북한사회는 김일성과 김정일의 절대적인 권위에 따라 움직이는 권위주의 사회다. 북한과 같은 절대적인 권위주의 사회는 절대권자의 명령에 복종하는 것이 최고의 덕목이기 때문에 사람들은 구체적인 명령이 있기 전에는 자발적이고 능동적으로 행위할 필요를 느끼지 않는다(최운실 외, 1995: 103-105). 그렇기 때문에 북한 주민들은 자신의 판단과 결정에 따라 능동적으로 행동하기를 꺼리며 상부로부터의 명령이나 주어진 직무만 이행하는 것을 자신의 책임으로 간주한다.

이 같은 이유로 새터민들은 다원적인 민주정치에 대한 이해가 부족하다. 북한의 권위주의 정치 체제를 체험하면서 수령, 당, 대중의 위계적 정치 구조에 철저하게 복종한 탓이다. 김일성에 대한 절대적인 복종은 곧 사회 전체를 권위주의 방식으로 통제함으로써 주민들의 인성을 신민형으로 만든다. 따라서 다원주의 사회의 특성을 이해하지 못한다. 즉, 한 사회에서 다양한 형태의 이익 집단이 형성되고 있을 뿐만 아니라 각 집단들은 서로 여론을 형성하고 있다는 사실을 이해하지 못한다.

북한에서는 국가가 모든 것을 해 주는 것으로 믿는 경향이 강하다. 게다가 아동부터 학생, 주민에 이르기까지 모든 주민은 조직과 집단에 소속되어 있으며 여기에 순종하고 복종하는 태도에 익숙해 있다. 그 결과 북한의 아동들은 선생님의 말씀에 순종하고 집단과 조직의 명령에 복종하는 태도를 지니고 있다. 말하자면 권위에 순종하는 수동적인 경향을 보인다. 이는 민주시민적 자질과는 거리가 있다(오기성, 2000: 63).

북한에서는 국가의 중요 정책에 관한 의사 결정이 수령을 중심으로 하는 당의 권력 기관에서 행해지고 있기 때문에, 주민들이 의견을 제시한다거나 의사 결정 과정에 참여할 수 있는 여지는 없다. 또한 정책 결정

과정에서도 철저하게 상의하달식이고, 다양한 논의와 토론이 허용되지 않는 것으로 알려지고 있다.

새터민들의 증언에 의하면 북한 주민들은 언론 · 출판 · 집회 · 결사의 자유는 물론이고 선거 과정, 정치 참여, 정치적 견해의 표현과 같은 기본적인 민주정치의 원칙을 이해하지 못하고 있다. 그들은 남한에 이주한 이후 자유로운 선거에 참여해 보고서야 민주주의 정치 현실을 체험하게 되었다고 한다. 새터민들은 민주정치에 대한 이해가 부족하고 현실적으로 경험이 부족하기 때문에 스스로 정치적인 견해를 밝히는 데 주저한다.

비민주적인 사회구조 속에서 교육을 받아 오다가 북한을 탈출하여 남한에 온 이른바 새터민 청소년들은 체제와 풍토가 전혀 다른 사회에 노출되고, 제도와 문화가 다른 학교생활을 갑자기 접하게 됨으로써 심각한 정신적인 부담을 갖게 된다.

물론 정부에서는 하나원을 통해 새터민 청소년을 포함하여 새터민들을 대상으로 민주시민으로서 알아야 할 기본적 소양 교육을 위해 2개월의 교육과정 내에서 민주시민 교육을 실행하고 있다. 그러나 민주시민으로서의 자질이라는 것은 장기간의 체질화를 요구하기 때문에 단기적인 노력으로 쉽게 이룩할 수 없다.

새터민 청소년들은 특히 북한사회에서 익숙해진 계획 · 통제 사회의 관습 때문에 자율성과 창의성이 부족하다. 합리적인 기준에 따른 개인의 판단이 무시되고 지시에 의한 수동적인 생활 태도 속에서 형성된 사고는 본인 스스로 알아서 해야 하는 일에 취약할 수밖에 없다. 우리사회의 다양성은 새터민 청소년의 가치 체계에 혼란을 가중시키고 특히 자신의 의지로 선택해야 하는 문제에 매우 어려움을 느끼게 한다.

이러한 상황을 감안할 때 새터민 청소년들에 대한 민주시민성 함양을 위한 멘토링은 무엇보다 다양성의 인정과 존중, 자율적인 판단 능력 등에 초점을 두는 것이 바람직할 것이다. 이러한 내용들은 민주주의가 지향하는 이념적 가치 규범이나 제도에 대한 이해와 함께 중요하게 다루어져야 할 것들이다. 획일성이 강조되는 사회, 개인의 개성보다는 집단의 이익을 중요시하는 사회에서 오랫동안 사회화 과정을 밟아 왔기 때문에 다양성을 인정하고 사회에서 갈등은 필연적으로 존재하며, 이를 평화적으로 해결할 수 있는 능력을 함양하는 것이 무엇보다 중요하다고 보인다.

새터민 청소년, 특히 무연고 새터민 청소년들은 북한에서의 식량난, 제3국에서의 은둔 · 도피생활로 그동안 생존을 위한 삶을 살아 왔다. 이들에게는 새로운 한국사회에서 함께 더불어 살아가는 생활을 위한 인간관계의 형성이 매우 어려운 일이다. 특히 은둔 · 도피생활은 주변 사람들에 대해 긴장감을 가지고 의심하거나 불신하는 성향을 축적시키는 경향이 있다. 이들이 교육에 임하는 집중력이 상대적으로 단기적이고 약하다는 것은 제3국 생활에서 형성된 불안감도 큰 영향을 줄 것이다.

따라서 새터민 청소년을 대상으로 하는 민주시민 교육 프로그램은 지정된 내용을 주입시키기보다는 학생들이 참여하여 스스로 이해하고 느끼도록 하는 방식, 보다 적극적이면서도 즐겁게 민주주의 사회의 속성을 이해하고 그 속에서 민주시민성을 함양하도록 하는 멘토링 방식이 적절하다고 본다. 이러한 관점에서 전통적인 강의식 민주시민 교육이 아니라 멘토와 멘티가 서로 즐겁게 교수 · 학습을 하는 동시에 적극적으로 참여하고 체험하는 방식의 민주시민 교육 멘토링, 멘토와 새터민 청소년이 '함께하는' 민주시민 교육 멘토링 프로그램이 개발되어야 할 것이다.

(2) 멘토링의 내용

민주자본주의 사회에서 새터민 청소년들이 현명한 민주시민으로서 민주시민성을 함양하기 위해서는 민주주의 체제에 대한 교육과 자본주의 경제 체제에 대한 교육, 그리고 남한의 사회와 문화에 대한 교육이 이루어져야 한다.

민주시민 교육과 자본주의 경제 교육, 남한의 사회 · 문화 교육 멘토링을 실시할 경우 첫째로, 새터민 청소년들을 위한 민주시민 교육과 자본주의 경제 교육은 현명하고 책임 있는 민주시민으로서 그리고 합리적인 경제인으로서의 태도와 실천 능력의 함양을 통해 한국이라는 하나의 공동체를 '민주적 도덕 공동체'로 구현하기 위한 내용이 선정되어야 한다. 따라서 민주시민 교육의 차원에서는 민주주의의 제도에 대한 단편적 지식뿐 아니라, 민주시민 교육 내용의 기반이 되는 이념적 정향, 민주시민 정신의 핵심적 가치, 민주주의 제도 운영 원리, 민주적 생활양식의 수용과 실천 능력 함양이라는 거시적인 범주로 구성되어야 한다. 동시에 자본주의 경제 교육의 차원에서는 경제적 개념이나 체제 및 제도상의 원리뿐만 아니라 그것의 근본이 된다고 할 수 있는 경제윤리적 측면 또한 강조되어야 한다.

둘째로, 민주시민 교육의 내용과 자본주의 경제 교육 멘토링의 내용은 서구 자본주의와 자유민주주의의 기본 이념과 제도에 대한 내용을 세계적 보편성으로 수용하고, 이 보편성과 한국의 특수성을 변증법적으로 통합, 발전시키려는 자주적 중심사고 논리에 바탕을 두어야 한다. 이를 기준으로 한국의 자유민주주와 자본주의의 전개 과정에서 민주적이고 윤리적인 요소와 반민주적이고 비윤리적인 요소를 구분하고, 전자를 한국의 자유민주주의 및 자본주의와 긍정적으로 연계 발전시키며 후자를 단호히 배제하는 작업을 통해 내용을 선정해야 할 것이다.

셋째로, 민주시민 교육과 자본주의 경제 교육의 내용 선정은 인지적 · 정의적 · 행동적 접근이 동시에 종합적으로 다루어질 수 있어야 한다. 이러한 접근 방법이 실제로 행동으로 옮겨질 때 민주시민 교육과 자본주의 경제 교육은 실효를 거둘 수 있다. 민주시민 교육과 자본주의 경제 교육은 실천적인 행위를 원리로 삼고 있기 때문에 무엇을 얼마나 아는 지가 문제가 아니라, 어떻게 행동해야 하는지가 주 관심사가 된다. 그렇기 때문에 각 사회 분야가 안고 있는 문제점을 파악하고 올바르게 이해하며 또 어떻게 하면 문제가 되고 있는 갈등요인을 제거할 수 있는지 분석·평가하여 판단할 수 있는 지식 능력을 갖도록 하며, 어떠한 태도를 자아실현 개념과 연관시켜야 하는가를 생각하게 하는 내용이 선정되어야 한다.

넷째로, 남한의 사회문화 일반에 대한 교육은 개인주의와 다원주의 중심의 사회라는 측면을 강조함으로써 개인이나 특정 집단의 창의성과 자발성으로 인한 발전 잠재력의 측면만이 아니라, 그것의 단점도 소개해야 한다. 이는 새터민 청소년들이 무조건적으로 받아들였을 수도 있는 자본주의, 다원주의 및 개인주의에 대한 선입관을 해소하고 냉정한 인식을 통해 사회 적응에서 혼란을 겪지 않게 할 것이다.

끝으로, 민주시민 교육이나 자본주의 경제 교육, 그리고 남한의 사회문화 교육은 이에 대응하는 북한의 문제들에 대한 비교를 통해서 명료하게 전달될 수 있다. 즉, 민주주의와 북한 체제 및 주체사상, 자본주의와 중앙집권적 계획경제, 다원주의 및 개인주의와 전체주의 및 가족주의의 비교를 통해서 새터민 청소년 나름대로 자율적으로 비교 평가함으로써 그 적응 교육의 내용 전달에 큰 성과를 기대할 수 있다.

민주시민 교육 멘토링의 구체적인 내용은 민주주의 제도 운영의 측면, 민주시민 정신의 핵심 가치 측면, 민주적 생활양식의 습득과 실천 능력 함양의 측면으로 나눌 수 있다. 민주주의 제도 운영의 기본 원리 측면은 민주주의 이념을 구현하기 위한 수단과 방법으로서 정치 제도에 관한 지식을 습득하기 위한 내용이라 할 수 있다. 여기에는 입헌 제도, 권력 분립 제도, 선거 제도, 정당 제도 등의 의미와 기원, 그리고 기능에 대한 지식 습득이 포함된다. 아울러 남북한 정치 이념 및 체제의 차이점과 특징, 남한 민주주의의 특징, 통일사회의 바람직한 민주주의 이념과 체제 등이 포함될 수 있다.

민주시민 정신의 핵심 가치 측면에서는 민주적 참여와 이를 통한 개선의 정신, 진실을 알려고 하고 용기 있게 밝히려는 태도와 정신, 공동선을 위한 절제의 정신, 민주사회의 발전에 따른 계속적 자기교육의 태도와 정신, 자원봉사와 바람직한 시민운동에 참여하려는 태도와 정신, 자존의식 등으로 구성된다.

민주적 생활양식의 습득과 실천 능력 함양의 측면에서는 우선 민주주의 사회는 다양한 견해를 지닌 사람들이 서로 다른 시각을 인정하고 그 속에서 더욱 발전된 대안을 창출할 수 있는 가능성이 있는 사회이며, 시민들이 중요한 문제에 참여하고 결정할 수 있도록 대화와 타협, 다수결과 소수 의견 존중, 갈등의 평화적 해결과 같은 절차를 중요시한다는 점을 파악할 수 있는 내용으로 구성된다. 또한 모든 중요한 결정은 대화와 토론을 통한 상호 이해를 바탕으로 해야 함을 제시한다. 나아가 올바른 토론은 우리가 흑백 논리, 독단론, 사실 은폐와 정보 조작과 같은 오류에 빠지는 것을 막아 줄 수 있음을 알게 한다. 그리고 다수결은 대화와 토론으로 타협이 이루어지지 않을 때 활용하는 최후의 결정 방법임을 인식하게 하는 내용 등으로 구성한다. 특히 민주주의 사회에서 진정한 선거의 경험이 없고, 정당이나 시민사회 등의 역할에 대한 지적 능력이 없으므로 선거의 의미와 선거 제도, 선거의 4대 원칙, 공명정대한 선거, 정당 정치와 노동당의 역할 비교 이해, 이익집단과 노동당 외곽 단체의 비교 이해, 시민단체의 활동과 특징 등을 포함시킨다.

새터민 청소년을 대상으로 한 자본주의 경제에 대한 멘토링의 목표는 지식, 기능, 그리고 가치 · 태도의 측면에서 제시될 수 있다. 우선 지적 측면에서는 경제 현상들을 지배하는 기본 원리와 그들 간의 상호 관련성을 이해하는 것이다. 둘째로, 기능면에서는 일상생활에서의 경제문제에 대한 합리적인 의사 결정 능력을 배양하는 것이다. 셋째로, 가치 · 태도의 측면에서는 우리의 경제 체제에 대한 긍정적 태도를 배양하고 국민경제 발전에 적극적으로 기여할 수 있는 민주시민 육성에 목표를 두고 있다.

이러한 목표를 달성하기 위한 자본주의 경제 교육 멘토링의 내용 요소로는 첫째, 경제생활에서의 인간이라는 내용으로서 경제 활동의 의미, 경제적 가치, 경제의 윤리성이 다루어진다. 둘째, 경제 질서와 사회 정의에 관한 내용으로서 자본주의적 사회 정의, 분배적 정의 문제, 복지국가의 이념과 경제적 효율성의 문제가 다루어진다. 셋째, 자본주의 경제의 윤리적 과제 문제로서 자본주의 경제 윤리의 일반론에 해당하는 사유권 재산의 윤리성, 이윤 추구의 윤리성, 경쟁의 윤리성이 다루어진다. 또한 한국경제의 발전적 성과와 그에 따른 분배의 문제점이 다루어지고 이에 더하여 기업윤리와 근로윤리가 다루어진다. 아울러 자본주의 경제발전 과정과 원리, 자본주의와 사회주의 장단점 비교 이해, 시장경제 체제의 의미와 원리, 사적인 자유와 이윤 추구의 인정, 건전한 소비 방식 등이 포함된다. 특히 중앙집권적인 사회주의 계획경제 및 배급 체계에서 살아오면서 자본주의 사회에서의 시장과 금융기관에 대한 지적 이해가 없는 상태이므로 시장의 기원과 종류, 시장 물건의 등장 과정, 물건의 가격 결정 과정 등과 은행의 기능, 예금과 저축, 한국은행과 기타 은행 등에 대한 내용을 포함시켜야 한다.

남한의 사회 · 문화에 대한 멘토링에서는 첫째, 남한사회 체제에 대한 특징의 소개로서, 민주주의 사회에 기초하는 다원주의 체계, 개인주의에 입각하여 합리성과 실용성을 중시하는 비집단적이고 개방적인 사회라는 점과, 개인의 역할이 중시되며 창의성과 독립성이 이상적 가치의 기준이 된다는 점이 제시될 수 있다. 반면 북한의 사회 · 문화는 첫째, 전체주의적 독재 모형에 의한 지배 체제, 김일성 주체사상과 당의 유일사상 체계가 모든 가치를 지배하는 획일적인 사회, 집단주의 원칙에 준거한 통제적 조직사회라는 점 등이 제시될 수 있다. 둘째, 북한의 문화는 집단성의 이념에 근거하여 가치론적 차원에서 그 의미를 강조해 왔다는 점, 그러므로 북한의 문화 · 예술은 '사회주의적 사실주의'의 기조하에 종자론, 주체문예 이론 등에 입각한 체제 유지, 김일성 우상화 및 공산주의 인간 개조를 위한 철저한 도구적 기능을 담당한다는 것이 제시된다.

남북한 문화를 비교의 관점에서 보면, 남한에서는 다양한 문화가 존재하는 반면 북한은 획일화된 문화만이 허용되고 있다는 점, 창작의 주체의 차이, 국가가 문화 예술에 개입하는 수준의 차이, 외부 사조의 유입 정도 및 범위, 전통적인 요소의 유지 정도, 이질적인 문화에 대한 적응력 정도 등이 제시될 수 있다.

그러나 무엇보다 남한사회에서 생활하면서 항상 접하게 되는 문화적 측면에서의 생활용어, 전문용어, 외래어 사용의 문제 극복을 위한 내용, 남과 북의 생활예절, 행동 방식의 차이 이해, 의식주 생활의 차이에 대한 이해, 외래 문화의 이해 및 건전하고 주체적인 수용 문제, 바른 종교생활 및 종교 문화, 대중문화에 대한 이해, 바람직한 인터넷 문화 이해 등이 포함되어야 한다.

민주자본주의 사회에서 새터민 청소년들이 현명한 민주시민으로 성장하기 위한 이상의 내용을 토대로 민주시민성 함양 멘토링 프로그램을 제시하면 〈표 4－2〉와 같다.

〈표 4－2〉 민주시민성 함양 멘토링 프로그램

단계	주제	목표	주요 내용
1	대한민국의 이해	영토, 주권, 국민으로 이루어지는 대한민국을 이해하고 국민의 권리와 의무를 알 수 있다.	• 국가의 탄생과 발전 • 국가 구성의 세 요소 • 국가의 기능 • 국민의 권리와 의무

2	민주주의 이념과 체제 이해	민주주의의 이념적 기초와 제도를 알고 통일 한국의 바람직한 이념과 체제를 알 수 있다.	• 민주주의 이념과 체제의 특징 • 남북한 정치 이념 및 체제의 차이점과 특징 • 남한 민주주의의 특징 • 통일사회의 바람직한 민주주의 이념과 체제
3	3권 분립	입법, 사법, 행정에 해당하는 국가기구의 역할을 알 수 있다.	• 국회와 최고인민회의 • 대통령과 국방위원회 위원장 • 행정부와 내각의 역할 • 사법부의 역할
4	선거	국민의 기본 권리이자 의무인 선거를 이해하고 소중함을 느낄 수 있다.	• 선거의 의미와 선거 제도 • 선거의 4대 원칙 • 공명정대한 선거
5	정치 참여	정당, 이익집단, 시민단체의 기능을 알 수 있다.	• 정당 정치와 노동당의 역할 비교 이해 • 이익집단과 노동당 외곽 단체의 비교 이해 • 시민단체의 활동과 특징
6	갈등 해결	공익과 사익 간의 갈등을 평화적으로 해결할 수 있다.	• 공익과 사익의 갈등 • 공익과 사익의 조화 • 윈윈전략을 통한 갈등의 해결
7	자본주의 기초	자본주의 시장경제 체제의 중요한 특징과 기본적인 원리를 알 수 있다.	• 자본주의 경제 발전 과정과 원리 • 자본주의와 사회주의 장단점 비교 이해 • 시장경제 체제의 의미와 원리 • 사적인 자유와 이윤 추구의 인정 • 건전한 소비 방식
8	시장의 이해	시장의 의미를 이해하고 가격이 결정되는 원리를 알 수 있다.	• 시장의 기원과 종류 • 시장 물건의 등장 과정 • 물건의 가격 결정 과정
9	은행의 이해	은행의 기능과 예금의 좋은 점을 이해할 수 있다.	• 은행의 기능 • 예금과 저축 • 한국은행과 기타 은행

10	문화의 차이 이해	남북한 문화의 차이를 이해하고 이를 극복할 수 있다.	• 생활용어, 전문용어, 외래어 사용의 문제 극복 • 생활예절, 행동 방식의 차이 이해 • 의식주 생활의 차이에 대한 이해 • 외래 문화의 이해 및 수용 • 바른 종교 생활 및 종교 문화 • 대중문화에 대한 이해 • 올바른 대화와 토론 문화 이해 • 바람직한 인터넷 문화 이해

3 거듭나기 지도 방법

1) 국어교육 멘토링 기법[4)]

(1) 직접 교수하기 멘토링

직접 교수는 원래 부진아 프로그램에서 사용한 용어로서 교수법이 처음으로 제안되었을 때에는 세세한 기능을 분절적으로 가르치는 데 많이 활용되었다. 그러나 최근에 들어서는 인지 심리학 분야에서 재조명을 받

4) 여기에서 소개되는 여러 기법은 다음과 같은 문헌에서 제시되는 수업 모형을 참고하여 제시하였다. 윤기옥 외(2002). 수업 모형의 이론과 실제. 서울: 학문출판; 정혜승 외(2007). 창의성 계발을 위한 국어과 교수 · 학습 전략. 서울: 사회평론; 최창렬 외(2004). 국어과 교수법. 서울: 역락; 경상남도 교육과학연구원(2002). 제7차 교육 과정 초등학교 교과별 수업 모형 모음집; 전라북도 군산교육청(2001). 교실수업 개선을 위한 수업 아이디어 자료집; 진주교대 부설초교(2002). 교실수업 방법 개선을 위한 수업 모형; 한국도덕윤리과교육연구회(2001). 민주시민 교육을 위한 교육 프로그램 개발; 경기도 초등수업사랑연구회(2002). 수업 모형 핸드북–제7차 교육과정 교실수업 개선을 위한 수업 모형 20가지; 서강식(1999). 도덕 · 윤리과 수업 모형. 파주: 양서원; 이택휘 · 유병렬(2000). 도덕교육론. 파주: 양서원; 이근철, 임용경, 고대혁, 오기성(2002). 도덕교육론. 파주: 양서원.

으며 전략을 가르치는 데에도 널리 활용되고 있다. 직접 교수하기 멘토링이란 멘토가 대집단의 멘티들에게 새로운 개념이나 기술을 설명하고, 멘토의 지시에 따라 연습하며, 멘토는 멘티의 이해 정도를 조사하고, 멘토의 지도하에 계속 연습하도록 하는 교수 형태다. 이는 문제 해결을 위한 전략을 가르치거나 추상적인 사고 작용을 지도할 때 또는 창의성을 지도할 때 적용할 수 있다.

직접 교수는 멘토링 단계에서 '설명하기'에 상위 인지, 전략, 원리 등을 담을 수 있기 때문에 읽기와 수학에 효과가 있는 것으로 나타났으며, 특정 전략을 학습시키는 교수·학습 방법으로 교과나 내용에 제약이 별로 없을 정도로 광범위하게 적용된다. 체육이나 음악과 같이 원리를 알고 반복 학습하면 효과적인 기능 중심 학습, 국어의 읽기와 같이 방법을 강조하는 교육 등 기본적인 기능을 획득, 학습하는 것을 멘토링의 목표로 삼을 경우에 효과적이다. 이 기법의 절차는 〈표 4-3〉과 같다.

〈표 4-3〉 직접 교수 멘토링 절차

단계	멘토링 활동	유의점
설명하기	• 동기 유발 • 학습 목표 확인 • 전략에 대한 구체적인 설명 (필요성, 중요성)	• 기존의 지식이나 경험과 새로 학습할 내용의 요소와의 관계를 설명함
시범 보이기	• 전략에 사용된 '예' 제시 • 전략 사용 방법 안내 • 멘토의 시범 • 적용상의 유의점 제시	• 멘토 중심의 활동이기는 하나 가능하다면 학생들의 흥미와 관심을 불러일으킬 수 있도록 구성함 • 시범은 단순한 내용의 전달이 아닌 전략의 활용임을 인식시켜야 함

질문 하기	• 세부 단계별 질문 • 질문에 대한 답변 • 멘티들의 질문 제기 및 멘토의 응답	• 질문은 전략의 활용이 가능하도록 유목적적이어야 하며 질문에 대한 답변의 정리가 바로 활동하기의 내용이 될 수 있도록 지도함
활동 하기	• 실제 상황에서 반복적인 연습 • 문제점 탐색 • 다른 상황에 적용 • 일반화 정리	• 언어 수준에 따라 학습 모둠을 이루는 것보다는 능력 차가 있는 멘티들을 한 모둠으로 구성해 주는 것이 바람직함

(2) 문제 해결 학습 멘토링

국어교육에서 문제의 개념은 학습자가 도달해야 하는 학습 과제 혹은 학습 목표로서 종합적인 사고를 요하는 학습 목표를 말한다. 문제 해결 능력이란 문제를 국어 기능, 전략, 지식, 인지적 사고력과 의사소통 능력 등을 문제의 특성에 따라 적절히 활용하여 새로운 방법을 모색해 내는 고등 사고 능력이라 할 수 있다. 따라서 문제 해결 학습 멘토링이란 교육학 일반이나 다른 교과에서도 강조되는 것처럼 탐구학습, 문제 해결 학습을 강조한 것이다.

국어교육에서 문제 해결 학습 멘토링은 주로 지식이나 개념을 가르치는 데 적용 가능하며, 결과보다는 과정을 강조한다. 즉, 멘토나 멘티들과 함께 해결해야 할 문제를 확인하고, 문제 해결 방법을 찾아 문제를 해결하면서 일반화하는 활동이 중심이 된다. 흔히 과학 분야에서는 엄격하게 가설을 설정하고 문제 해결을 위한 계획을 세운 다음 가설을 검증하고 일반화하는 절차를 강조하지만, 국어교육에서는 이뿐만 아니라 일련의 문제 해결 과정을 강조한 학습 기법까지 포함한다. 또 개인적으로 문제를 해결하는 과정과 모둠별로 수행하는 과정도 포함한다. 문제 해결 학습 멘토링의 절차는 〈표 4-4〉와 같다.

〈표 4-4〉 문제 해결 학습 멘토링 절차

단계	멘토링 활동	유의점
문제 확인	• 문제 상황 제시 • 문제 확인 및 선택 • 학습 계획 수립	• 허용적인 분위기 조성과 교사의 적절한 발문, 자료 활용이 필요함
문제 탐구	• 개념(지식) 도입 • 문제 해결 방법 찾기	• 학습 목표, 학습 내용, 학습 형태의 다양화가 핵심임을 유념해야 함
문제 해결	• 원리 터득 • 원리 학습	• 주어진 활동 범위, 시간 내에서 소재를 바꾸어 계속 반복하여 완전히 체득하도록 해야 함
일반화	• 학습 내용 정리 • 다른 상황에 적용 및 활용 • 전략의 전이 및 일반화	• 일반화는 가상의 상황을 예상한 후 어떻게 응용할 것인가를 답하도록 하여 가상의 체험을 공유하도록 함

(3) 창의성 계발 학습 멘토링

창의성이란 일정한 시간에 최대한 많은 아이디어를 떠올릴 수 있고(유창성), 어느 한두 관점에 얽매이지 않으며(융통성), 제시된 아이디어를 새롭게 이해하고 해석하는 능력(독창성)을 말한다. 창의성을 기르기 위해서는 문제를 여러 각도에서 볼 수 있는 능력을 키워야 한다. 그래서 처음부터 정답을 요구하기보다는 문제를 여러 각도에서 보고, 여러 가지 문제 해결 방식을 모색하도록 분위기를 조성해 주는 것이 중요하다. 그 과정에서 유창성과 융통성, 독창성을 계발할 수 있기 때문이다.

창의성 학습에서는 학습자들에게 정답을 요구하지 않도록 한다. 특히 저학년의 경우에는 다양한 아이디어를 산출하는 데 초점을 두고 점차적으로 아이디어를 검증하는 단계에 이르도록 한다. 수용적인 교실 분위기에서도 어려움을 겪는 학습자가 있다면 적절한 질문으로 대체하거나 실마리를 제공해 준다. 창의성 계발 학습 멘토링의 절차는 〈표 4-5〉와 같다.

〈표 4-5〉 창의성 계발 학습 멘토링 절차

단계	멘토링 활동	유의점
문제 발견하기	• 문제 확인 • 문제 분석 • 문제 재진술	• 문제를 창의적으로 해결하기 위해서는 관심을 가지고 있는 문제를 여러 각도에서 파악하는 활동이 필요함
아이디어 생성하기	• 문제를 다른 각도에서 검토 • 문제 해결을 위한 아이디어 산출	• 문제를 여러 각도에서 보고 문제를 해결하기 위한 방안을 찾는 데 새롭고 관점에 얽매이지 않는 활동이 되도록 함
토의하기	• 생성된 아이디어의 토의 • 아이디어 평가(최선의 아이디어 선택) • 일반화	• 학습 집단을 다양하게 재조직하여 활발한 토의를 유도함
아이디어 평가하기	• 아이디어 평가 • 일반적인 상황에 적용 • 문제점 및 적용 가능성 탐색	• 발현 단계에서 떠오른 아이디어의 가치를 검증하여 문제 해결에 활용하도록 하는 도움말이 필요함

(4) 반응 중심 학습 멘토링

수용 이론이나 반응 이론에 근거한 기법으로 문학 작품을 가르칠 때 학습자 각자의 반응을 최대한 존중하는 데 초점을 둔다. 학습자들은 각자 다른 지식이나 경험을 가지고 있기 때문에, 문학 작품에 대한 반응도 다른 경우가 많다. 이때 처음에는 반응을 보일 수 있는 공간을 마련해 주는 데 초점을 두고 점차 자신의 반응을 명료화하면서 심화시켜 일반화할 수 있도록 유도한다. 물론 각자의 반응을 무조건적으로 받아들이게 되면 해석을 하는 데 혼란스러워질 수 있다. 어떤 시나 이야기를 읽고 난 후의 반응이 개인마다 다를 수밖에 없다고 한다면 지나치게 텍스트 요인을 간과하게 된다. 그러므로 각자의 반응을 존중하되, 동료들 간의 충분한 협의를 거쳐 자신의 반응을 검증할 기회를 갖도록 하는 것이 필요하다. 이 기법의 절차는 〈표 4-6〉과 같다.

〈표 4-6〉 반응 중심 학습 멘토링 절차

단계	멘토링 활동	유의점
반응의 형성	• 동기 유발 • 학습 목표 확인 • 스키마(배경 지식이나 경험) 활성화 • 작품 읽기	• 철저하게 문학 작품의 수업에 적용할 기법으로 구안한 것이며 반응의 형성 단계에서 멘티들이 갖고 있는 스키마(단원의 제재와 관련이 있는)를 활성화시키는 데 이 멘토링 기법의 성패가 달려 있음
반응의 일반화	• 작품에 대한 개인적인 반응 표현 • 반응에 대한 토의(질문 및 토의, 역할놀이) • 토의 내용 정리(반성적 쓰기, 그리기 등)	• 멘티들의 주관적인 반응을 자연스럽게 표현하며 내면화하도록 돕는 일이 중요함 • 고학년은 조별 토론을 거치고, 저학년 그림 그리기, 표정 짓기, 시연하기 등 다양하게 조별 활동을 실시할 수 있음
반응의 심화	• 상호 텍스트 확대(다른 작품과 관련짓기) • 다른 작품과의 관계에 대한 토의	• 형성된 스키마와 작품의 성격을 서로 관련지어 분석하는 단계임 • 여러 가지 작품을 한두 가지 맥락에서 비교해 보는 시도도 재미있음. 단, 이 경우는 학년 수준을 적절히 감안해야 함
반응의 일반화	• 인물에 대한 평가 • 일반화 가능성 탐색 • 결론(일반화) 도출 • 다른 상황에 응용 또는 활용	• 작품을 전체적인 수준에서 평가하거나 인물에 대한 총체적인 평가를 할 수 있도록 하며 다른 상황 및 맥락을 반응의 결과로 제공해 볼 수 있는 기회를 제공함

(5) 전문가 협동 학습 멘토링

오늘날 교육 이론 및 연구에서의 지배적인 새로운 패러다임은 기존의 개인주의적, 경쟁적인 접근에서 탈피하여 '협동 학습(cooperative learning)'

을 통하여 하나의 학습 공동체를 구축해 나가는 일이라고 표현할 수 있다.

전통적인 패러다임은 학습자들을 하나의 '백지 상태' 혹은 '빈 그릇'으로 상정하고 있다. 그러므로 교사의 역할은 백지 상태나 빈 그릇에 온갖 정보와 지식들을 채워 놓는 것이고, 학습자들은 그러한 정보나 지식들을 단순히 수용하는 매우 수동적인 존재로 여겨졌었다. 이와는 달리 새로운 패러다임은 학습자들의 성장이나 학습은 어느 순간에 완성되는 하나의 '산물(product)'이 아니라 하나의 끊임없는 '과정(process)'이라는 사실에 근거하고 있다. 따라서 지식이나 정보는 학습자들이 구성하고 발견하며 변형시키고 나아가 확대할 수 있다는 것이다. 즉, 새로운 패러다임은 학습자들을 그들 나름대로 지식을 적극적으로 구성해 나갈 수 있는 능동적인 존재로 간주하고 있다.

이러한 패러다임의 전환은 경쟁적인 개별 학습자에 초점을 맞춘 기존의 교육 이론들이 개인의 자율성 함양이라는 그 자체의 교육 목표 구현에 실패한 채 철저하게 자기중심적이고 경쟁 지향적이며, 심지어는 반사회적인 무책임한 인간을 양산해 내는 데 그치고 말았다는 비판적 평가에서 비롯된 것이라고 할 수 있다. 달리 말해, 경쟁적이며 개별화된 학습 상황은 학습자들로 하여금 그들 환경과의 상호작용을 제약함으로써 지식의 적극적인 구성을 오히려 방해하고 있으며, 그러한 학습 풍토에서 성장한 학습자들은 자기중심적 사고방식의 포로가 되어 결국 민주사회의 유지 및 발전에 필요한 건전한 인격을 구비하는 데 근본적으로 실패하고 있다는 논리다(추병완, 1999: 315−317).

협동 학습의 논리에 바탕하고 있는 직소우 학습은 학교의 인종 차별로 제기되는 문제들을 다루는 텍사스 주의 어스틴(Austin) 학교 관리들을 돕기 위해 심리학자인 엘리엇 애론슨(Elliot Aronson)이 처음 개발하였다. 통합을 향해 움직이고 있는 많은 지역사회에서 볼 수 있었던 바와 같이, 그곳의 소수 민족 학생들은 긴장이 만연된 교실에서 생활하고 있었다. 애론

슨은 특별한 주제에 대하여 백인, 흑인, 치카노 아이들이 서로 의존적으로 학습하도록 만드는 직소우 교수 방법을 제안하였다. 이 기법의 절차는 〈표 4-7〉과 같다.

〈표 4-7〉 전문가 협동 학습 멘토링 절차

단계	멘토링 활동	유의점
계획하기	• 문제(주제) 확인 • 주제 세분화 • 역할 분담 • 주제 해결 방안 탐색	• 문제의 확인보다는 주제를 세분화하고 역할을 분담하는 활동이 학습의 성패를 좌우하므로 이 단계에서는 멘토의 의도적인 개입이 적절히 요구됨
탐구하기	• 전문가 협의 • 일반화 • 상호 교수 준비	• 모든 의사 결정은 짜인 블록 (조별)이 완전 합일에 의해서 이루어져야 함
서로 가르치기	• 상호 교수 • 전체 발표 준비	• 전문가 집단의 논의가 모집단에 원활하게 적용되고 진행되는지 멘토의 적절한 통제가 필요함
정리하기	• 전체 발표 • 질의 및 응답 • 정리	• 전문가 집단의 의도와 모집단의 활동 내용의 유기적인 관계가 어떤 결과로 드러났는지에 대한 멘토의 적절한 검증이 필요함

직소우 학습은 모든 학생들에게 동등한 참여 기회를 부여하고, 두 집단-홈팀과 전문가팀-에서 능동적이고 중요한 역할을 하게 함으로써 학생들 간의 상호 의존성을 길러 준다. 전문가들은 그들의 하위 주제에 대한 학습이 동기화되는데, 자신의 홈팀 친구들에게 그것에 관하여 가르쳐야 할 책임이 있기 때문이다. 홈팀 구성원들은 시험 범위가 모든 하위 주제들을 포함하고 있기 때문에 전문가들의 보고를 잘 들어야 한다.

국어교육 멘토링에서 이 기법은 대체로 특정한 주제에 대해 깊이 있게 공부할 때 적용할 수 있다. 특히 국어 지식 영역에 해당하는 것이나, 언어 사용 기능 영역 중에서 지식이나 개념을 가르치는 데 주로 적용된다. 경우에 따라서는 기능이나 전략을 교육하는 멘토링에서도 활용할 수 있다.

(6) 가치 탐구 학습 멘토링

가치 탐구 학습은 1950년대 후반기에 존 듀이(John Dewey)의 제자 레스(Raths)가 뉴욕 대학교에서 강의하던 시기에 가치에 대한 강의 방법론을 연구하다가 고안하여 처음 사용한 것으로서, 그 뿌리가 도덕과나 교육학 일반에서 논의되는 가치 규명화(가치 명료화) 수업에서 연유한다.

가치 탐구 학습 기법은 주어진 가치를 맹목적으로 받아들이는 것이 아니라 나름대로 분석 · 비판하는 과정을 통해 가치를 재구성하는 데 초점을 둔 것이다. 어떤 문제 상황에서 여러 가지 가치가 병존해 있음을 알게 하고, 그중에서 가장 중요한 가치를 선택할 때 적용한다.

국어교육 멘토링에서 가치 탐구 학습은 주로 문학 영역에서 적용된다. 문학적인 글을 읽고 난 뒤에 해당 주제를 그대로 받아들이기보다는 자신의 삶과 관련지어 보거나 비판해 보는 단원에 적용이 가능하며 주제를 탐색해 가는 과정을 필요로 하는 수업이나 다양한 관점이 공존하는 내용, 논리적 말하기 · 듣기 학습에 적용이 가능하다. 이 기법의 절차는 〈표 4-8〉과 같다.

〈표 4-8〉 가치 탐구 학습 멘토링 절차

단계	멘토링 활동	유의점
선택하기	• 문제 상황 확인 • 가치 분석 및 선택	• 멘티의 가치 갈등을 적절히 유발하는 것이 이 기법의 대전제이므로 문제 상황 인식 단계에서 멘토는 적절한 학습 분위기를 조성할 필요가 있음

긍지 갖기	• 선택한 가치 분석 • 선택한 가치 소중히 하기 • 가치를 타인에게 확언	• 가치에 대한 선택과 분석은 철저히 독립적이면서도 합리적인 상황에서 멘티 스스로의 판단에 의해 이루어지도록 함
행동 하기	• 선택한 가치 적용 • 가치에 따라 행동	• 가치 탐구 학습 기법은 '어떤 과정을 거쳐 그와 같은 가치 · 태도를 지니게 되었는가' 하는 문제가 대단히 중요함
내면화 하기	• 선택한 가치의 일반화 • 선택한 가치의 내면화	• 습득 또는 인식된 가치의 일반화나 현실 상황에 적응하는 태도가 필요함

(7) 직접 읽기 사고 활동 학습 멘토링

직접 읽기 사고 활동 학습(DRTA: Directed Reading-Thinking Activity)이란 학생들의 스키마를 중시하여 이를 활용한 추론 활동의 읽기 방법이다. 스토퍼(Stauffer)가 1975년에 개발한 기법으로, 1970~1980년대 일리노이 대학교 부설 국립교육원(National Instruction of Education)의 독서연구센터 연구진이 다듬고, 1980년대 후반 Nessel 등이 다른 모형으로 변용하기도 했다. 1940년대 이후 미국에서 강한 영향을 미친(현대 한국에서도 일반적으로 사용되는) DRA를 토대로 한 사고 활동 강화 기법이다. DRA가 교사 중심의 경향을 보이는 데 비해, 이 기법은 학생 중심의 방법이라고 할 수 있다. 즉, DRA에서는 교사의 안내에 따라 학생들이 움직이지만, DRTA에서는 학생 스스로 글을 읽는 목적을 설정하고, 본격적으로 글을 읽기 전에 글의 내용을 예측하며, 글을 읽어 나가면서 예측이 맞는지 확인하고, 읽은 것을 자신의 관점에서 해석한다.

읽기 사고 과정은 학생으로서 멘티 자신이 무엇을 알고, 무엇을 모르는가에 관하여 호기심과 의문을 가지면서 시작되어 멘티 스스로 어떤 일이 일어날 것인지 생각하고 글 내용에 대한 질문을 제기한다. 이것은 스키마 이론이 가장 중요한 시사점을 제공하며, 이 기법의 절차는 〈표 4-9〉와 같다.

〈표 4-9〉 직접 읽기 학습 멘토링 절차

단계	멘토링 활동	유의점
읽는 목적 설정과 확인	• 동기 유발 • 읽는 목적 설정 • 스키마 활성화	• 학생들이 자신의 사전 경험이나 지식을 활용하는 것이 왜 중요한지를 잘 알지 못할 경우 글의 내용과 자신의 생각이나 경험을 관련시켜 봄으로써 뒤에 이어질 글을 예측해 볼 수 있다는 것을 설명함
읽는 목적과 자료의 성격에 맞게 읽기 속도 조절	• 글 선정 • 글을 적당한 길이로 구분 • 각 부분별로 예측하며 읽기	• 글의 내용을 예측하는 능력을 길러 주는 것을 목표로 학생이 글을 한꺼번에 모두 읽기보다는 글을 몇 개의 부분으로 나누어 차례로 읽어가면서 내용을 예측하고 점검하며 다시 예측하는 과정을 밟도록 지도함
읽는 상황 관찰	• 읽는 상황 관찰	• 내용을 예측하게 하고 예측한 내용과 이유를 말하게 함
독해 지도	• 읽기 지도	• 예측의 근거가 분명할 경우 모두 정답이 될 수 있음
중요한 읽기 기능 지도	• 읽기 방법 이해 • 읽기 방법 연습	• 글에 담긴 정보와 자신의 지식 및 경험과의 연결이 중요함을 재인식시킴

(8) 핵심어로 문장 만들기 멘토링

핵심어로 문장 만들기는 글에 나오는 핵심적인 용어를 사용하여 문장을 만드는 과정에서 멘티로서 학습자의 배경 지식을 활성화시키는 기법이다. 핵심어만 주고 학습자가 자신의 배경 지식과 핵심어를 연결하여 글에 나올 만한 문장을 만들어야 하기 때문에 좀 더 활동적이고 적극적인 내용 예측이 가능하다.

학습자는 핵심어로 문장 만들기 멘토링을 통해 글에 나오는 핵심어를 미리 접하고, 글의 내용을 예상하여 자신의 배경 지식을 활성화하고 확장한다. 또 자신이 만든 문장이 글에 나오는지 확인하고자 하는 데서 목적을 가지고 글을 읽으며 읽기 과정에 집중하게 된다. 같은 단어를 가지고 서로 다른 내용의 문장을 만들어 내기 때문에 친구들과 배경 지식을 공유할 수 있다. 이 기법의 절차는 〈표 4-10〉과 같다.

〈표 4-10〉 핵심어로 문장 만들기 멘토링 절차

단계	멘토링 활동	유의점
핵심어 확인	• 주어진 글 멘토가 읽기 • 핵심어를 뽑아 제시	• 멘티가 글의 핵심 내용을 담는 문장을 만들 수 있도록 핵심어를 적절하게 선정하여 제시해야 함
핵심어로 문장 만들기	• 핵심어 가운데 두 개 이상의 단어 선택 • 글에 나올 만한 문장을 만들어 기록	• 멘토가 제시한 단어 이외에 멘티가 자신의 배경 지식 안에 있는 다른 단어만으로 글의 내용을 예측하는 문장을 만들 수도 있음
배경지식 공유	• 작성한 문장 발표 • 문장을 칠판에 기록	• 멘티가 자신의 배경 지식 안에서 가능한 문장을 모두 생각해낼 수 있도록 허용적인 분위기를 조성함
문장이 맞는지 확인/보충/고쳐쓰기	• 자신의 글에 나오는지, 글의 내용과 일치하는지 확인 • 자신의 문장 보충/고쳐쓰기	• 특별히 고쳐쓸 내용이 없는 학습자는 글을 읽고 새롭게 알게 된 내용을 쓰게 함

2) 민주시민성 함양 멘토링

(1) 이야기 나누기 그림 그리기를 통한 다양성 인정

① 활동 주제

다양성에 대한 탐색과 수용

② 활동 목표

사람들의 관점이 다양하다는 것을 인식한다.

③ 준비물

8절지에 그린 여러 장의 그림, 그림 도구

④ 활동 과정

- [그림 4－1]과 같은 그림을 8절지에 그려 준비한 후 제시한다.
  －[그림 4－1]은 보는 시각에 따라 여러 가지 다양한 모습으로 보일 수 있는 것 중에서 멘티들의 생활 경험과 가깝게 있다고 생각되어 설정한 그림이다. 즉, 멘티에 따라서 도넛, 접시, 과자, 자동차 타이어(바퀴), 과일, 열쇠 구멍, 냄비 뚜껑, 레코드판, 섬이 있는 호수, 눈동자, 연필, 장난감 총구멍 등으로 다르게 볼 수 있다(한국교육개발원, 1993: 38－39).

[그림 4－1] 이야기 나누기 그림 그리기를 위한 그림

- 멘토는 우선, "이것이 무엇일까?" 혹은 "이것은 무엇을 나타내는 그림인지 각자 생각한 대로 이야기해 보자."라고 말한다.
- 멘티들이 말하는 내용을 종이(혹은 칠판)에 써서 볼 수 있도록 한다.

• 멘토는 멘티들의 의견을 하나씩 소개하면서, "너희들 생각이 굉장히 여러 가지구나. 그런데 이 중에 맞는 것이 있을까? 정말 이 그림은 무슨(무엇을 나타내는) 그림일까? 무엇인지 알아보기 위해 좀 더 자세히 그림을 그려 보자."라고 말한다.
- 우선, 같은 생각을 가진 멘티끼리(예 자동차 타이어라고 생각하는 멘티끼리) 그룹으로 모이게 한 뒤, 자기 그룹의 생각을 좀 더 정당화할 수 있는 방향으로 그림을 함께 그려 보게 한다(예를 들어, 자동차를 그려서 바퀴 모양을 특별히 강조하여 꾸밀 수 있을 것이고, 자동타 타이어의 빗살무늬 모양을 그려 넣을 수도 있을 것이다.)

• 각 그룹에서 공동으로 그린 그림을 하나씩 발표한다.
- 멘토는 각각의 그림을 그대로 인정해 주고 동의하는 태도를 보인다(예를 들어, "정말 이 그림을 보니까 자동차 타이어 모양인 것 같구나."라고 말해 주면 좋다).

• 각 그룹의 발표를 모두 들어보고 나서 멘토는 "자, 그러면 이 그림은 정말 무엇을 나타낸 그림일까?"를 다시 한 번 질문한다.
- "무슨 그림인지 한 가지로 말할 수 있을까? 자동차 바퀴이고 도넛 모양은 아닐까? 또, 눈동자라고는 볼 수 없을까?" 하는 질문을 던진다.
- 만약, 누군가가 "이것은 분명히 도넛 모양이에요. 다른 모양은 될 수 없어요."라고 말한다면, "도넛 모양이라고 생각하지 않은 다른 친구들은 어떤 생각이 들까?"와 같은 질문을 해 본다.
- 이처럼 사람들의 생각은 서로 다를 수 있고, 어떤 경우에는 여러 가지 다른 생각들이 모두 존중되어야 함을 알게 한다(예 "너희들

의 생각 하나 하나가 모두 소중하구나."). 또, 누가 틀렸다고 분명히 말할 수 없을 때는 서로의 생각을 인정하고 존중해 주어야 한다는 점을 알게 한다.

⑤ 지도상의 유의점

- 멘토는 가능한 한 여러 가지 다양한 그림으로 나타낼 수 있도록 격려하되, 그림으로 잘 표현하는 것이 목적이 아니므로 각각의 그림을 하나의 관점으로서 인정해 주는 일이 중요하다.
- 이 활동은 다양성에 대한 '수용'보다는 '탐색' 쪽에 더 비중을 두어야 한다. 다양성의 수용이 중요하지 않아서라기보다, 이 활동은 이미 그러한 수용이 잘 이루어지도록 구조화되어 있기 때문이다. 그러므로 멘토는 멘티들이 서로 다른 생각에 대해 음미하는 것에 중점을 두는 것이 바람직하다.
- ⊙ 모양 외에 여러 다른 모양으로 활동을 확장, 변형시켜 본다.

(2) 두 마리 당나귀를 통한 협조의 중요성 인식

① 활동 목표

본 프로그램은 각자의 이익을 위해서 자기주장만을 고집할 때의 문제전을 알고, 경쟁과 욕심에서 기인된 문제 해결의 방법을 터득함으로써 더불어 협조하며 웃고 사는 태도를 기르는 데 있다(한국국제이해교육학회, 2001).

② 준비물

두 마리 당나귀 만화(활동 시작 전에 만화의 여섯 장면을 각각 잘라 놓는다), A3 용지, 풀

③ 활동 과정

↘ 1단계

- 2인 1조를 구성한다.
- 각 조에게 여섯 장면으로 잘라 놓은 두 마리 당나귀 만화를 나누어 준다. 전체 줄거리를 말해 볼 수 있도록 각 장면들을 순서대로 배열한다. 배열이 마무리되면 나누어 준 종이에 장면들을 풀로 붙인다.

↘ 2단계

- 두 조가 모여 자신들이 생각한 두 마리 당나귀 이야기를 그림과 함께 발표한다.

↘ 3단계

- 다음의 문제들을 함께 토론한다.
  - 이야기 초반 당나귀들의 문제는 무엇이었는가?
  - 처음에 당나귀들은 그들의 문제를 어떻게 해결하려고 하였는가? 그것은 효과적이었는가? 그렇지 않았다면 왜 효과가 없었는가?
  - 그들은 문제를 해결하기 위해 어떻게 하였는가?
  - 당나귀들은 두 마리 모두 각자가 원했던 것을 얻었는가?
  - 여러분은 다른 사람과 협동해서 어떤 문제를 해결해 본 적이 있는가? 반 친구들과 그것에 대하여 이야기해 보자.

④ 응용

- 멘토는 멘티들에게 만화의 처음 네 장면만 나누어 준다. 그리고 나름대로 이야기의 끝을 만들어 보게 한다.
- 만화에서 일어나고 있는 이야기를 글로 묘사하거나 연극으로 연출해 본다.
- 협동을 통하여 해결할 수 있는, 실제 혹은 가상의 상황에 대한 만화를 만들어 본다. 이 만화들을 학급 문고로 편집한다.

• 교실이나 학교, 지역사회에서 서로의 의견이 대립되었을 때 충돌을 종식시키기 위해 일방적으로 한쪽만 양보를 강요하는 사례에 대해서 이야기한다. 그리고 자신이 그런 입장, 혹은 반대편의 입장이 되었던 경험을 이야기하면 더욱 좋다.

[그림 4-2] 두 마리 당나귀

(3) 같은 사람 다른 사람을 통한 다름의 이해

① 활동 목표

놀이를 통하여 멘티들이 서로 비슷하기도 하면서 서로 다르다는 점을 깨닫도록 함으로써, 다른 사람의 존재 가치를 존중하는 태도를 함양하는데 그 목적이 있는 활동으로서 자신과 다른 사람의 입장을 이해하는 태도를 갖는다.

② 준비물

놀이 내용을 적은 메모지

③ 활동 과정

- '같은 사람, 다른 사람'이라는 놀이의 내용을 간단히 설명한다.
- '같은 사람, 다른 사람'이라는 놀이해 보기
  - 태어난 달이 같은 사람, 살고 있는 지역이 같은 사람, 지난해 같은 반이었던 사람 등끼리 모이게 한다.
- '같은 사람, 다른 사람' 놀이 반성, 평가하기
  - 놀이를 통해서 알게 된 점과 느낀 점 등을 학습지에 정리한다.
  - 놀이를 통해 다른 사람의 입장을 생각하게 한다.

④ 같은 사람, 다른 사람 게임 안내

멘티들이 원을 만들어 서게 한다. 멘토가 '~인 사람'이라는 특징을 말하면 그에 해당하는 멘티들은 자신에게 해당되는 특징을 큰소리로 외치면서 같은 특징을 가진 친구들을 찾아 모인다. 예를 들어, "태어난 달이 같은 사람"이라고 멘토가 말하면, 멘티들은 "○월! ○월!, ○월 모여라!"

라고 외치면서 같은 달에 태어난 친구들을 찾아 움직인다. 멘티들은 자신의 목소리를 가능하면 크게 내도록 한다. 처음에는 명백하게 구분되는 외적인 특징으로 시작하고 나중에는 겉으로 드러나지 않는 주관적인 생각들을 특징으로 제시한다.

예를 들어, 태어난 달이 같은 사람, 살고 있는 지역이 같은 사람, 지난해 같은 반이었던 사람, 입고 있는 웃옷 색깔이 같은 사람, 종교가 같은 사람, 좋아하는 과목이 같은 사람, 취미가 같은 사람, 장래에 소망하는 직업이 같은 사람, 청소 당번을 정하는 방식에 대해 의견이 같은 사람 등 자리 배치 방식에 대한 의견이 같은 사람 등 이 밖에도 현안이 되고 있는 학급의 문제나 사회 문제를 교사가 정하여 이에 대해 의견이 같은 사람을 모이게 해 본다.

이 활동을 통해 멘티들은 다양한 분류 속에서 서로가 비슷하기도 또는 다르기도 하다는 점을 직접 경험하게 된다. 그리고 자신은 다수의 집단에 속하기도 하고 소수의 집단에 속할 수도 있다는 점을 경험한다. 이러한 경험은 각각의 집단이 때로는 상충되는 의견으로 갈등이 생길 수 있음을 느끼게 한다. 멘토는 전체 속의 소수로서 혼자 외칠 때와 다수로서 여러 명이 함께 외칠 때 내는 목소리와 기분이 어떻게 다른지 멘티들에게 이야기해 보게 한다.

그리고 서로가 모이기 위해서는 자신의 목소리를 다른 이에게 표현해야 하며 동시에 다른 사람의 목소리를 열심히 들어야 한다는 점을 주지시킨다.

(4) 윈윈게임을 통한 갈등 해결 능력 증대

① 활동 목표

학습자들로 하여금 인생을 지나치게 경쟁적인 상황으로 인식하고 있음을 반성하도록 하고, '윈윈' 식의 문제 해결이 장기적으로는 모두에게 큰 이익을 가져온다는 생각을 갖게 하는 데 있다(백경숙, 2001: 29-30).

② 활동 과정

- 8명 정도로 모둠을 만들어 모여 앉게 한 다음, 멘티들에게 「활동지 1, 2, 3」을 한 장씩, 모둠장에게는 「활동지 4」 한 장을 나누어 준다.
- 형제간에 혹은 친구 간에 심하게 다툰 상황을 「활동지 1」의 〈활동 1-1〉에 쓰도록 하고, 그때의 느낌이 어떠했는지 생각해 보게 한다.
- 「활동지 2」에 제시된 상황 중에서 함께 생각해 볼 상황을 모둠원들과 의논하여 한 가지를 정하고 모둠장은 그것을 「활동지 4」에 적는다.
- 우리가 일상생활에서 갈등을 해결한 후 결과를 놓고 볼 때 네 가지 유형이 있음을 「활동지 1」을 보면서 설명한다.
  - 그림 1: 승/패(내 사전에 패배는 없다) ⇨ Zero-Sum Game
  - 그림 2: 패/승(그래 너 잘났어, 너 다 해먹어) ⇨ Zero-Sum Game
  - 그림 3: 패/패(못 먹는 감 찔러나 보자) ⇨ 확실한 Minus Game
  - 그림 4: 승/승(꿩 먹고 알 먹고, 도랑 치고 가재 잡고) ⇨ Win-Win Game
- 「활동지 2, 3」의 제시된 상황을 가지고 〈활동 2, 3〉을 각자 생각해 보고 기록하게 한다.
- 각자 기록한 내용을 바탕으로 함께 이야기를 나누면서 정리된 내용을 모둠별 「활동지 4」의 〈활동 1, 2〉에 기록하게 한다.
- 「활동지 4」의 〈활동 3〉을 모둠 안에서 함께 이야기한다. 그리고 「활동지 1」의 〈활동 1-2〉를 하게 한다.
- 모든 문제에는 승자가 있으면 패자가 있기 마련이라는 생각은 패자로 하여금 상대방을 언젠가는 다시 공격해야 하는 대상으로 느끼게 함으로써 인간관계를 적대적으로 만들 수 있다. 따라서 '나도 좋고

너도 좋다' 식의 문제 해결 방식인 윈윈게임의 이론을 우리 삶의 현장에 적용하여 장기적으로 더 큰 이익을, 나아가 우호적인 인간관계의 유지를 다짐하면서 마무리한다.

활동지 1

문제 해결의 길잡이(개인)

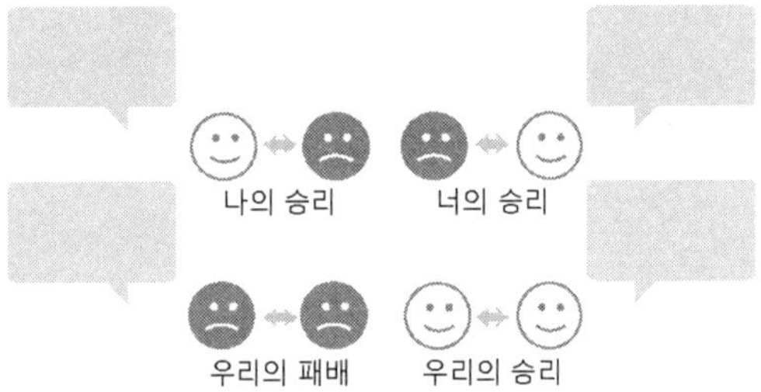

〈활동 1-1〉 가족 혹은 친구와 심하게 다툰 경험을 적어 봅시다.

〈활동 1-2〉 위의 상황을 승리 해결 방식으로 풀어 봅시다.

활동지 2

문제 해결의 길잡이(개인)

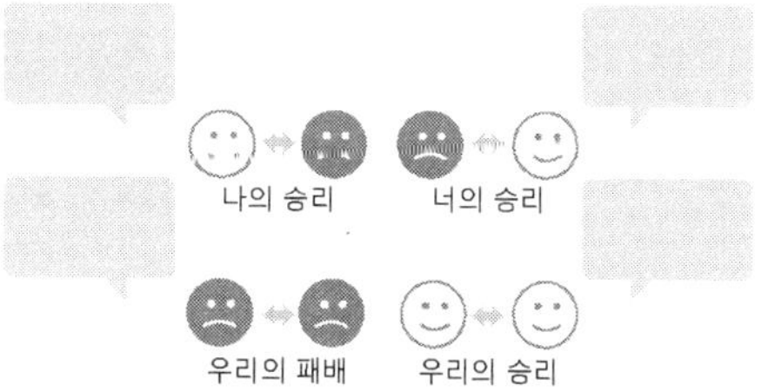

〈활동 2〉 위 상황에서 하나를 선택하여 아래에 주어진 해결 방식으로 해결 해 봅시다.

활동지 3

문제 해결의 길잡이(개인)

〈활동 3〉〈활동 2〉에서 해결한 방식으로 상황이 전개되었을 때 이후 벌어질 상황은?

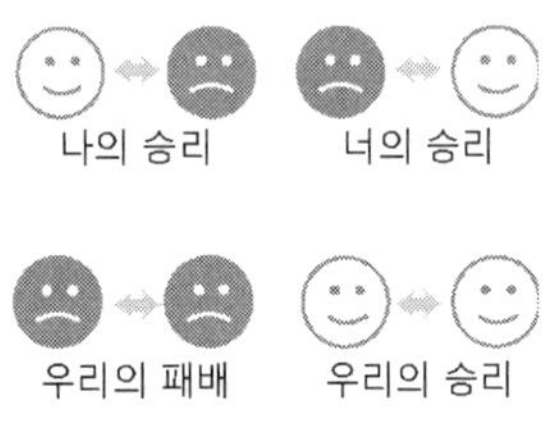

활동지 4

문제 해결의 길잡이(모둠)

〈활동 1〉 주어진 상황을 각각의 방식으로 문제를 해결해 보자.

우리 조에서 택한 상황

- 나의 승리 방식:
- 너의 승리 방식:
- 우리의 패배 방식:
- 우리의 승리 방식:

〈활동 2〉 〈활동 1〉 이후에 전개될 상황

- 나의 승리 방식:
- 너의 승리 방식:
- 우리의 패배 방식:
- 우리의 승리 방식:

〈활동 3〉 위의 상황에서 '나'의 경우를 가정하고 느낌을 정리해 보자.

- 나의 승리 방식:
- 너의 승리 방식:
- 우리의 패배 방식:
- 우리의 승리 방식:

진행 보조 자료

인간관계의 네 가지 패러다임

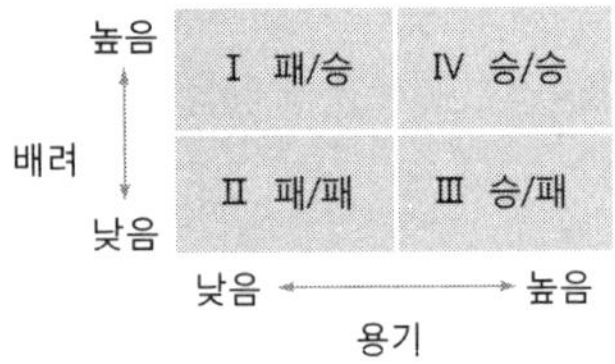

Ⅰ유형은 이기고자 하는 욕구가 낮고 타인에 대한 배려는 높아서 이것을 포기나 양보로 표현한다. 그러나 솔직한 자신의 감정은 만족스럽지 않다. 이때 표현되지 않은 감정은 결코 사라지지 않는다. 이러한 인간관계 패러다임은 비관주의로 발전할 가능성이 많다.

Ⅱ유형은 상호 경쟁적인 사고(내 사전에 패배는 없다)를 가진 두 사람이 서로의 욕구를 극단적으로 추구했을 때 생기는 결과로 결국 두 사람 모두 목적을 달성하지 못한다. 전쟁은 이러한 유형이 집단적 형태로 나타나는 가장 극단적인 형태다. 이런 경우에는 두 사람 모두 타인의 존재를 수용할 수 있는 용기와 배려가 요구된다.

Ⅲ유형은 경쟁이 심하고 상호 신뢰가 결여된 상태에서 흔히 나타난다. 어떠한 방법을 사용해서라도 다른 사람에게 이기고자 하는 욕구가 가득한 사람의 모습이다. 형제간의 비교, 운동 경기 등에서의 승패가 인생의 장면으로 확대 해석되어 승리 아니면 패배라는 사고방식이 팽배하다. 이기고자 하는 욕구는 강하지만 타인에 대한 배려가 너무나 약한 경우에 나타나는 유형으로 가정이나 학교가 이것을 강화시키고 있는 경향이 있다. 따라서 서로 경쟁 지향적인 교육보다는 협력과 협동을 이끄는 교육 실천이 필요하다.

Ⅳ유형은 이기고자 하는 욕구가 매우 강하고 타인에 대한 배려도 매우 높아 상대방을 인정하면서 자신의 목표를 관찰하고자 한다. 두 사람이 모두 이러한 생각을 가지고 있을 때 인생은 경쟁의 장이 아니라 협력의 장이 되어 타인과 더불어 자신의 목표를 이루는 결과를 만들어 낼 수 있다.

'우리의 승리 방식'으로 문제를 해결하는 방법
① 나-전달법으로 자신의 욕구를 말한다.
반영적 경청으로 상대방의 욕구를 확인한다.
② 현실적으로 실행할 수 있는 해결책을 선택한다.
③ 구체적으로 명확한 해결책을 서로 협의한다.
④ 문제 해결을 위해 누가, 무엇을 할 것인지 정한다.
⑤ 해결 방식에 문제가 발견되면 언제든지 자유롭게 조정한다.

출처: 배경숙(2001). 학급 활동으로 이어가는 집단상담. 서울: 우리교육, p. 30.

(5) 신호등 토론법을 통한 의사 표현 능력 증대

신호등 토론법의 사용요령은 상당히 단순하다. 참가한 멘티들에게 신호등 색깔(빨강, 노랑, 파랑)의 카드를 나누어 주고, 멘토가 던진 질문이나 명제에 동의할 경우에는 파란색 카드를, 반대할 경우에는 빨간색 카드를, 그리고 둘 다 아닌 경우나 포기의 경우에는 노란색 카드를 높이 들어 자신의 의사를 표명하게 하는 것이다(마치 교통신호등과 같다 하여 신호등 토론법이라 불린다.). 그리고 카드를 들고 있는 상태에서 선택의 이유를 묻는다.

신호등 토론법에는 다음과 같이 여러 가지 질문들을 사용할 수 있다.

- 국민에 의한 통치는 가능하며 나아가 진정한 자치(self-rule)도 가능하다.
- 이론적으로 볼 때 북한은 참여 민주주의 국가다.
- 지금 우리에게 필요한 것은 절대적 평등으로의 회복이다.
- 21세기 한국과 통일된 한민족을 위하여 의원내각제가 필요하다.
- 시민이란 유권자를 의미한다.
- 시민에게 도의적 책임을 넘어서 법적 책임을 물을 방도는 없다.
- 때로는 비합법적 사회 참여도 필요하다.
- 시민을 참여의 정도에 따라 무관심형, 방관형, 과도형, 무사형으로 나누었을 때 투사형의 비율이 많아야 진정한 민주주의다.

신호등 토론법에서는 찬성과 반대에 대한 이유를 물을 때 모두에게 골고루 기회가 돌아갈 수 있도록 주의해야 한다.

신호등 토론법은 멘토가 전혀 생각하지 못한 또 다른 질문들을 생산하는 특성이 있다. 예를 들어, '때로는 비합법적 사회 참여도 필요하다.'라는 명제에 멘티들이 찬성과 반대로 나뉘어 극명한 입장 차이로 대립 양상을 보였을 뿐만 아니라 그 이유를 묻는 질문에 몇몇 멘티들이 상대방에 대한 공격적 발언이나 비하하는 말로 자신의 입장을 밝혔다고 가정하자. 이 경우에 멘토는 참석한 멘티들 내부에서 생성된 감정적 앙금을 모른척 그냥 넘어가서는 안 된다. 왜냐하면 '갈등'이야말로 '민주사회와 시민의 참여'를 교육하는 데 필수적인 동인이기 때문이다.

문제와 갈등이 없다면 토론할 이유가 없다. 의견 차이나 의견 대립이 없다면 무엇 때문에 조정하고 타협하는 기술을 교육하겠는가. 갈등을 묻어두고 은근슬쩍 넘어가거나 다음 기회로 미루어서는 안 된다. 교사는 갈등을 인정하고 더 극명하게 드러내어 참석한 멘티들에게 또 다른 명제로 제공해야 한다. 그리고 이 명제에 대해 다시금 신호등 토론법으로 자신들의 입장을 표명하도록 한다. 참석한 멘티들은 자신도 알지 못하는 사이에 '유권자로서의 의사 표현 훈련'을 하게 되는 것이다. 바로 이런 과정을 통해 멘티는 '민주주의와 시민사회에서 선거가 얼마나 중요한가'를 배우게 된다.

하지만 이런 방식으로 신호등 토론법을 진행해 나갈 경우 문제점이 전혀 없는 것은 아니다. 멘티들의 의견에만 모든 결정을 맡겨둘 경우 전혀 바람직하지 않은 방향으로 흐를 수 있는 가능성이 있다. 이때 멘토는 아주 곤란한 처지에 놓인다. 결정 과정에 개입하여 '여러분의 결정은 잘못된 것'이라고 시정을 해야 할지 아니면 멘티들이 공동으로 내린 결정이므로 전적으로 그들의 의사를 존중하여 설령 그것이 잘못된 것이라 할지라도 인정을 해야 할지 판단이 서지 않을 수 있다. 만약 이런 경우가 생긴다면 멘토는 두 가지 정도를 유념해야 한다.

첫째, 민주시민 교육에서 미리 정해진 방향으로 멘티들을 유도해 가는 것은 옳지 않다. 하지만 '성숙한 시민'을 만들기 위한 교육인 만큼 그에 필요한 지식을 전달해 줌으로써 보다 바람직한 인식을 갖도록 하는 것도 민주시민 교육이다. 따라서 멘티들의 결정이 바람직하지 않은 방향으로 흘러간다면 그들이 올바른 결정을 내리는 데 필요한 지식을 전달한 후 다시 신호등 토론법을 진행하여 잘못을 인식할 기회를 줄 수 있다.

둘째, 최종 결정을 미룰 수도 있다. "현재 신호등 토론이 진행되는 이곳은 결코 사회의 모든 구성원들의 의견을 대변하지 못한다."는 사실을 멘티들에게 인식시킨 후 최종 결정은 그들이 속한 사회 내에서 이루어지도록 유도한다(한국자유총연맹 민주시민교육센터, 2000: 72-73).

(6) 연필 협상 게임을 통한 상생과 화합 능력 증대

① 활동 목표

연필 협상 게임은 멘티들에게 협상과 전략의 수립, 그리고 팀워크와 신뢰, 상생과 화합의 절차를 체험할 수 있는 기회를 제공하는 교육 기법으로, 그룹 내에서 활발한 논의와 활동을 기대할 수 있다. 또한 지지자와 협상 대표자의 역학관계, 국가 간의 이해관계와 갈등과 중재 등의 상황을 이해시킬 수 있다. 이 게임은 상호 신뢰가 전제되었을 때에만 공동의 이익을 위한 해결이 가능하다는 것을 보여 주는 것으로, 마치 죄수의 딜레마(Prisoner's Dilemma) 상황과 흡사하다(세종리더십개발원, 2001: 192-196).

② 준비물

깎지 않은 연필 한 자루, 연필깎이, 종이카드 20장.

③ 활동 과정

- 먼저 전체 참가자를 3개의 조로 편성한다. 제1조는 깎지 않은 연필을 주고, 제2조는 연필깎이를, 그리고 제3조는 20장의 종이카드를 준다. 여기에서 게임의 현실성을 높이기 위해 연필을 석유나 석탄 등과 같은 원자재로, 연필깎이를 노동력으로, 그리고 종이카드를 자

본으로 간주할 수 있다는 설명을 해 줄 수도 있다.

- 게임의 원칙은 깎지 않은 연필을 연필깎이로 깎아서 별표(☆) 표시를 한 종이카드를 가장 많이 획득한 조가 승리하는 것이다. 따라서 각 조에서는 어떻게 하면 연필로 별 표시를 한 종이카드를 많이 얻을 수 있을지 전략을 개발하고, 상대팀에 대해 막후 협상과 공개 협상을 진행하게 된다. 이때 사용할 수 있는 물건은 주어진 것으로 제한한다. 예컨대, 종이카드에 특정한 표시를 하려면 연필이 필요하다. 그러나 연필은 깎지 않은 상태이기 때문에 표시를 할 수 없어 연필깎이가 필요하다. 세 가지 무기를 가진 세 팀 모두가 강점과 동시에 상대의 도움을 필요로 하는 약점을 가지고 있다. 게임 도중 폭력 사용은 금지되어 있다.
- 이제 각 팀은 어떤 협상 조건을 상대에게 제시하고 소기의 목적을 달성할 수 있을지 고민하고, 별표가 표시된 종이카드를 더 많이 획득하기 위해 우선 내부적으로 공동 전략회의를 갖는다. 이때 먼저 각 조가 처해 있는 상황과 상대방의 입장은 무엇이고, 상대방에게 어떠한 제안을 해야 하는지 전략을 협의한다.
- 전략회의가 끝나면 다른 조에게 막후에서 비공식으로 협상을 타진해 볼 수도 있다. 이후 각 조의 대표가 공개 협상을 진행한다. 일반적으로 자기 소속집단의 승리에 집착하므로 원만한 협상은 이루어지지 않는다.
- 이때 끝없이 진행되는 협상을 미연에 방지하기 위해서 진행 시간을 제한한다. 일반적으로 전략 협의 단계 약 10~15분, 협상 단계 약 15~20분, 해결이나 결과의 소개와 소감 등 토론을 위해 약 10분이 필요하다.
- 게임을 시작하고 난 뒤 정해진 시간 내에 협상을 마치지 못하거나 원활한 협상 타결을 마쳤을 경우 각자의 느낌과 어려움 등 소감을 말하게

하고, 정치와 국제사회에서 협상의 어려움과 신뢰 속에서 상호 이익을 추구하는 것이 어렵다는 점을 일깨운다.

④ 응용

- 이 게임과 연결시킬 수 있는 내용은 상당히 많다. 예컨대, 통합 과정에서 발생하는 문제나 이해관계에 따른 갈등의 재현(유럽 연합, 유고의 갈등 등), 다국적 협상에서 신뢰와 안도를 주는 각종 조치들의 의의를 제시할 수도 있다.
- 게임을 통해 국세 부역관계에서 서로의 의존성을 명확히 할 수 있다(연필은 원자재를, 연필깎이는 산업이나 기계 혹은 기술적 노하우를, 그리고 종이카드는 자본을 의미한다).

(7) PMR을 통한 최적 방안 도출 능력 증대

PMR(Plus Minus Reconstruction)은 논쟁거리가 되는 도덕 문제와 관련하여 찬성과 반대 입장의 장단점을 충분히 살펴보게 한 후, 각 입장의 긍정적인 측면을 최대화하고 부정적인 측면을 최소화하기 위한 방안을 다각도로 찾아본 다음, 그 방안을 다양한 차원으로 나누어 각 차원에서 실천할 수 있는 내용을 구체적으로 계획하고 실행하며 그 결과를 평가하고 반성하는 통합적이고 체계적인 기법이다(차우규, 2002: 158-160; 오기성, 2004: 97-98).

PMR 기법은 인지 · 정의 · 행동의 통합적 접근을 함께 도모한다. 또한 각 입장의 장단점 중 장점을 최대한 살리고 단점을 최소화하는 조건들을 찾아봄으로써 이분법적인 사고에서 탈피하게 한다. 아울러 유연하고 창의적이며 종합적으로 사고할 수 있도록 도와주고, 멘티들의 자기주도적 학습 능력을 키워준다.[5]

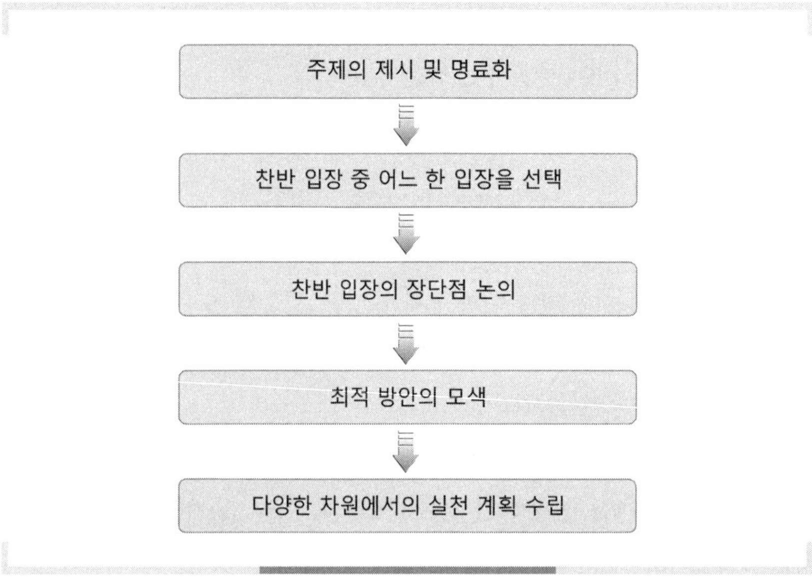

[그림 4-3] PMR 기법의 절차

PMR의 첫 번째 단계는 주제를 제시하고 이에 대해 멘티들이 명료화하는 단계다. 이때는 토론할 문제의 설정, 토론 방향에 대한 안내, 토론 문제에 대한 정확한 파악, 상황 인식과 관련 정보 탐색 등이 이루어진다. 멘토는 토론 문제의 해결 방안으로서 창의적인 방안이 산출되도록 주지시킨다.

두 번째 단계는 멘티들이 모둠별 혹은 전체 토론을 통하여 찬반 중 어느 한쪽 입장을 취했을 때 발생할 수 있는 장단점을 충분히 살펴보는 단

---

5) 찬반 토론법은 인지적 측면에 중점을 두는 것으로서 명확히 둘로 나뉘어 토론할 수 있는 주제의 경우 학생들을 그 주제에 찬성하는 학생들과 반대하는 학생들로 구분하여 팀을 나눈 후 서로의 입장을 발표하고 정당화하며 대립되는 팀과 토론을 전개하는 수업 방식이다. 이에 비해 PMR은 인지 · 정의 · 행동의 통합적 접근을 취한다. 이 모형은 각 입장의 장단점 중 장점을 최대한 살리고 단점을 최소화하는 조건들을 찾고, 그 조건을 실현할 수 있는 방안을 다양한 차원에서 모색하는 수업 모형이다. 차우규(2002. 7.). "PMR 수업 모형 평가". 도덕과교육, 제14호, pp. 158-160 참조; 오기성(2004). "초등 도덕과 수업 모형의 발전 방안 탐색". 초등도덕교육, pp. 97-98.

계다. 이때 모둠 내에서는 브레인스토밍을 활용하여 아이디어를 제시하게 되는데, 자신의 의견이나 아이디어가 자유롭게 표출될 수 있도록 허용적인 분위기가 조성되어야 한다. 멘티들은 산발적인 아이디어들을 몇 개의 범주로 정리하고 체계적으로 분류한다.

세 번째 단계는 각 입장의 장점을 극대화하고 단점을 극소화할 수 있는 최적 방안을 모색하는 단계다. 마찬가지로 브레인스토밍을 통해 최적 방안을 찾는데, 이때 의견이나 아이디어가 자유롭게 표출될 수 있도록 허용적인 분위기가 조성되어야 한다. 또한 서로 반대되는 해결 방안들로 인해 멘티들이 의견 충돌이 있을 경우 서로 상대방의 입장을 고려하면서 자신들의 주장을 조금씩 양보하면서 타협을 하는 태도가 요구된다.

네 번째 단계는 다양한 차원에서의 실천 계획을 수립하는 단계다. 멘티들은 이 단계에서 장점의 극대화와 단점의 극소화를 위한 조건 내지 방안을 탐색한 후, 몇 개의 차원으로 범주화한다. 아울러 체계화된 최적 방안에 대한 논의가 정리된 후에는 이를 실천할 수 있는 방안을 적극적으로 모색하는 것이 필요하다. 구체적인 실천 계획은 중 · 장기와 단기로 나누어 단계적으로 추진 계획을 수립한다.

(8) 상호 협동 딜레마 게임을 통한 신뢰의 중요성 인식

① 활동 과정

상호 협동 딜레마 게임은 죄수의 딜레마를 적용하여 상호 협동의 딜레마를 체험하는 게임 기법을 교실 수업에 적용하는 것이다. 자세한 절차는 다음과 같다.

↘ 1단계: 흥미 유발과 도입

- 전시 학습을 확인한 후에 오늘은 재미있는 '필통 따먹기 게임'을 한다고 선언하여 멘티들의 흥미를 유발한다.

• 책상의 배열을 6개 조별로 모둠 배치한다.

↘ 2단계: 게임 규칙 설명

• 6개 조별로 조장을 한 명씩 선출
• 조별로 필통 7개씩 준비
• 매 게임마다 각 조는 민주적인 다수결 원칙에 의해 ○를 낼 것인지 ×를 낼 것인지를 결정
• 필통 1개와 함께 쪽지를 앞으로 제출
• 쪽지를 개봉하여 적게 나온 쪽이 필통을 나누어 갖는다(1/5는 6개 몽땅, 2/4는 3개씩, 3/3은 멘토가 독식).

↘ 3단계: 실제 게임의 진행

• 첫 번째 게임이 난상으로 나뉜 후에 '약속'을 정한다.
• '약속'의 내용은 '모두 다 같이 ○를 내자.'이다.
• 모두 다 같이 ○를 낸다면, 멘토가 미리 준비한 필통 6개를 조별로 하나씩 나누어 줄 것임을 강조한다.
• 그러나 이 약속은 아무런 구속력도 없는 것이고, 각 조는 자유롭게 다수결에 의해 의사 결정을 할 수 있음을 강조한다.
• 5~8차례 게임을 반복 진행한다(중간 중간 약속을 상기시킨다).
• 매번 게임의 결과를 칠판에 기록해 나간다.

↘ 4단계: 결과의 확인과 게임의 의미 설명

• 고집스럽게 ○만을 낸 조가 거지가 되고, 약속을 배신하고 ×를 여러 번 낸 조가 이익을 챙긴 결과, 혹은 반대로 ○를 계속해서 낸 조가 결국 이익을 챙긴 결과, 혹은 모두가 손해만 본 결과를 확인해 본다.
• 모두가 서로를 믿고 약속을 지켰다면, 결과적으로 모두에게 골고루

확실한 이익이 돌아갔을 것임을 설명한다.

- 서로를 믿지 못하는 상황이 모두에게 불이익을 가져왔음을 강조하면서, 신뢰와 협동의 관계를 설명한다.

↘ 5단계: 오늘의 교훈과 다짐

- 함께 번영하기 위해서는 상대방을 믿고, 상대방으로 하여금 나를 믿도록 성실성을 보여 주어야 함을 강조한다.
- 눈앞의 작은 이익에 현혹되어 장기적인 상호 이익을 저버리는 것이 얼마나 어리석은 일인가를 발표시킨나.
- 앞으로의 다짐을 선언문 형식으로 낭독하도록 한다.
- 필통을 주인에게 돌려주고 게임과 수업의 종결을 선언한다.

② 부가 설명

- 각 조는 모두가 협동 단결하여 ○만을 내면 모두에게 조금씩의 이익이 돌아간다는 것을 충분히 이해하고 있다. 다만 부족한 것은 상대방에 대한 확신이 결여되었다는 점이다. 5개 조가 ○를 냈을 때 한 조가 배신을 하여 ×를 낸다면 불신은 극에 달한다. 게임 전체가 6, 7회 정도 진행될 수 있다는 계산을 한다면, 일단 ×를 내어서 한두 번의 성공을 거둔다면 절대 손해는 나지 않을 것임을 계산할 수 있다. 각 조는 서로를 의심하면서 무엇을 내야 할지를 고민하게 된다.
- 또한 각 조의 의사 결정은 무조건적인 다수결에 따른다. 7명으로 구성된 조의 의사 결정은 조장이나 개개인의 책임으로 귀속되지 않고, 다수의 책임으로 희석된다. 이러한 구도하에서 멘티들은 개개인에게 물어볼 때보다 훨씬 더 이기적이고 몰염치한 선택을 할 수 있다. 특히 3/3으로 의견이 대립되는 경우가 여러 차례 발생할 경우, 멘토는 멘티들의 필통을 12~18개 정도 확보하게 되는데, 멘토가 얻은 불

로소득을 다시 판돈에 얹어 준다면 멘티들에게 눈앞의 이익 확보에 좀 더 적극적으로 참여하게 만드는 촉매제로 기능할 수 있다.

- 게임이 모두 끝나고 나면 게임을 했던 진짜 목적, 즉 '오늘 멘토링의 목표'에 대해 설명을 해 주어야 한다. 특정 목적을 위한 상호 협력이 가능하기 위해서는 협력 당사자인 양자 간에 신뢰 회복의 과정이 필수적임을 강조하면서, 동시에 멘토가 얻은 이익은 당사자 이외의 주변 집단 또는 국가들이 반사적으로 챙기는 이익이 될 수 있다는 점을 설명해 준다. 매 게임의 쪽지 개봉 시 발을 구르고 함성까지 지르며 열중했던 멘티들은 게임의 진정한 의도를 알게 된 후, 정서적 감동과 더불어 협동의 가치에 대한 내면화를 이룩할 수 있게 된다.
- 이 같은 게임 기법의 적용은 무미건조한 민주시민 교육의 논의를 생생하고 즐거운 체험과 참여의 장으로 바꾸어 놓을 수 있다. 아울러 멀티미디어를 이용한 보조 화면을 활용하면 게임에 대한 몰입 정도를 심화시킬 수 있다. 또한 직접 필통을 주고받는 과정에서 느끼는 게임의 스릴은 멘티들의 적극적인 참여를 보장해 주며 충분한 에듀테인먼트로서의 가능성을 보여 준다고 하겠다(임상수, 2001: 191－192; 오기성, 2002: 130－134).

(9) 문화 이해지를 통한 타문화 이해 능력 증진

문화 이해지(culture assimilator)는 귀인훈련의 대표적인 방법이다. 문화 이해지를 통하여 사람들은 상대방이 나의 행동을 어떻게 이해할지, 그리고 나는 상대방의 행동을 어떻게 이해해야 할지를 배운다. 즉, 타문화의 사람들 간 상호작용을 할 때, 서로가 행동 원인에 대하여 어떤 판단을 내리는가를 출현을 통하여 배우는 것이다.

문화 이해지에는 남한과 북한의 사람들이 만났을 때, 서로의 문화적 차이 때문에 오해와 갈등이 생길 수 있는 가상 상황을 제시한다. 즉, 남북한 사람이 만난 상황을 전제로 하여 서로 만나거나 왕래하는 과정에서 갈등이 생겨나고, 북한 사람의 행동을 남한 사람이 이해하기 어려운 상황으로 구성한다. 이때 상황 묘사가 현실적이고 자세하며 가능한 한 재미있게 만들되 직접 관련이 없는 내용은 제외하여 제시한다.

〈보기〉는 4지 선다형으로 하고, 각각의 길이는 두 줄 정도로 한다. 완전한 문장으로 맺어야 하며('… 때문에' 등으로 하지 않는다), 정답은 근거가 있어야 한다. 오답에는 주로 남한 사람이 북한에 대해 가지고 있는 전형적인 고정관념을 반영하며, 상황과 상충되는 내용이 없어야 한다.

〈해설 진술〉에서는 정답과 오답에 대한 해설이 모두 사실에 근거를 두고 있어야 한다. 해설은 북한에 대한 지식이나 정보를 가능한 자세하게 제공해 주고, 북한에 대해 차별적인 인상을 주지 않도록 주의한다. 또한 상황에 따라 어떻게 이해하고 행동하면 좋다는 것을 넣어도 좋다(정진경, 2001: 오기성, 2002: 71－74). 이 기법의 절차는 다음과 같다.

멘토는 우선 남북한 사람이 만났을 때 서로 오해하게 되는 상황을 설정한 갈등 상황을 멘티에게 제시한다. 이때 읽기 자료를 통해 제시할 수도 있고, 멘티들이 실제로 역할놀이를 통해 시연해 보일 수도 있다.

다음으로 멘토는 제시된 갈등 상황에 대한 4지 선다형의 보기를 제시한다. 이때 고정관념이 반영된 오답을 한두 개 포함한다. 갈등 상황에 대한 답으로 제시된 보기에 대해 멘티 각자가 생각할 시간을 준 뒤, 정답을 선택하고 그 근거를 작성한다. 동일한 정답을 선택한 멘티끼리는 조별로 토론을 통해 근거를 제시할 수 있도록 한다.

동일한 정답을 선택한 멘티들이 한 조를 이루어 선택한 답의 근거에 대해 다 같이 토론을 하는 시간을 가짐으로써 주어진 갈등 상황에 대한 심층적인 이해의 기회를 부여한다. 아울러 제시된 근거를 조별로 발표함으로써 다른 답을 선택한 조들 간의 토론을 유도한다.

해설을 통해 정답을 확인하고 이를 정리한다. 통일한국에서 발생할 수

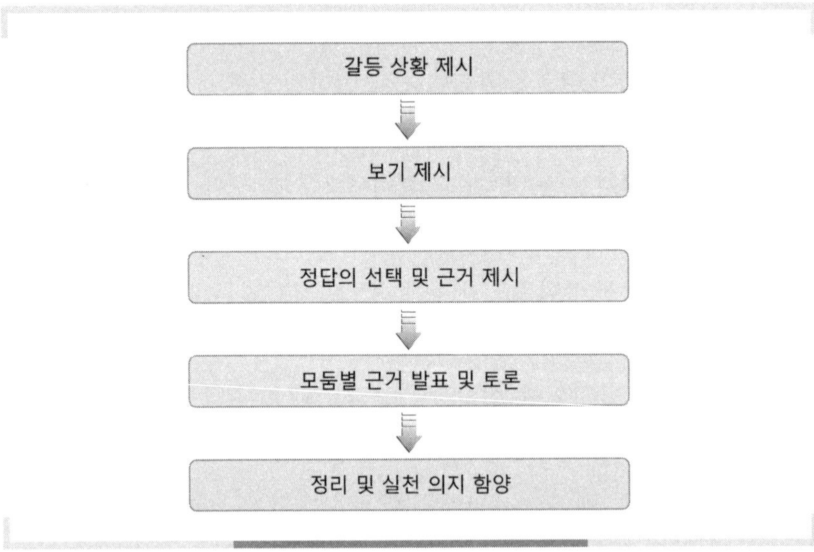

[그림 4-4] 문화 이해지 기법의 절차

있는 이러한 갈등 상황을 완화, 극복하기 위한 방안이나 우리의 자세에 대한 글쓰기를 통해 실천의지를 함양한다.

문화 이해지 사례: 책가방

〈상황〉

함흥에 살던 영민이는 아버지가 직장 일로 광주로 파견을 나오면 광주의 중학교로 전학을 왔다. 새로 짝이 된 유성이와 조금씩 친해지면서 스스럼없이 여러 가지에 대해 얘기도 나누고, 학교생활에도 적응을 잘 해 나갔다. 하루는 수업이 끝나고 집에 가려고 책가방을 싸는데, 영민이가 유성이의 책가방을 보며 “너 책가방이 그게 뭐가!” 하고 언짢은 얼굴을 하였다. 유성이는 영민이가 왜 그러는지 알 수가 없었다. 자기 가방은 얼마 전에 어머니와 같이 백화점에 가서 산 자주색 배낭 모양의 JANSPORT로 다른 친구들의 가방이랑 별로 다른 점이 없었기 때문이다. 영민이는 왜 그 가방을 못마땅해했을까?

〈보기〉

1. 남자가 자주색 가방을 메고 다닌다고
2. 비싼 외제 물건이라서
3. 가방이 미제라서
4. 외제를 처음 보아서

〈정답〉

2. 비싼 외제 물건이라서
3. 가방이 미제라서

〈해설〉

물론 북한의 학생들도 남한의 학생들처럼 남자나 여자에게 주로 어울리는 색에 대한 기대가 있을 수 있다. 그러나 북한의 남학생들은 어릴 때부터 빨간 스카프를 매기도 하므로 색깔 때문이라고 보기는 좀 어렵다.

북한에서도 외제 물건을 쓰고, 사람들이 좋아하기도 한다. 그러나 남한에서 외제 물건을 많은 사람들이 너무 흔하게 쓰는 것을 보면 과히 좋아 보이지 않을 수 있다. 외제는 북한에서는 워낙 비싸기 때문에 학생이 가지고 다니는 것은 과시용으로 보일 것이다. 또한 북한에서는 '미제국주의자들'이라고 하여 미국은 우리나라를 침략하고 착취하는 나쁜 나라라고 가르쳤기 때문에, 남한에서 미제 물건을 많은 사람들이 아무렇지도 않게 쓰는 것을 보면 한심하게 생각하여 화가 나기도 할 것이다. 영민이는 유성이와 좀 친해져서 그런 자신의 생각을 말한 것으로 볼 수 있다.

그런 경우에는 영민이가 그렇게 느낄 수도 있겠다는 것을 일단 이해해 준 후에, 차차로 우리가 수입도 하지만 수출도 많이 하므로 크게 걱정할 필요는 없다는 이야기를 하면 좋겠다. IMF 위기를 맞았을 때는 남한 학생들도 수입품 쓰기를 자제하는 움직임이 있었고, 외제 가방의 상표 위에 태극기를 덧붙여 가지고 다니기도 했다는 얘기를 하면 영민이도 남한 학생들이 너무 생각이 모자란다는 의견을 바꿀 수 있을 것이다.

또 한편으로는, 그런 이야기를 들었을 때 그동안 우리가 지나치게 외제 상표를 선호한 것은 아닌지 반성해 보는 기회로 삼는 것도 좋겠다.

(10) 역할놀이를 통한 역지사지 경험

역할놀이(roll play) 기법은 샤프텔 부부(Fannie Shaftel and George Shaftel)가 개발한 것으로서, 이들은 20년 동안 학생들에게 인간의 존엄성, 정의감, 애정(compassion) 등 민주적 관념을 일상생활에서 실천할 수 있도록 가르치는 데 이 기법을 적용하였다. 역할놀이는 학생들이 어떤 역할을 해 보는 것으로서 학생들에게 구체적인 상황을 실제로 경험해 볼 수 있는 기회를 제공한다. 이렇게 함으로써 학생들에게 스스로가 지닌 가치나 의견을 좀 더 분명히 깨닫게 하고 역지사지로 실연해 봄으로써 사람이 어떻게 타인의 행동에 영향을 미치는가를 더 잘 이해할 수 있게 해 준다.

역할놀이 기법은 학습자로서 멘티들이 여러 가지 다른 역할을 해 보는 과정에서 일상생활에서 일반화시킬 수 있는 인간의 행동에 관한 여러 가지 개념을 습득하게 될 것이라는 가정에 근거를 두고 있다. 따라서 역할놀이는 '다른 사람의 역할을 받아들이게 하는 방법'이다. 다시 말해 개인으로 하여금 다른 사람에 대한 생각이나 느낌을 갖게 해 보는 투사적 방법이며, 행동을 통해 문제를 다루는 것으로 어떤 문제 상황을 기술하고 그에 따른 행동을 한 다음 그 결과를 토론하는 과정을 거치는 방법이다.

역할놀이는 교육에 관한 개인적 · 사회적 측면에 근거한 경험 중심 기법이다. 이는 학습자로서 멘티들에게 하나의 상황에서 다양한 체험을 해 보도록 함으로써 개인으로 하여금 그들의 사회적 세계 안에서 개인적 의미를 발견하게 하고, 개인적 딜레마들을 사회 집단의 도움을 받아 해결하는 데 도움을 준다. 특히 인간관계 문제 해결의 민주적인 방법으로서 역할놀이가 차지하는 비중이 매우 크다고 할 수 있다.

또한 멘토와 멘티 간에 솔직한 감정 표현으로 전통적인 멘토의 역할을 덜 강조하고, 각자 동료들로부터 경청하고 학습하는 것을 권장한다. 결국 역할놀이 기법은 목표 중심보다는 과정을 중시하고, 멘티들의 교육적 생활 세계에 접근하여 경험에 강조를 두는 새로운 교육 과정에서 필요로 하는 기법이며, 학습에서의 중요한 의사 결정에 학생이 참여하기도 하고, 과정을 중요시함으로써 민주시민 교육 멘토링에 활용하는 것도 바람직하다. 특히 역할놀이 기법을 활용한 멘토링은 학습자인 멘티로 하여금 자기중심적 사고에서 탈피할 수 있게 한다. 그리하여 상대방의 의견도 포용할 수 있는 원만한 성격 형성에 도움이 된다.

멘티의 생활 주변에서 야기될 수 있는 다양한 갈등 상황에 대해, 자발적으로 문제를 해결할 수 있는 능력도 증진시킨다. 그리고 개인이 해결하기 어려운 문제를 집단적으로 생각하고 토론하는 과정에서 최선의 방안을 도출해 낼 수 있다는 사실을 깨닫게 되어 집단 의식을 증진시킨다. 역할놀이에 참여한 학생은 자기 주장의 타당성을 설득하기 위해 노력함으로써 언어 능력이 증진되며, 각각의 상황에 필요한 역할 행동이 무엇인지를 상의하고 타협할 때 민주시민으로서 지켜야 할 도덕관념이 발전하게 된다.

〈표 4-11〉 역할놀이 기법의 절차

단계	멘토링 활동
집단의 분위기 조성	• 문제를 규명하거나 안내하기 • 문제를 명백히 하기 • 문제 이야기를 해석하고 문제점을 탐색하기 • 역할놀이 설명하기
참여자 선정	• 역할 분석하기 • 역할 연기자 선정하기
무대 설치	• 행동 라인 설정하기 • 역할들을 다시 설명해 주기 • 문제 상황의 속사정 파악하기
관찰자의 준비	• 무엇을 바라볼 것인지 설정하기(사건 현실성) • 중요한 초점에 대한 토론하기 • 다음 실연 개발하기

실연	• 역할놀이 시작하기 • 역할놀이 유지하기 • 역할놀이 중지시키기
재실연	• 수정된 역할놀이 하기 • 다음 단계 또는 행동 대안 제안하기
경험 내용 교환 및 일반화	• 문제 상황을 실제 경험 및 현존 문제와 관련짓기 • 행동의 일반 원칙 탐색하기
토론과 평가	• 단계 4와 동일

(11) 딜레마 토론을 통한 판단 능력 증진

콜버그의 이론에 바탕을 둔 딜레마 토론은 학생들로 하여금 그들이 속해 있는 현재 단계보다 한 단계 높은 수준의 추론을 활용할 수 있도록 하기 위한 것이다. 도덕 딜레마는 학생들의 인지적 · 도덕적 불균형을 유발하여 도덕 발달을 자극한다(추병완, 2000; 추병완, 1987: 58−62). 여기에서 도덕적 추론 방식을 Galbraith & Jones의 모형을 재구성하여 제시하면 다음과 같다.

딜레마 토론의 첫 번째 단계는 멘토가 제시한 도덕적 딜레마에 따라 멘티들이 가치 갈등에 직면하는 단계다. 멘토는 멘티들에게 갈등 상황을 제시하고, 거기에서 나타난 용어나 상황을 명확히 하며 갈등의 본질을 이해할 수 있도록 도와준다. 예컨대, 갈등 상황이 일어나게 된 정황, 즉 갈등하게 된 과정과 배경 등을 제대로 이해하고 있는지 질문한다.

두 번째 단계는 주갈등 상황 또는 대안적 갈등 상황에서 멘티들이 입장을 선택, 진술하는 단계다. 멘토는 멘티들이 갈등 상황에 대하여 생각하고, 입장을 선택하도록 격려해 준다. 갈등 상황에 대한 멘토의 초기질문은 갈등을 일으키고 있는 주인공이 선택할 행동에 관한 것이어야 한다. 그리고 멘티들은 해야 할 바와 왜 하는지의 이유를 결정해야 한다.

멘토는 멘티들이 결정을 내릴 수 있도록 세 가지 방식으로 도와줄 수

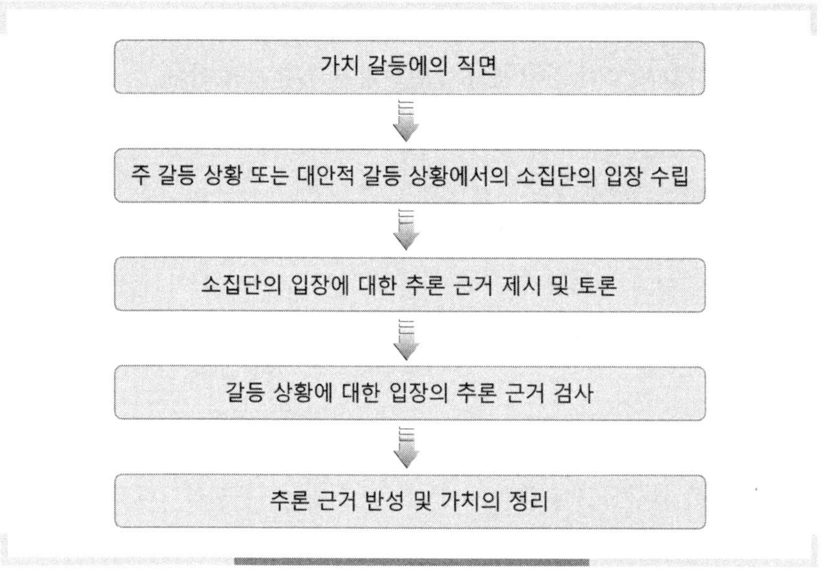

[그림 4-5] 딜레마 토론 모형의 절차

있다. 첫째, 그 문제에 대하여 멘티들이 생각할 기회를 주는 것, 둘째 주인공이 어떻게, 왜 그렇게 해야 하는지를 기록하도록 요구하는 것, 셋째 멘티들이 대안적 행동 방향의 근거를 브레인스토밍하도록 고무하는 것이다.[6)]

다음으로 멘토는 다른 의견이 있는가를 질문할 수 있다. 만일 멘티들이 선택한 입장이 나누어지면, 멘토는 토의를 진행시킨다. 보통 7 : 3 정도의 입장이 나누어지면 갈등 상황에 충분한 관심을 나타낸 것으로 본다. 만일 입장이 일치될 경우 멘토는 대안적인 갈등 상황을 도입해야 한다. 입장에 따라 모둠별 수업을 진행할 경우에는, 우선 행위에 대한 개인적 입장을 수립하고, 개인의 선택이 끝났으면 학급을 입장에 따라 2개의 모둠으로 나누고, 자리 이동이 끝나면 각각의 입장을 선택한 이유를 개

6) 추병완(1987). 콜버그 도덕적 추론의 가치교육에의 적용. 서울대학교 대학원 석사학위 청구논문, pp. 60-61.

괄적으로 질문한다. 멘티들은 개인 학습지를 통해 입장 선택의 추론 근거를 수립하고 다양한 상황에서의 입장과 근거를 수립한다.

세 번째 단계는 멘티들이 조사한 추론 근거를 바탕으로 발표, 토론하는 단계다. 이 단계에서 멘티들은 다른 멘티들의 상이한 입장과 추론 근거를 조사하도록 기회를 부여한다. 전체 토론에 앞서 소집단 토론은 전체 토론에서 발표할 추론 근거에 대하여 개인이 생각할 기회를 준다. 그러므로 소집단 토의의 과제는 제기된 행동에 대한 최선의 근거를 찾고, 특정한 입장을 옹호할 준비를 하는 것이다.

토론에 들어가면, 멘토는 모둠별 추론 근거를 제시하되, 다른 의견이 있으면 서로 제시하고 토론하게 한다. 멘토 또한 토론 과정에서 초기 발문 전략과 심층 발문 전략을 통해 멘티들의 대답과 반응에 따라 적절히 질문하고 정당화시킨다. 또한 탐색 질문에 관련시켜 추론 근거를 조사하게 한다. 심층 탐색 질문은 ① 명료화된 탐색(a clarifying probe), ② 특정 문제 탐색(issue−specific probe), ③ 이슈 간의 관계 탐색(an inter−issue probe), ④ 역할 교환 탐색(a role swich probe), ⑤ 보편적 결과 탐색(a universal−consequences probe)으로 이루어진다. 이때 콜버그의 도덕 단계를 고려하여 추론 근거를 조사하고 피드백하며, 상위 단계(적어도 3단계까지)까지 추론 근거를 확대할 수 있도록 유도한다.

끝으로 멘티들은 입장에 대한 추론 근거를 반성하고 가치를 내면화하는 과정을 밟게 된다. 우선 멘티들은 집단 토의에서 논의된 추론 근거들을 요약한다. 멘토는 멘티들이 토론에서 들었던 서로 다른 추론 근거들에 대해서 생각하고 갈등 상황에서 가장 좋은 대응 방안이라 생각되는 추론 근거를 선택하도록 한다. 이렇게 하는 목적은 전체의 의견을 통일하는 것이 아니라, 멘티들이 추론 근거를 생각해 보도록 유도하기 위한 것이다. 멘토는 멘티들이 각각의 입장에 대한 이유를 진술하게 하고 자신의 입장을 최종적으로 정리한다. 가능한 이 과정에서는 멘티들이 이전에 선택했던 입장, 제시한 추론 근거와 이에 대한 토론, 멘토의 발문 등을 통해 내려진 판단에서 핵심이 되는 가치를 내면화 차원에서 정리하도록 한다.

5학년 1학기 '5. 서로 존중하는 태도'에는 '왕따' 관련 내용이 학습지 형태로 실려 있다. 왕따는 학교 내외에서 우리 멘티들에게 중요한 문제로 부각되고 있다. 따라서 여기에서는 〈우리반 왕따 미영이〉를 예화로 구성하여 딜레마 토론 모형에 적용시킨 사례를 제시하고자 한다.

〈예화〉 우리반 왕따 미영이

우리반에는 미영이라는 여자 아이가 있다. 미영이는 비교적 똑똑한 아이다. 그러나 미영이 때문에 반 아이들은 불편함을 느낀다. 예컨대, 교실에서 반 친구들이 관심이 높은 대중 스타에 대한 이야기를 하고 있으면 미영이는 학생이 공부를 해야지 다른 것에 관심을 두고 있다고 핀잔 섞인 말을 한다. 학예회 준비를 위해 프로그램을 서로 제안하고 있을 때에도 미영이는 학예회가 너무 노는 데 집중되어 있다고 비판한다. 아이들은 얼굴을 찌푸린다. 물론 때로 미영이의 이야기가 옳다고 판단하여 동조하기도 한다. 어쨌든 대부분 반 친구들은 이제 미영이를 싫어한다. 나아가 친구들은 미영이를 반장이 나서서 왕따를 시켜야 한다고 말한다. 이제 반장인 나는 어떻게 해야 할까?

딜레마 토론 모형을 이 예화에 적용시켜 교수 · 학습 과정을 전개할 경우, 우선 학생들은 반장으로서 자신들이 친구들의 의견에 동조하여 미영이를 왕따시켜야 하는가, 아니면 미영이가 왕따되는 것을 막아야 하는가의 딜레마에 처하게 된다.

다음으로 학생들은 제시된 딜레마 상황에서 "미영이를 왕따시키는 데 앞장선다." 또는 "미영이가 왕따되는 것을 막아야 한다."라는 두 입장을 도출하고 이 중에 하나를 선택하여, 같은 의견을 지닌 학생들끼리 모둠을 구성한다.

같은 의견을 가진 모둠의 구성원들은 자신들의 도덕적 판단의 추론 근거를 학습지에 작성한다. 모둠별 입장에 대한 추론 근거 제시가 완성되면 이제 모둠별로 발표 및 토론이 전개된다. 이 과정에서 멘토는 준비된 초기 발문들과 심층 발문들을 활용하여 학생들이 도덕적 사고를 자극하고 그럼으로써 보다 높은 추론 단계에 오르도록 독려한다. 끝으로 학생들은 입장에 대한 추론 근거를 반성하고 가치를 내면화하는 과정을 밟는다. 멘토가 학생들의 도덕적 사고를 자극하고 추론 능력의 발달을 위해 발표 및 토론 과정에서 제시할 수 있는 발문의 예는 다음과 같다(오기성, 2003: 21-24).

① 초기 발문 전략

- 도덕적 이슈를 강조하기 위한 질문들
  - 반장인 나는 미영이가 다른 아이들로부터 왕따가 되는 것을 그대로 두어야만 할까?
  - 반장인 내가 미영이가 왕따를 당하도록 내버려두는 것은 나쁜 것일까?
  - 다른 사람들의 의견에 비판적인 미영이는 왕따를 당해야만 할까?
- 이유를 묻기 위한 질문들: '왜'라는 질문을 함
  - 왜 이 딜레마에 대한 네 해결이 좋은 것이라고 생각하니?
  - 왜 너는 너의 판단이 옳은 것이라고 생각하니?
  - 네가 이 문제를 그런 식으로 해결하도록 결정하게 된 이유는 무엇이니?
- 원래의 도덕적 문제를 복잡하게 만드는 질문들

–반 친구들이 미영이의 행동을 미워하여 반장에게 왕따를 시켜야 한다고 말했다면, 이것이 너의 입장을 다르게 할까?

–왕따를 당할 수 있는 미영이가 그래도 너와는 가까운 사이라면, 이것이 너의 입장을 다르게 할까?

–얼마 전 반장인 네가 미영이로부터 도움을 받은 적이 있다면, 너의 입장은 달라질까?

–미영이를 왕따시키지 않았을 때 미영이가 전과 같이 계속 행동한다면, 너의 입장은 달라질까?

–미영이의 의견에 동조하는 애들이 있잖아요? 그래서 미영이는 왕따를 당하지 않을 수도 있어요. → 그러나 그 아이들은 잠시 동안 동의한 것이지 미영이의 모든 행동에 대해 동조하지는 않는다.

–미영이는 똑똑하기 때문에 옳은 말을 하고 있어요. 아마도 공부도 잘할 거예요. 그래서 같은 반 아이들은 공부를 잘하는 미영이에게 도움을 받기 위해서라도 왕따를 시키려 하지 않을 거예요. → 미영이의 성적이 아주 좋은 것은 아니라고 하자.

② 심층 발문 전략

↘ 다섯 가지 종류의 심층 탐색 질문

• 명료화된 탐색

S: 안 돼요. 반장인 내가 미영이를 왕따당하도록 내버려두면 미영이는 어려움에 처할 거예요.

T: 반장인 네가 미영이가 왕따당하도록 그대로 둔다면 미영이는 어떤 종류의 어려움에 처할까?

S: 글쎄요. 미영이는 점점 말이 없어지고, 교실에서든 학교에서든 혼자 있는 시간이 많아질 거예요. 미영이는 친구가 없는 아

이가 되어 외로워질 거고, 슬퍼할 거예요.

T: 반장인 네가 미영이를 돕는다면 어떤 종류의 어려움에 처할까?

S: 글쎄, 아이들이 미영이처럼 반장을 싫어하게 될 거예요.

• 특정 문제 탐색

– 너는 친하지 않은 사람에게도 어떤 의무가 있다고 보니?

– 가족 또는 친한 친구에 대한 배려와 모르는 학교 학생에 대한 배려 간의 차이는 무엇이라고 생각하니?

– 민주주의 사회에서 왜 사람들은 단체 의견에 복종해야 할 책임이 있을까?

– 너는 단체의 의견처럼 소수의 의견도 소중하다고 생각하니?

• 이슈 간의 관계 탐색(an inter–issue probe)

– 미영이를 도와주는 것과 친구들이 싫어하는(원하는) 바대로 왕따시키는 것 중에 어느 것이 더 중요할까?

– 한 친구가 왕따를 당하지 않도록 하기 위해 반 친구들로부터 네가 좋지 않은 이야기를 들어도 너는 그 결정을 정당화할 수 있니? 어떻게 정당화할 수 있니?

– 너는 반장으로서 대부분의 친구들이 원하는 것을 하는 것보다도 미영이의 의견을 존중하고, 미영이를 보살펴 주는 것이 더 중요하다고 생각하니? 그것을 정당화할 수 있니?

• 역할 교환 탐색

– (미영이가 왕따를 당하도록 네가 그대로 내버려두려고 할 경우) 선생님이라면 어떻게 했을까?

– (미영이가 왕따를 당하도록 네가 그대로 내버려두려고 할 경우) 네가 미영이의 어머니라면 어떻게 생각하실까?

– 너의 부모님이라면 네가 어떻게 해야 한다고 말씀하실까?

– 만일 네가 미영이라면 반장이 어떻게 행동하기를 원할까?

–선생님은 이 상황에서 네가 어떻게 하는 것이 좋다고 말씀하실까? 왜 그렇게 생각하실까?

• **보편적 결과 탐색**(a universal–consequences probe)

–만일 우리 교실에서 모든 것을 다수결에 따라 정한다면 어떤 일이 벌어질까?

–만일 모든 사람들이 다수의 의견은 무조건 따라야 한다고 말한다면 어떠한 일이 일어날까?

–모든 학생들이 다른 의견을 가진 학생에게 자기 의견과 다르다고 같이 이야기도 하지 않으려고 한다면 우리 교실은 어떤 분위기가 될까?

–만약 모든 학생들이 자신의 의견만이 옳다고 하고 다른 친구들의 의견을 무시한다면 어떤 일이 벌어질까?

↘ 인접관계의 논의에 중점을 두는 질문들

• 학생들 간의 단계에 차이가 있을 때

–철수: 반장은 미영이가 왕따당하는 것을 막기 위해 노력해야 돼. 왜냐하면 반장이 미영이를 돌보아 주지 않으면 그 애는 큰 상처를 입게 되고, 결국 미영이의 어머니나 선생님도 반장을 좋게 보지 않을 것이기 때문이야. 아이들도 반장의 행동을 처음에는 이상하게 보겠지만, 차츰 이해하게 될 거야.

민지: 그럴까? 반장은 앞으로 있을 아이들의 좋지 않은 시선에도 불구하고 미영이를 도와야 할까? 미영이는 그만큼 반장을 돌보아 준 적이 없는 것 같은데.

교사: 너희 두 사람은 각자의 의견에 대해 아주 다른 이유를 가지고 있구나. 철수가 민지에게 반장이 왜 미영이를 돌보

아 주어야 하는지를 설명해 줄 수 있겠니?

• 학생들이 동일한 단계에 있을 때

–만수: 미영이는 친구들이 생각하고 즐거워하는 일에 대해 썰렁하게 하는 좋지 않은 버릇이 있어. 너무 잘난 척을 해. 그래서 이번에 왕따를 한번 시켜서 미영이의 버릇을 고쳐 주는 것이 좋아. 그러니까 반장이 나서서 왕따를 당하도록 이끌든지, 아니면 아이들이 미영이를 왕따시키는 것을 반대하지 말아야 해.

현진: 아이들이 원한다고 해서 반장인 내가 아이들이 미영이를 왕따시키도록 하거나 그걸 그냥 모른 척 한다면 과연 잘한 것일까? 만약 선생님이 이 사실을 안다면 어떻게 될까? 오히려 말려야 하지 않을까?

교사: 너희 두 사람은 각자의 의견에 대해 아주 다른 이유를 가지고 있구나. 혹시 아이들도 그렇게 실망하지 않으면서 선생님도 찬성하실 방법은 없을까? 반장으로서의 의무도 저버리지 않으면서 말이야.

(12) 가치 경매 게임을 통한 다양성 및 중요 가치 인식

가치 경매 게임 기법은 멘티 자신의 가치 선호 서열을 명확하게 정리하여 알아보고, 다른 사람들과의 경매 경합 경험을 통해 합의된 가치를 이끌어 내는 방법이다. 이는 먼저 간단명료하게 표현된 가치 아이템들에 대해 멘티들이 개인별, 집단별 경매를 통해 개인의 선호 결정, 소집단 간 선호 결정, 개인 선호와 집단 선호를 비교하고, 개인 · 소집단 · 학급의 베스트 3을 선정하는 과정을 통해 그러한 가치 아이템이 중요한 이유를 알고, 그것을 달성하기 위해 실천 계획을 수립하는 과정으로 이루어진다(임상수, 2001: 193–194; 오기성, 2002: 124–129).

① 가치 아이템 선정

멘토는 브레인스토밍을 통해 멘티들로 하여금 해당 수업의 주제와 관련한 아이템을 이끌어 낸다. 아이템 중 중복되는 것은 통합시키고, 필요할 경우 멘토가 아이템을 보완할 수 있다. 예컨대, 환경 관련 제재일 경우 멘토는 환경오염을 줄이기 위하여 멘티들이 가정이나 학교에서 쉽게 실천할 수 있는 가치 아이템을 도출하게 하고, 아이템이 부족할 수 있는 상황을 고려하여 미리 준비해 둔다. 가급적이면 5개 정도 아이템이 도출되도록 하는 것이 좋다.

② 개인의 선호 결정

개인별로 주어진 사이버 머니 예산으로 자신이 선택한 가장 중요한 아이템 5개에 나누어 투자하도록 한다. 멘티들은 각자 자신의 베스트 5를 정리하여 얼마만큼의 예산을 투자할 것인지를 기록한 후, 베스트 1에 대해 투자 이유를 기록한다. 환경오염을 줄이기 위한 방법이 아이템일 경우 중요도 순서 결정의 기준은 실천 가능성, 시급성, 효과 등이다.

③ 소집단 내 가치 경매

소집단별로 가치 경매를 실시한다. 칠판에 기록되어 있는 가치 아이템 목록을 가지고 각자가 개인별로 기록한 투자 금액에 맞추어 경매에 참여한다. 모둠장은 모둠의 구성원으로서 경매에 참여하는 동시에, 경매 결과를 모둠장 학습지에 기록한다. 그런 후 모둠 내 경매 결과에 따른 베스트 1을 확인한다.

④ 개인 선호와 집단 선호 비교

소집단 베스트 5가 결정되면 그 결과를 개인별 베스트 5와 비교해 보고 다른 사람들이 나와 얼마나 다른 선택을 했었는지 느껴 보도록 한다. 이 게임의 목표는 개인의 선호 서열과 집단의 선호 서열을 일치시키는 데에 있는 것이 아니라, 얼마만큼의 다양한 차이와 다른 시각이 존재하느냐를 깨닫게 하는 데에 있다.

⑤ 소집단별 가치 선호 상황 파악 및 정리

멘토는 모둠별로 베스트 1 선정 결과를 발표하게 한다. 아울러 왜 베스트 1으로 선정되었는지 이유를 발표하게 한다.

⑥ 실천 계획 수립

모둠별로 결정된 베스트 1을 달성하기 위한 구체적인 실천 계획을 수립한다. 수립된 결과는 발표 후 1주일 또는 2주일간 실천하게 한다.

(13) 천사와 악마 게임을 통한 민주적 토론 능력 증대

① 활동 목표

이 게임은 찬반 토론에 역할 게임을 접목한 것으로서, 일상에서 접하는 가치 갈등의 소재로 상황을 설정하고, 학습자 모두가 갈등 상태를 체험하게 하는 것이다. 이와 같은 방법은 세미나 시작 전에 워밍업 단계로 사용할 수 있다. 게임을 통해 학습자들 간에 침묵하는 어색한 관계를 해소하고 대화의 물꼬를 트며, 웃음과 함께 엄숙한 분위기를 해소하는 데 도움을 준다(세종리더십개발원, 2001: 188－191).

② 준비물

• 학습자의 특성과 학습 목적에 맞추어 가치 갈등을 경험하게 할 수

있는 상황을 준비한다(사례 참조).

- 게임이 끝난 후 전체 학습자와 의견을 교환할 수 있는 참고 예시 자료를 준비한다(현황을 설명할 수 있는 통계나 여론조사 결과 등).

③ 활동 과정

- 조 편성과 역할 설정: 우선 전체 멘티를 3인 1조로 묶고 모두 같은 방향을 향해 앉게 한다. 세 명 중 중간에 앉은 사람은 좌우에 앉아 있는 사람이 말하는 내용을 모두 듣고 난 후, 어느 편의 설득에 마음을 결정했는지 판정해야 한다. 임의로 오른편의 사람은 천사역, 왼편에 앉은 사람은 악마역을 맡는다고 설명한다.
- 게임 규칙: 천사와 악마는 중간 사람이 자신을 쳐다볼 때에 한해서 이야기할 수 있으며, 꼭 필요한 경우에 한 번 중간 사람을 움직여 자신을 쳐다보게 할 수 있다. 중간에 앉아 있는 사람은 이야기를 듣기만 하고 말은 하지 않는다.
- 상황 설명과 역할 부여: 멘토는 설정한 상황을 설명해 주고 게임을 시작한다.

〈사례: 상황 설정〉

친한 친구가 운전하는 차에 동승하고 있었는데, 친구가 제한속도 30km 구간에서 80km로 주행하다가 사람을 치었다. 사고 당시 목격자는 없었다. 사고 이후 친구는 구속되었고 변호사가 당신을 찾아와 친구가 중대한 처벌을 면하기 위해서는, 사고 당시 친구가 제한속도인 30km 이내로 주행하고 있었다는 당신의 증언이 필요하다고 부탁한다. 어떻게 할까요?

－천사 역할: 친구가 어려운 상황이지만 원칙대로 해야지! 아무리 친구가 소중해도 원칙을 저버릴 순 없어!

–악마 역할: 목격자도 없는데, 어때? 친한 친구가 중형을 받으면 곤란하지! 그 친구와의 우정을 생각해서 당연히 증언해 주어야지!

④ 게임 종결 및 토론

게임을 시작하고 난 뒤 정해진 시간이 지나면, 천사와 악마의 이야기를 들은 중간 사람이 왼손이나 오른손을 들어 승자를 정해 줌으로써 게임은 끝난다. 승패가 정해지고 나면, 멘토는 중간 사람 역할을 했던 멘티들에게 결정의 이유를 묻는다. 그리고 자연스럽게 가치 갈등 상황에 대한 토론으로 이어간다.

⑤ 피드백

게임이 종결된 이후 참가자들이 체험했던 가치 갈등 상황에 대해 피드백을 해 주어야 한다. 예컨대 앞의 상황에 대해서는 보편주의, 즉 상황에 관계없이 객관적이고 보편적인 기준이나 원칙에 따라야 한다는 주장과, 반대로 상황에 따라 주관적 행동을 바꾸는 경향(편법, 예외에 대한 변명, 변칙)을 의미하는 특수주의에 대해 설명해 줄 필요가 있다. 이와 같은 상황에 대해 국가별로 조사한 결과, 캐나다 96%, 미국 95%, 스위스 94%, 독일 91%, 일본 67%, 한국 26%가 증언을 해 줄 수 없다고 나타났다. 왜 한국의 수치가 이렇게 낮은가, 그리고 이와 같은 결과가 한국사회에 미치고 있는 영향은 무엇인가에 대해서 토론할 수 있다.

제5장

거듭나기 지도 사례

1. 문제 해결 학습을 통한 문장부호 익히기
2. 직소우와 역할놀이를 통한 시장의 이해
3. 윈윈게임을 통한 갈등 해결하기
4. 문화 이해지와 가치 경매 기법을 활용한 남북한 문화 이해와 나눔

1 문제 해결 학습을 통한 문장부호 익히기

1) 멘토링 과정안

<table>
<tr><td>단계</td><td colspan="2">3단계</td><td>주제</td><td colspan="2">문장 익히기
–문장부호 익히기</td></tr>
<tr><td>멘토링 목표</td><td colspan="2">문장부호에 대하여 바르게 알 수 있다.</td><td>기법</td><td colspan="2">문제 해결 학습</td></tr>
<tr><td>멘토링 유형</td><td colspan="2">그룹 멘토링</td><td>시간</td><td colspan="2">80분</td></tr>
<tr><td rowspan="2">멘토링 자료</td><td>문제 파악</td><td>문제 해결 계획 수립</td><td>문제 해결</td><td>적용 및 발전</td><td>정리 및 평가</td></tr>
<tr><td>플래시 자료</td><td>활동 안내판
파워포인트</td><td>문장부호 카드
문장부호 주사위
활동지</td><td>역할놀이
학습지</td><td>개인 평가지
동영상 자료</td></tr>
</table>

<table>
<tr><th colspan="2" rowspan="2">멘토링 과정</th><th colspan="2">멘토링 활동</th><th rowspan="2">학습 형태</th><th rowspan="2">시간</th><th rowspan="2">☆자료
★유의점</th></tr>
<tr><th>멘토</th><th>멘티</th></tr>
<tr><td>문제 파악</td><td>학습 동기 유발</td><td>■ 노래를 부르며 주의 집중하기
–‘엄지 어디 있소’ 노래를 불러 봅시다.

■ 가사에 나오는 문장부호 찾아보기
–어떤 문장부호가 나오나요?</td><td>• ‘엄지 어디 있소’ 노래 부르기

• 가사에 나오는 문장부호를 화면에서 찾기</td><td></td><td>5

2</td><td>☆플래시 자료</td></tr>
</table>

문제파악	학습 문제 확인	■ 오늘의 학습 목표를 알아봅시다. 문장부호에 대하여 바르게 알 수 있다.	• 학습 목표 인지하기	전체	1	
문제해결계획수립	학습 과제 확인	■ 학습 활동 안내하기 – 오늘 공부할 내용을 알아봅시다.	• 공부할 내용 인지하기	전체	2	☆파워포인트 ☆활동 안내판
		• 활동 1) 문장부호의 이름 알아보기 • 활동 2) 문장부호의 쓰임 알아보기 • 활동 3) 문장부호 익히기 • 활동 4) 문장부호가 있는 문장 자연스럽게 읽기				
문제해결	활동 1	활동 1. 문장부호의 이름 알아보기		전체	5	☆문장부호 카드
		■ 문장부호의 이름을 알아봅시다. –'.'의 이름은 무엇인가요? –'?'의 이름은 무엇인가요? –'!'의 이름은 무엇인가요? –','의 이름은 무엇인가요?	• 온점입니다. • 물음표입니다. • 느낌표입니다. • 반점입니다.			
	활동 2	활동 2. 문장부호의 쓰임 알아보기		전체	3	
		■ 멘토가 설명하는 문장부호를 찾아봅시다. – 풀이하는 문장의 끝에 쓰입니다. – 묻는 문장의 끝에 쓰입니다.	• 온점입니다. • 물음표입니다.			

문제해결		–느낌을 나타내는 문장의 끝에 쓰입니다. –부르는 말이나 대답하는 말 뒤에 쓰입니다.	• 느낌표입니다. • 반점입니다.			
		■ 모둠별로 문장부호를 익히며 게임을 해 봅시다.	• 문장부호 주사위를 던져 문장부호의 이름을 말하고 쓰임을 설녕한나.	모둠	10	☆문장부호 주사위
		■ 다음 문장에 들어갈 문장부호를 적어봅시다. –곰 아저씨가 서 있습니다( ) –무엇이 들어 있을까요( ) –정말 예쁘구나( ) –은정아( ) 같이 가			7	☆문장부호 학습지
	활동 3	활동 3. 문장부호 익히기		모둠	10	☆문장부호 카드
		■ 문장과 관련된 문장부호를 알아봅시다. –문장부호 카드를 보고 그 문장부호가 들어가는 문장을 하나 만들어 봅시다.	• 모둠장이 문장부호 카드를 들면 돌아가며 문장부호 만들어 보기			

		활동 4. 문장부호가 있는 문장 자연스럽게 읽기				
적용 및 발전	비교 분석 및 적용	■ 문장부호에 주의하며 글 읽는 방법을 알아봅시다. –온점은 끊어 읽되, 끝을 내려서 읽는다. –물음표는 끊어 읽되, 끝을 올려서 읽는다. –느낌표는 끊어 읽되, 느낌을 살려서 읽는다. –반점은 마침표보다 짧게 끊어 읽는다.	• 문장부호에 따라 읽는 방법을 알고 읽을 수 있도록 한다.	전체	5	
		■ 역할놀이하며 글 읽기 –짝과 역할을 나누어 '철수와 영희'를 재미있게 읽어 봅시다.	• 짝과 함께 문장부호에 주의하며 역할놀이 하기		15	☆역할놀이 학습지
정리 및 평가	학습 내용 정리 및 평가	■ 문장부호에 주의하며 글 읽기 –온점, 물음표, 느낌표, 반점이 있는 곳에서 어떻게 읽어야 합니까?	• 문장부호에 따른 읽는 방법을 말한다.	전체	3	
		■ 동영상 속에서 문장부호 찾기 –동영상을 보면서 ( ) 안에 들어갈 문장부호를 찾아봅시다.	• ( ) 안의 문장부호를 찾고 문장을 읽어보기		5	☆동영상
		■ 문장부호의 이름과 쓰임 알기	• 학습지를 하면서 문장부호의 이름과 쓰임 이해하기	개인	8	☆개인 평가지

역할놀이

'철수와 영희'를 (　) 안에 들어갈 문장부호를 생각하며 바르게 읽어 봅시다.

영희가 교실에서 그림을 그리고 있었습니다. 철수가 실수로 영희의 어깨를 건드렸습니다.

"너 때문에 그림이 엉망이 되었잖아(　)"

영희가 화가 나서 말하였습니다. 영희가 화를 내자 철수는 사과하고 싶은 마음이 없어졌습니다. 영희는 사과를 하지 않는 철수가 얄미웠습니다. 그래서 파란색 크레파스로 철수의 도화지에 줄을 마구 그었습니다.

"모르고 그랬는데 내 도화지에 줄을 마구 그으면 어떻게 해(　)"

철수가 울상이 되어 말하였습니다.

"철수야 영희야, 왜 그러니(　)"

선생님께서 물으셨습니다.

"영희가 제 도화지에 줄을 마구 그었어요(　)"

"철수 때문에 제 그림이 엉망이 되었어요(　)"

선생님께서 빙그레 웃으며 말씀하셨습니다.

"영희 그림은 철수 때문에 멋있어졌네. 철수 그림은 영희 때문에 시원한 바다가 되었어(　)"

'멋있어졌다고!'

'시원한 바다가 되었다고!'

아이들이 우르르 몰려왔습니다.

기본 학습: 문장부호를 써 넣어요

다음 글을 읽고, 빠진 부분에 알맞은 문장부호를 써 넣어 보세요.

들쥐의 결혼

옛날에 들쥐 가족이 살았습니다. 들쥐 부부는 딸의 사윗감을 누구로 정할지 생각하고 있었습니다(㉠)

"여보(㉡) 세상에서 제일 힘이 세고 훌륭한 사윗감은 누굴까요(㉢)"

"해님이지. 해님은 온 세상을 비추니까 세상에서 힘이 제일 세다구."

들쥐 부부는 해님을 찾아갔습니다.

"해님, 우리 사위가 되어 주세요."

"아니에요. 구름이 나보다 힘이 세요. 구름은 나를 가릴 수 있으니까요."

들쥐 부부는 구름을 찾아갔습니다.

"구름님(㉣) 우리 사위가 되어 주세요."

"아니에요. 바람이 나보다 더 힘이 세요. 바람은 나를 날려 보낼 수 있으니까요."

이번에는 바람을 찾아갔습니다.

"바람님, 우리 사위가 되어 주세요(㉤)"

"아니에요. 바위가 나보다 더 힘이 세요. 바위는 나를 막아낼 수 있으니까요(㉥)"

"바위님, 우리 사위가 되어 주세요."

"아니에요. 쥐들이 나보다 더 힘이 세요. 쥐들은 나를 쓰러뜨릴 수 있으니까요."

"아하, 이제 보니 우리 쥐들이 제일 힘이 세구나(㉦)"

그래서 들쥐 딸은 총각 쥐와 결혼하여 행복하게 잘살았답니다.

2) 교수 · 학습 과정 파워포인트 자료

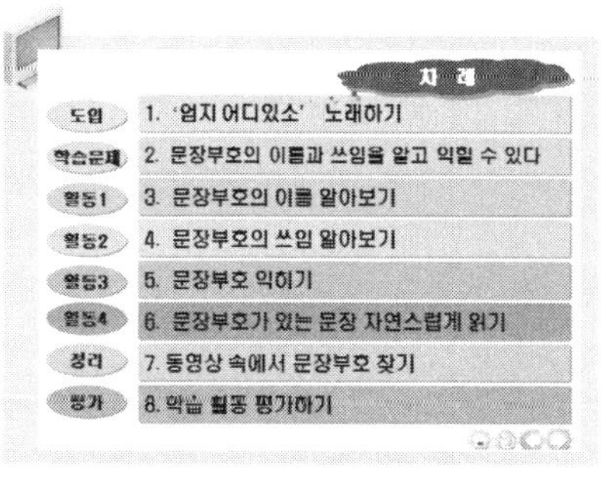

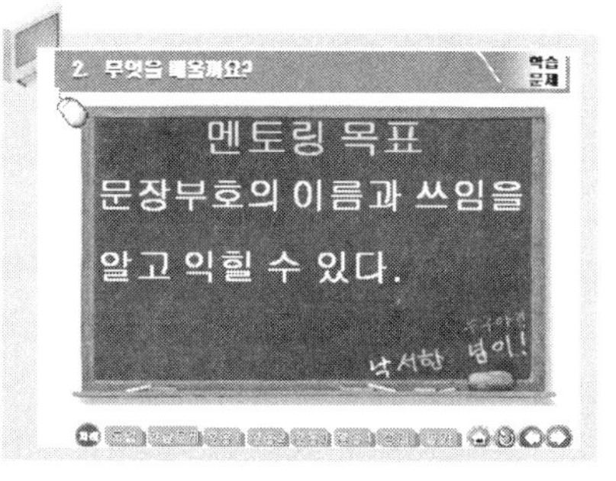

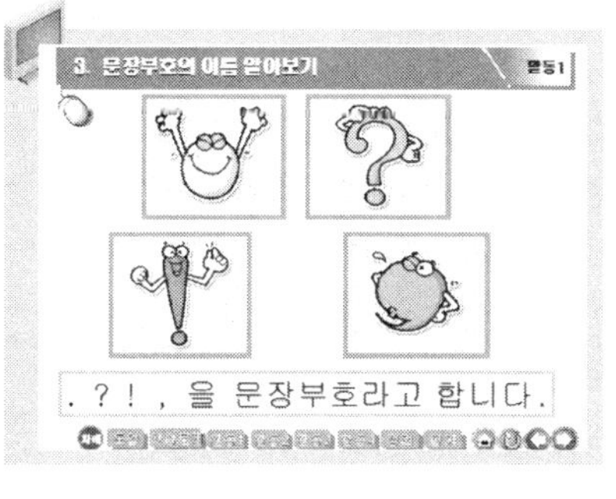

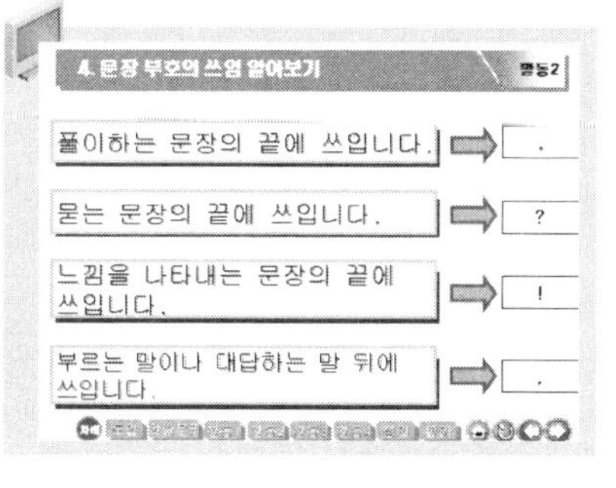

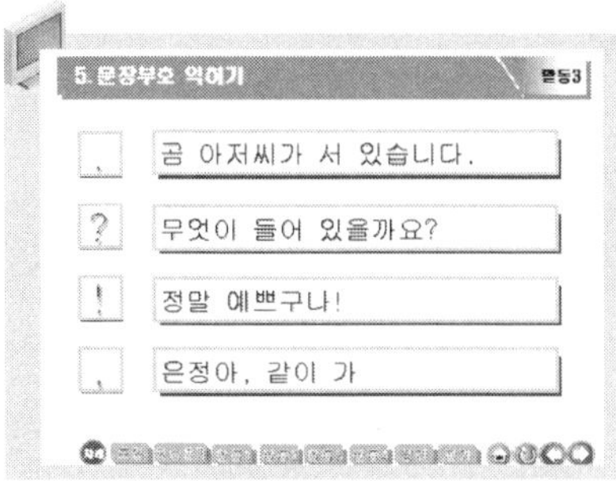
5. 문장부호 익히기
활동3
, 곰 아저씨가 서 있습니다.
? 무엇이 들어 있을까요?
! 정말 예쁘구나!
, 은정아, 같이 가

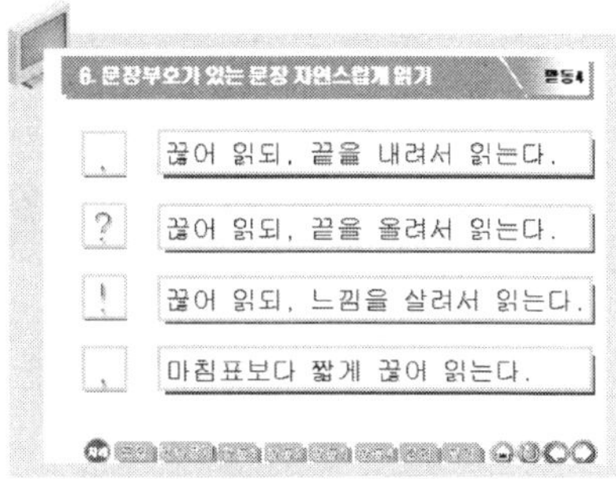
6. 문장부호가 있는 문장 자연스럽게 읽기
활동4
. 끊어 읽되, 끝을 내려서 읽는다.
? 끊어 읽되, 끝을 올려서 읽는다.
! 끊어 읽되, 느낌을 살려서 읽는다.
, 마침표보다 짧게 끊어 읽는다.

7. 동영상 속에서 문장부호 찾기
정리
탕수육!

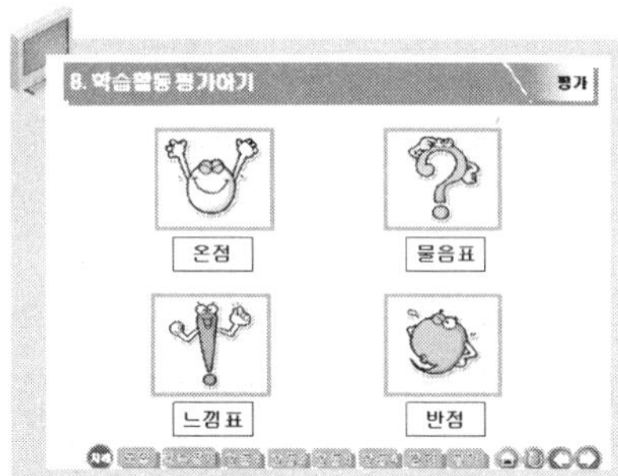
8. 학습활동 평가하기
평가
온점
물음표
느낌표
반점

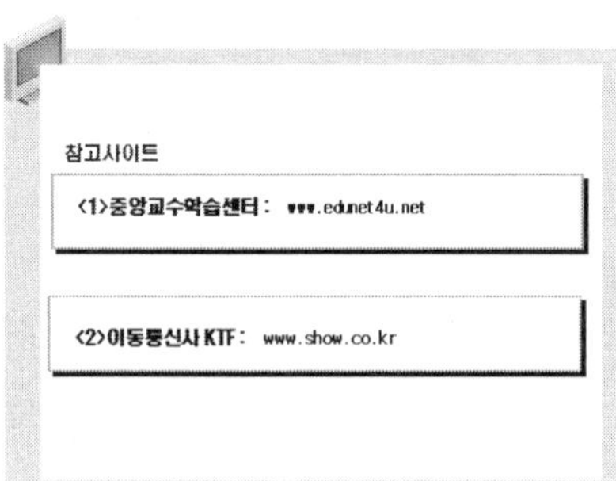
참고사이트
<1>중앙교수학습센터 : www.edunet4u.net
<2>이동통신사 KTF : www.show.co.kr

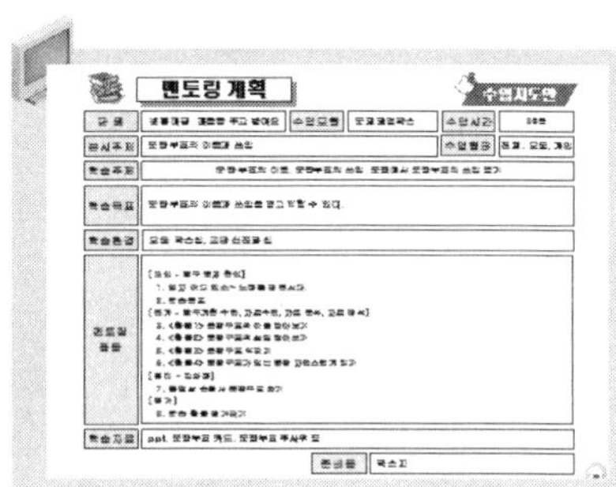
멘토링 계획
수업지도안

2 직소우와 역할놀이를 통한 시장의 이해

1) 멘토링 과정안

<table>
<tr><td>단계</td><td colspan="2">7단계</td><td>주제</td><td colspan="2">시장의 이해</td></tr>
<tr><td>멘토링 목표</td><td colspan="2">시장의 의미를 이해하고 가격이 결정되는 원리를 알 수 있다.</td><td>기법</td><td colspan="2">Jigsaw, 역할놀이</td></tr>
<tr><td>멘토링 유형</td><td colspan="2">그룹 멘토링</td><td>시간</td><td colspan="2">80분</td></tr>
<tr><td rowspan="2">멘토링 자료</td><td>문제 파악</td><td>문제 해결 계획 수립</td><td>문제 해결</td><td>적용 및 발전</td><td>정리 및 평가</td></tr>
<tr><td>브레인스토밍 활동지</td><td>사전조사 확인판
활동 안내판
파워포인트</td><td>활동지</td><td>시장 비교판
역할놀이</td><td>개인 평가지
파워포인트</td></tr>
</table>

<table>
<tr><th colspan="2" rowspan="2">멘토링 과정</th><th colspan="2">멘토링 활동</th><th rowspan="2">학습 형태</th><th rowspan="2">시간</th><th rowspan="2">☆자료
★유의점</th></tr>
<tr><th>멘토</th><th>멘티</th></tr>
<tr><td rowspan="2">문제 파악</td><td>학습 동기 유발</td><td>■ '시장에 가면' 노래부르기</td><td>• '시장에 가면' 노래 부르기</td><td rowspan="2">전체</td><td>2</td><td>☆플래시 자료</td></tr>
<tr><td></td><td>■ '시장'에 대한 브레인스토밍하기
– 시장하면 무엇이 떠오르나요? 떠오르는 생각을 자유롭게 적어 보세요.
– 어떤 생각들이 떠올랐나요?</td><td>– 시장에 대해 떠오르는 생각을 비판 없이 자유롭게 적는다.
– 모둠별로 기록한 생각을 발표한다.</td><td>3</td><td>☆브레인스토밍 활동지

★다른 모둠과 중복되는 내용은</td></tr>
</table>

<table>
<tr><td rowspan="2">문제파악</td><td rowspan="2">학습 문제 확인</td><td>■ 학습 목표 확인하기
–오늘 우리가 공부할 내용의 학습 목표는 무엇일까요?</td><td>–학습 목표를 생각하여 발표한다.</td><td></td><td>1</td><td>제외하고 발표하도록 한다.</td></tr>
<tr><td colspan="2">시장의 의미를 이해하고 가격이 결정되는 원리를 알 수 있다.</td><td></td><td></td><td></td></tr>
<tr><td rowspan="3">문제해결계획수립</td><td>방법 및 절차 협의</td><td>■ 사전 조사 내용 확인하기
–이번 시간 학습을 위해 여러분이 조사해 온 내용들이 있죠? 먼저, 각 모둠별로 어떤 주제로 조사했나요?
–각 주제별로 모둠원들은 어떻게 영역을 나누어 조사했나요?</td><td>–모둠별 주제
○ 재래시장
○ 백화점
○ 지하상가
○ 쇼핑센터
○ 이외의 시장들
–시장에 있는 상점의 종류
–파는 물건의 종류와 물건값
–물건을 사 가는 사람들
–시장에 모이는 사람들</td><td>전체</td><td>3</td><td>☆사전 조사 확인판
★사전 과제로 제시해 준다.</td></tr>
<tr><td rowspan="2">학습 과제 확인</td><td>■ 학습 활동 안내하기
–이번 시간에 여러분은 어떤 학습 활동을 하게 될까요?</td><td>–어떤 활동을 하게 될지 생각하여 발표한다.</td><td rowspan="2">전체</td><td rowspan="2">2</td><td rowspan="2">☆파워 포인트
☆활동 안내판
★학생들이 학습 활동 과정을 완벽히 이해하여 혼란 없이 따를 수 있도록 한다.</td></tr>
<tr><td colspan="2">활동 1) 영역별 시장의 다양한 모습 알아보기: 전문가 집단 토의
활동 2) 시장의 종류에 따른 특징 알아보기: 모집단 토의
활동 3) 시장별 공통점과 차이점 비교하기: 비교 분석
활동 4) 시장놀이 역할극을 통한 가격 결정 이해하기: 역할놀이</td></tr>
</table>

<table>
<tr>
<td rowspan="6">문제해결</td>
<td rowspan="3">전문가 집단 토의</td>
<td colspan="2">활동 1. 영역별 시장의 다양한 모습 알아보기</td>
<td rowspan="3">모둠</td>
<td rowspan="3">10</td>
<td rowspan="3">☆활동지

★각자 조사해 온 내용을 단순히 활동지에 옮겨 적기만 하는 차원의 활동이 되지 않도록 한다.</td>
</tr>
<tr>
<td>■ 영역별 전문가 집단 모이기
– 전문가 집단의 토의 주제와 방법을 확인시킨다.</td>
<td>– 조사 내용 점검 및 토의 활동을 준비한다.</td>
</tr>
<tr>
<td colspan="2">• 조사한 내용 전달하기
– 전문가 각자 자신이 조사한 내용을 전달한다.
– 자신이 조사한 시장의 특징과 비교하며 활동지에 기록한다.
• 전문가들 간에 의견 나누기
– 의문나는 점을 서로에게 질문하고 답한다.
– 자신이 조사한 내용과 시장의 공통점과 차이점에 대해 이야기 나눈다.
– 서로의 내용을 완벽히 이해하여 모집단으로 돌아가서 바르게 설명해 줄 수 있을 때까지 토의한다.</td>
</tr>
<tr>
<td rowspan="3">모집단 토의</td>
<td colspan="2">활동 2. 시장의 종류에 따른 특징 알아보기</td>
<td rowspan="3">모둠</td>
<td rowspan="3">10</td>
<td rowspan="3">★ 전문가 토의 시 사용한 활동지를 계속 활용하도록 한다.</td>
</tr>
<tr>
<td>■ 시장의 종류와 역할 알기
– 전문가 토의를 마친 모둠원들이 원래의 모집단으로 돌아와 의견을 나눈다.</td>
<td>– 전문가 집단에서 학습한 내용을 정리 및 확인한다.</td>
</tr>
<tr>
<td colspan="2">• 학습한 내용 전달하기
– 전문가 토의에서 학습한 내용을 모둠원에게 전달한다.
– 전문가들이 전달한 내용을 활동지에 기록한다.
• 모둠원들 간에 의견 나누기
– 의문 나는 점을 서로에게 질문하고 답한다.
– 시장의 종류에 따른 특징에 대해 토의한다.
– 각각의 시장 역할과 가치를 이해한다.</td>
</tr>
</table>

적용 및 발전	비교 분석 및 적용	활동 3. 시장별 공통점과 차이점 비교하기				
		■ 공통점과 차이점 살펴보기 – 재래시장, 백화점, 쇼핑센터, 지하상가, 인터넷 쇼핑 등 각각의 특징에 따른 공통점과 차이점은 어떤 것들이 있는지 표로 정리해 봅시다.	• 학습한 내용을 바탕으로 시장 간의 비교표 만들기 – 모둠원들이 비교 정리한 내용을 기록이가 시장 비교판에 기록한다. – 각 모둠의 뽐내미가 나와 정리한 내용을 발표한다.	모둠	10	☆시장 비교판 ★모둠원들은 이끄미, 뽐내미, 기록이, 나누미로 역할이 나뉘어 있다.
		■ 비교한 내용 발표하기 – 1모둠부터 뽐내미가 나와 비교한 내용을 발표해 봅시다.		전체	5	
		활동 4. 시장놀이 역할극을 통한 가격 결정 이해하기				☆역할극 대본, 거래명세표, 화폐 ★모둠 구성원들이 다섯 가지 장면의 역할극을 성실하게 할 수 있도록 지도한다.
		■ 역할극 놀이하기 – 다섯 가지 상황의 역할극 대본을 나누어 준다. – 거래명세표에 직접 거래 상황을 적는다. – 물건값에 대한 가격을 지불한다.		모둠	20	
		■ 역할극을 통해 알게 된 점 발표하기 – 역할극에서 사장과 손님이 마주한 장면은 시장의 무슨 역할일까요?	– 생산자와 소비자를 연결해 주는 것입니다.	전체	8	

적용 및 발전	비교 분석 및 적용	-역할극에서 사장과 손님이 나누는 대화를 통해 시장의 어떠한 기능을 알 수 있나요?	-가격을 결정하는 역할입니다(수요-공급).			
정리 및 평가	학습 내용 정리 및 평가	■ 학습 활동 평가하기 -자신이 어떤 한 영역의 전문가로서 잘했던 점과 부족했던 점은 무엇인가요? 전문가로서의 준비와 자세가 바람직했던 친구는 누구이며, 그렇게 생각하는 이유는 무엇인지 평가지에 써 봅시다. ■ 다양한 시장의 종류 및 특징 정리하기 -다양한 시장의 형태와 각각의 특성 정리하기	-평가지에 학습 활동에 임한 자신의 자세를 반성해 보고, 잘한 친구를 뽑는다. -백화점, 재래시장, 쇼핑센터, 지하상가 등 다양한 시장의 종류와 각각의 특징을 정리한다.	개인	4	☆개인 평가지 ★'시장에 가면' 플래시 게임으로 정리할 수도 있다.

자기 평가표

이름 ( )

자신이 어떤 한 영역의 전문가로서 잘했던 점과 부족했던 점은 무엇인가요? 전문가로서의 준비와 자세가 바람직했던 친구는 누구이며, 그렇게 생각하는 이유는 무엇인지 평가지에 써 봅시다.

전문가로서 잘했던 점	전문가로서 부족했던 점
전문가로서의 준비와 자세가 바람직했던 친구	
그렇게 생각하는 이유	

브레인스토밍 학습지

이름 (   )

시장하면 떠오르는 생각을 브레인스토밍 방식으로 학습지에 적어 보세요.

시장

시장을 조사하자!

이름 (   )

시장을 조사하고 아래 표에 적어 봅시다.

<table>
<tr><td colspan="4">(   ) 시장을 조사하여 보자!</td></tr>
<tr><td colspan="2">조사자 이름</td><td colspan="2"></td></tr>
<tr><td colspan="2">조사 일시 및 장소</td><td colspan="2"></td></tr>
<tr><td colspan="2">조사 방법</td><td colspan="2"></td></tr>
<tr><td colspan="2">조사 내용</td><td colspan="2"></td></tr>
<tr><td rowspan="3">조사를 마치고 알게 된 점</td><td>새롭게 알게 된 사실</td><td colspan="2"></td></tr>
<tr><td>조사한 시장의 좋은 점과 나쁜 점</td><td>〈좋은 점〉</td><td>〈나쁜 점〉</td></tr>
<tr><td>좀 더 알고 싶은 것</td><td colspan="2"></td></tr>
</table>

시장 비교판

이름 (   )

여러 형태의 시장을 공부했어요. 살펴본 시장의 공통점과 차이점을 적어 보세요.

〈공통점〉
〈차이점〉

역할놀이 대본

시장 놀이 역할극 1

장소: 청과물 시장

등장인물: 해설자, 생산자 1 · 2 · 3, 소매시장 상인 1 · 2 · 3

해설: 상인 1 · 2 · 3은 수박과 참외를 사러 청과물 도매시장을 둘러보고 있습니다.

생산자 1: (소매시장 상인 1에게 반가운 목소리로) 무엇을 찾으세요?

상인 1: 수박을 좀 사려고 하는데요.

생산자 2: 이번에 우리 짱짱 농장에서 품질이 아주 좋은 수박을 수확했답니다. 요즘 날씨가 좋아서 무척 달아요.

상인 2: 가격은 어느 정도입니까?

생산자 3: 수박 1통에 5,000원씩입니다. 하지만 10통 이상 사시면 1통은 덤으로 드립니다.

생산자 2: 이 수박을 가게에 들여놓으면 손님들이 금방 사 갈 것입니다. 자, 일단 맛 좀 보세요. 완전 꿀이에요, 꿀!

해설: 상인 1과 2는 수박의 맛을 보고, 흠집이 없는지, 줄기는 싱싱한지 살핀다.

상인 3: 좋아요, 수박 20통을 내일 아침 9시까지 킹콩마트로 배달해 주세요.

상인 1: 그럼 수박 18통 값만 드리면 되죠? 수박 값은 내일 배달오실 때 바로 드릴게요.

상인 2: 참, 영수증도 꼭 챙겨주세요.

생산자 3: 그런데 참외는 필요하지 않으세요? 이 참외는 껍질도 얇고 무척 달아요. 수박도 사셨으니 싸게 드릴게요.

상인 3: 참외의 가격은 어떻게 합니까? 물건이 참 좋아보입니다.

생산자 3: 참외 1개당 1,000원씩입니다.

상인 1: 이거 생각보다 비싼 걸요.

생산자 1: 1,000원이면 싼 거예요. 하지만 아까 수박을 많이 사셨으니 개당 900원으로 해드리죠.

상인 2: 좋아요. 그럼 참외 50개도 내일 아침 9시까지 킹콩마트로 배달해 주세요.

생산자 2: 네, 알겠습니다. 그럼 주문하신 수박과 참외는 내일 아침 9시까지 꼭 배달해 드리겠습니다.

생산자 3: 영수증도 함께요. 저희 짱짱 농장의 제품 앞으로도 많이 이용해 주세요. 감사합니다.

상인 3: 감사합니다. 사장님들께서 무척 친절하셔서 단골이 될 것 같아요. 수고하세요.

해설: 청과물 시장에서 볼일을 다 본 상인 1 · 2 · 3은 농산물 시장으로 이동한다.

시장 놀이 역할극 2

- **장소:** 동네 슈퍼
- **등장인물:** 상점 주인, 손님(1 · 2 · 3), 생산자
- **소품:** 상품 판매대(학생 책상), 상품, 상품값 표시, 모의 화폐, 상품 운반 도구(급식 운반대), 상인과 손님 복장(머리띠)

(생산자는 운반차에 과일을 싣고 온다.)

생산자: (상점 주인에게) 안녕하세요? 이번에 우리 농장에서 품질이 아주 좋은 수박과 참외를 수확했답니다. 이 과일들을 가게에 들여놓으면, 손님들이 금방 사 갈 것입니다. 수박은 1통에 5,000원씩, 참외는 1개에 1,000원씩 드리겠습니다.

상점 주인: 물건이 좋은 것 같군요.

(생산자는 상인과 함께 수박과 참외를 내려놓은 후 상품값을 받아간다.)

상점 주인: 수박과 참외 품질이 참 좋군. 어디 이 수박은 1통에 8,000원에 팔고, 참외는 1개에 1,500원에 팔아야지.

(상점 주인은 과일을 진열하고, 과일값을 종이에 써서 가게 앞에 붙인다.)

상점 주인: (큰 소리로) 자, 농장에서 방금 따서 가져온 수박과 참외를 싸게 팝니다. (반갑게 손님을 맞으며) 어서 오세요.

손님 1: 아저씨, 이 수박은 얼마예요?

상점 주인: 예. 그 수박은 품질이 좋기 때문에 1통에 8,000원입니다. 아주머니는 좋은 수박을 한눈에 알아보시네요.

손님 1: 아니, 아저씨! 저 아래 가게에서는 이만한 수박을 1통에 6,000원에 팔고 있던데요? 좀 싸게 주세요.

손님 2: 아저씨, 수박 1통 주세요.

상점 주인: (반갑게 맞으며) 어서 오십시오. 이 수박은 1통에 8,000원입니다.

손님 2: 아니, 저 아래 가게에서는 1통에 7,000원에 팔고 있어요. 좀 깎아 주세요.

상점 주인: (속으로 몹시 당황스러워하며) 좋습니다. 그러면 두 분에게는 이 수박들을 1통에 7,000원씩 받겠습니다. 이 수박 품질이 이 시장에서 최고라는 것만 알아주세요.

손님 1: (7,000원을 건네주며) 좋아요. 수박이 아주 잘 익은 것 같으니, 7,000원에 사겠어요.

손님 2: (7,000원을 건네며) 나도 1통 주세요. 수박 품질이 참 좋네요. 좋은 수박을 사기 위해 시장의 여러 과일 가게를 돌아다닌 보람이 있어요.

상점 주인: (웃으며) 허허, 고맙습니다. 다음에 또 오십시오. (정중하게 인사를 한다.)

손님 1: 영수증도 주셔야죠?

상점 주인: (영수증을 끊어주며) 아참, 내 정신 좀 봐. 여기 있습니다. 어서 오십시오. 이 수박은 1통에 7,000원입니다.

상점 주인: (새로운 손님을 반갑게 맞으며) 어서 오십시오. 무엇을 사시겠습니까?

손님 3: 아니에요. 그냥 구경하러 왔어요.

시장 놀이 역할극 3

- 장소: 농산물 시장
- 등장인물: 해설자, 생산자 1 · 2 · 3, 소매시장 상인 1 · 2 · 3

해설: 상인 1 · 2 · 3은 상추와 깻잎을 사러 농산물 도매시장을 둘러보고 있습니다.

생산자 1: (상인 1에게 반가운 목소리로) 사장님, 오랜만에 오셨군요. 필요한 물건이 무엇인가요?

상인 1: 상추를 좀 사려고 하는데요. 싱싱한가요?

생산자 2: 물론이죠. (큰소리로) 정말 잘 오셨어요. 오늘 아침 통통 농장에서 바로 따서 가지고 온 상추가 있거든요. 통통 농장 아시죠? 유기농으로 재배하는…… .

상인 2: 가격은 어느 정도입니까? 뉴스를 보니 가격이 많이 내렸다고 하던데…….

생산자 1: 상추 1박스(1kg)에 6,000원입니다. 이 정도면 정말 좋은 가격이에요. 더구나 유기농 제품이잖아요. 찾는 분들이 꾸준히 늘어나고 있어요.

생산자 2: 가게에 진열하실 때 유기농 제품이라고 써 놓으면 손님들이 금방 사 갈 것입니다.

상인 3: 조금 더 저렴한 상추는 없나요?

해설: 생산자들은 가게를 둘러본 후 조금 더 저렴한 상추를 상인들에게 보여 준다.

생산자 3: 이 상추는 1박스에 5,000원이에요. 어제 들어온 제품이라서 조금 시들었지만…… 먹는 데 전혀 지장이 없어요.

상인 1: 좋아요, 그럼 유기농 상추 2상자와 일반 상추 1상자를 내일 아침 9시까지 깅콩마트로 배달해 주세요.

상인 2: 상추 값은 내일 배달 오실 때 바로 드릴게요.

상인 3: 영수증도 꼭 챙겨주세요. 세금 계산할 때 필요하니까요.

생산자 1: 깻잎도 싱싱한데 한번 보세요.

상인 1: 깻잎은 어떻게 합니까?

생산자 2: 깻잎 1박스(1kg) 당 7,000원씩입니다.

상인 2: (얼굴을 약간 찌푸리며) 상추에 비해 비싸군요.

생산자 3: 지난주까지는 1박스에 6,000원이었는데…… 요즘 물량이 부족해서 가격이 올랐어요.

상인 3: 상추도 샀는데 좀 싸게 해 주세요. 2박스에 11,000원! 아~ 사장님, 단골인데…….

생산자 2: 네, 알겠습니다. 남는 게 없지만…… 단골이니. 그럼 주문하신 상추와 깻잎은 내일 아침 9시까지 꼭 배달해 드리겠습니다.

생산자 3: 영수증도 함께요. 저희 짱짱 농장의 제품 앞으로도 많이 이용해 주세요. 감사합니다.

해설: 청과물 시장에서 볼 일을 다 본 상인 1 · 2 · 3은 킹콩마트로 이동한다.

시장 놀이 역할극 4

- **장소**: 킹콩마트
- **등장인물**: 해설자, 소매시장 상인 1 · 2 · 3, 손님 1 · 2 · 3

해설: 상인 1 · 2 · 3은 아침 일찍 배달되어 온 수박과 참외 그리고 깻잎과 상추를 보기 좋게 진열하고 있다. 이때 마트 안으로 손님들이 들어온다.

상인 1: (손님 1에게 상냥한 목소리로) 똘똘이 어머니, 어서 오세요. 찾으시는 물건 있으세요?

손님 1: 오늘 오후에 시골에서 시부모님께서 올라오신다고 해서요. 수박이나 좀 살까 하고요. 싱싱한 수박 있나요? 더운 날씨 탓에 종종 싱싱하지 않은 수박이 있어서…….

상인 2: 물론이죠. (큰 소리로) 정말 잘 오셨어요. 오늘 아침 청과물 시장에서 바로 배달되어 온 먹음직스러운 수박이 많답니다.

손님 1: 가격은 어느 정도입니까? 7,000원 이하였으면 좋겠는데.

상인 3: 커다란 수박 1통에 6,000원이에요. 제가 맛을 봤는데 완전 꿀이에요. 똘똘이 어머님도 한 쪽 드셔보시고 결정하세요. 사셔도 절대 후회 안 하실 거예요.

손님 1: 하하하! 사장님의 말솜씨는…… 맛이 좋네요. 수박 1통 주세요.

해설: 이때 킹콩마트 안으로 손님들이 우르르 들어온다.

상인 1: 깜짝 할인 찬스! 유기농 상추를 1박스에 6,500원에! 날이면 날마다 오는 것이 아니에요.

손님 2: 저녁에 삼겹살 파티를 하려고 했는데 잘 됐다. (뛰어가면서) 저요, 저…… 1박스 주세요.

해설: 유기농 상추를 사기 위해 채소 매장이 북적북적하다.

상인 2: 어머, 기순이 어머님! 동작도 빠르셔라. 정말 잘 사시는 거예요. 이 유기농 상추는 정말 품질이 좋아요. 저희도 없어서 못 파는 제품이에요.

손님 3: 사장님! 여기 참외도 파나요? 우리 철수가 참외를 무척 좋아해서요.

상인 3: 참외, 물론 있지요. 요즘 참외 가격이 참 좋아요. 성주 참외라 맛도 좋고, 껍질도 얇고요.

손님 3: 참외는 가격이 어떻게 해요?

상인 1: 개당 1,100원이에요. 남는 거 별로 없이 싸게 드리는 거예요.

해설: 손님 3은 참외를 찬찬히 살핀 후 10개를 샀다.

손님 1: 어머, 기순이 엄마! 아침 일찍 웬일이야?

손님 2: 어, 똘똘이 엄마! 우리 오늘 저녁에 삼겹살 파티하려고. 할인코너에서 상추 좀 샀지.

손님 3: 다들 여기 모여 있었군요. 채소 코너에 보니 깻잎이 아주 싱싱하던데……. 1박스에 8,000원이래. 누구 깻잎 필요한 사람? 나랑 반반 나눕시다.

상인 1: 이웃끼리 다 모였으니 좀 싸게 드릴게요. 사세요. 1상자에 7,500원에 드릴게요.

손님 2: 철수 엄마! 잘됐다. 나랑 반반 나눠.

상인 2: 그럼 500g씩 따로 포장해 드릴게요.

상인 3: 영수증 여기 있어요. 앞으로도 우리 킹콩마트 많이 애용해 주세요.

해설: 할인행사 덕분에 킹콩마트는 준비한 상추를 모두 팔 수 있었다.

시장 놀이 역할극 5

- 장소: 대박 백화점
- 등장인물: 해설자, 상인 1 · 2, 안내원, 손님 1 · 2 · 3

해설: 손님 1 · 2 · 3은 여름휴가 때 사용할 수영복과 텐트를 사러 백화점을 찾았다.

상인 1: (손님 1에게 상냥한 목소리로) 환영합니다. 찾으시는 물건 있으세요?

손님 1: 여름에 가족들이랑 계룡산으로 휴가를 가려고 하는데 5인용 텐트 있나요?

상인 1: 물론이죠. 요즘 대 바겐세일 기간이라서 무척 저렴한 가격으로 판매하고 있어요. 찾는 상표가 있으신가요? 요즘 땡땡 텐트가 인기가 있답니다.

손님 1: 한번 보여 주세요. 튼튼하면서도 가벼웠으면 좋겠는데…….

상인 1: 작은 물방울도 절대 통과시키지 않는 훌륭한 기능과 함께 가벼워서 여성분들도 쉽게 텐트를 설치하고 접을 수 있어요.

손님 1: 가격이 얼마인가요? 그리고 신용카드 할부 구매도 되나요?

상인 1: 물론이죠. 고객님께서는 송송 카드를 갖고 계시니 무이자 10개월까지 가능하십니다.

해설: 손님 1은 카드 무이자 할부로 땡땡 텐트를 15만 원에 구입했다.

손님 2: 여기 문화센터가 몇 층인가요?

안내원: 네, 고객님! 4층 왼편에 있답니다.

손님 2: 여름 강좌는 언제부터 수강할 수 있나요?

안내원: 네, 7월 1일부터 시작하여 8월 말까지입니다. 두 강좌 이상 신청하시면 한 강좌는 50퍼센트 할인 혜택을 받으시고, 백화점 카드에 적립도 가능하십니다.

손님 2: 예, 감사합니다. 그런데 수영복 매장은 몇 층인가요?

안내원: 네, 3층 오른쪽에 스포츠용품 판매점이 있답니다. 그쪽으로 가 보세요.

해설: 손님 2와 3은 수영복 매장을 천천히 둘러보고, 적당한 물건을 구입하려고 한다.

상인 2: 어서 오세요. 박태환 선수를 후원하고 있는 칭칭 수영복입니다. 지금 사은품 증정행사를 하고 있으니 구경해 보세요.

손님 3: 사은품이요? 무엇을 주나요?

상인 2: 네, 최고급 튜브를 드리고 있어요. 수영장 나들이에 필수품이죠.

손님 2: 여보, 우리는 튜브가 필요 없잖아요. 아이들도 다 컸는데…… 다른 제품으로 골라봐요.

상인 2: 사은품이 없는 대신에 3만 원에 2벌을 드리는 수영복도 있답니다.

손님 3: 그렇게 싸요? 한번 보여 주세요.

손님 2: 이 제품은 왜 이리 싼 가요?

상인 2: 네, 작년에 나온 제품인데 재고정리를 하고 있는 중이랍니다.

손님 2, 3: 저렴하니 좋군요. 주세요. 빨간색과 파란색으로 주세요.

상인 2: 예, 감사합니다. 결재 도와드리겠습니다.

상인 1: 여름휴가를 계획 중이신가요? 그럼 텐트 한번 보고 가세요.

해설: 백화점에서는 각 층마다 다양한 물건을 팔고 사고 구경하는 사람들로 가득하다.

〈영수증〉

거래일자	2009년 월 일	거래명세표 (공급자용)	결제					
일련번호								

	등록번호	617-03-86942	전화번호			등록번호	617-03-86942	전화번호	
공급자	상호		성명		공급받는자	상호		성명	
	주소					주소	서울 종로구 창신동 436-79 1층 9호		

매출금액		세액		합계		잔금		미수총계	

거래일자	2009년 월 일	거래명세표 (공급자용)	결제					
일련번호								

공급자	등록번호	617-03-86942	전화번호		공급받는자	등록번호	617-03-86942	전화번호	
	상호		성명			상호		성명	
	주소					주소	서울 종로구 창신동 436-79 1층 9호		

매출금액		세액		합계		잔금		미수총계	

〈화폐〉

10000
한국은행권
만 원
한국은행
10000

10000
한국은행권
만 원
한국은행
10000

10000
한국은행권
만 원
한국은행
10000

10000
한국은행권
만 원
한국은행
10000

10000
한국은행권
만 원
한국은행
10000

10000
한국은행권
만 원
한국은행
10000

5000
한국은행권
오천원
SPECIMEN
5000

5000
한국은행권
오천원
SPECIMEN
5000

5000
한국은행권
오천원
SPECIMEN
5000

5000
한국은행권
오천원
SPECIMEN
5000

5000
한국은행권
오천원
SPECIMEN
5000

5000
한국은행권
오천원
SPECIMEN
5000

1000
한국은행권
천 원
SPECIMEN
1000

1000
한국은행권
천 원
SPECIMEN
1000

1000
한국은행권
천 원
SPECIMEN
1000

1000
한국은행권
천 원
SPECIMEN
1000

1000
한국은행권
천 원
SPECIMEN
1000

1000
한국은행권
천 원
SPECIMEN
1000

1000
한국은행권
천 원
SPECIMEN
1000

1000
한국은행권
천 원
SPECIMEN
1000

1000
한국은행권
천 원
SPECIMEN
1000

1000
한국은행권
천 원
SPECIMEN
1000

1000
한국은행권
천 원
SPECIMEN
1000

1000
한국은행권
천 원
SPECIMEN
1000

2) 교수 · 학습 과정 파워포인트 자료

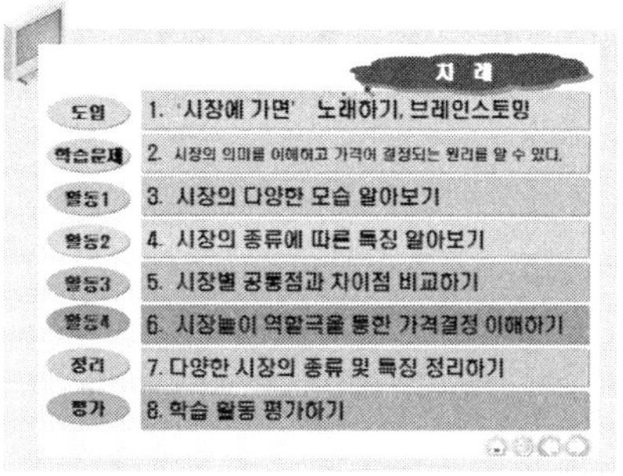

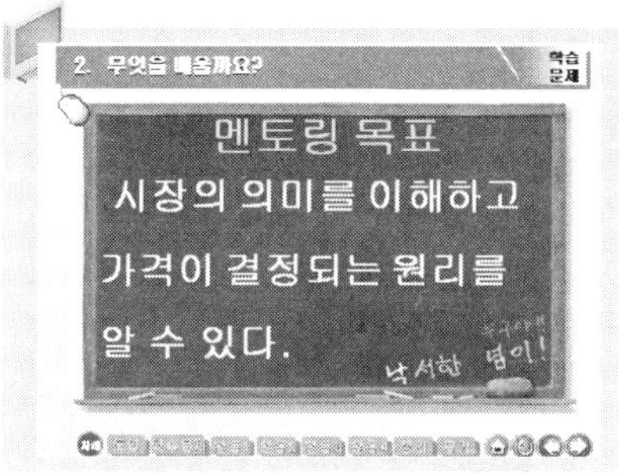

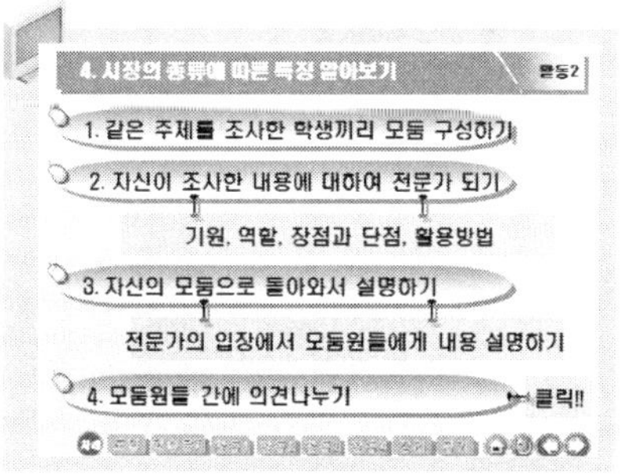

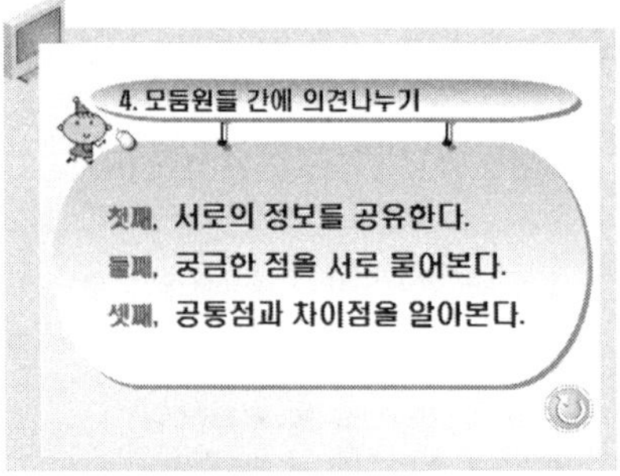
4. 모둠원들 간에 의견나누기
첫째, 서로의 정보를 공유한다.
둘째, 궁금한 점을 서로 물어본다.
셋째, 공통점과 차이점을 알아본다.

5. 시장별 공통점과 차이점 비교하기
활동3
학습지-시장 비교판
인터넷시장
대형할인점
홈쇼핑
통신판매

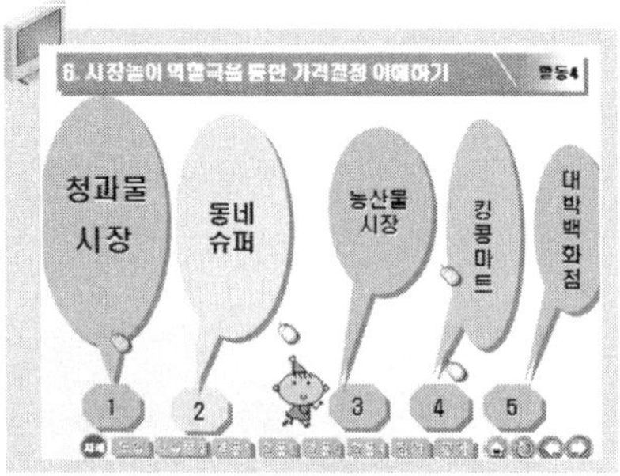
6. 시장놀이 역할극을 통한 가격결정 이해하기
활동4
청과물 시장
동네 슈퍼
농산물 시장
킹콩마트
대박백화점
1
2
3
4
5

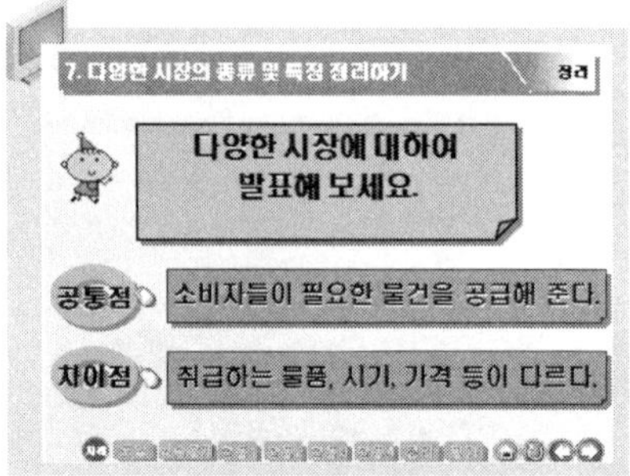
7. 다양한 시장의 종류 및 특징 정리하기
정리
다양한 시장에 대하여 발표해 보세요.
공통점
소비자들이 필요한 물건을 공급해 준다.
차이점
취급하는 물품, 시기, 가격 등이 다르다.

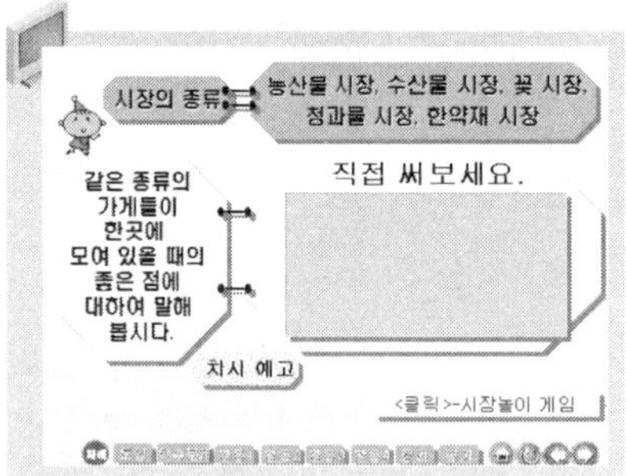
시장의 종류
농산물 시장, 수산물 시장, 꽃 시장, 청과물 시장, 한약재 시장
같은 종류의 가게들이 한곳에 모여 있을 때의 좋은 점에 대하여 말해 봅시다.
직접 써보세요.
차시 예고
<클릭>-시장놀이 게임

시장의 종류
청과물시장
농산물시장
5일장
수산물시장
백화점
재래시장

과일이나 야채를 주로 소매상에게 팝니다.
과일과 야채만 모여라!! 난 딸기가 좋아!

곡식, 채소 등의 농산물을 팝니다.
야호~ 먹을 것이 너무 많다. 난, 양파가 좋아!

5일마다 시장이
열립니다.
자! 골라요,
골라!
아저씨도
골라,
아줌마도
골라

생선, 조개, 김, 미역
등의 수산물을
팝니다.
우앙!
너무 비
린내가 난다.
난 고등어
가 좋아!

여러 가지 물건을
한 건물 안에서
팝니다.
끼아하~
없는
것이
없다 !!

시장길거리에서
필요한 것들을
팝니다.
아줌마,
저 복숭아
2개만
주세요^^
공짜로

참고사이트
참고사이트
<1>중앙교수학습센터 : www.edunet4u.net
<2>인천교수학습센터 : jr.naver.com

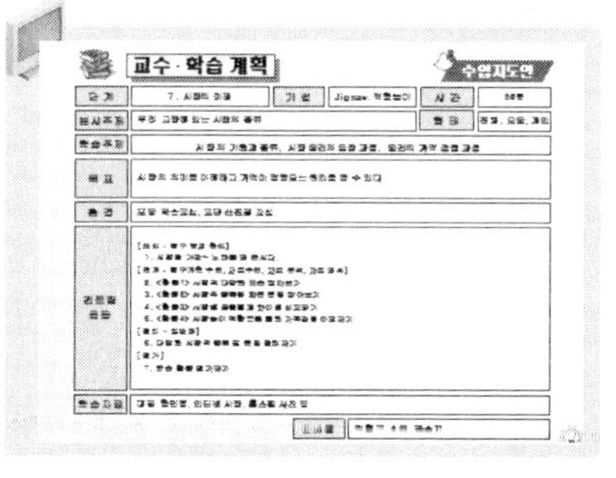
교수·학습 계획
수업지도안

3 윈윈게임을 통한 갈등 해결하기

1) 멘토링 과정안

(1) 멘토링 기법

도입	적용 방법	두 마리 당나귀
	선정 이유	윈윈게임을 이용하기 전에 '두 마리 당나귀' 이야기를 통해 자신의 이익만을 추구하다 보면 모두에게 손해가 올 수 있다는 것을 알게 해 준다. 그리고 조금씩 양보하면 모두가 이익을 얻을 수 있다는 것을 깨닫게 한다. 이 방법을 바탕으로 윈윈게임을 제공한다면, 보다 적극적으로 우리의 승리 방법을 찾게 할 수 있을 것이다.
	적용 방법의 수정	도입에 이용하려는 방법이기 때문에 방법의 핵심만을 이용하는 것이 좋다. 전체 3단계 중에서 1, 2단계는 제외하고 마지막 단계만 이용한다. 6장의 그림 중에서 우선 3장의 그림을 보여 주고, 질문을 한다. 그 다음에 나머지 3장의 그림을 보여 주고, 모두에게 도움이 되는 방법을 찾는 것의 중요성을 알려 준다.
전개	적용 방법	서로에게 이익이 되는 문제 해결 방식
	선정 이유	일상생활의 수많은 갈등 상황에서 사람들은 당장의 자신의 이익만을 생각하는 경우가 많다. 하지만 이것은 장기적으로 보았을 때 오히려 손해를 가져오는 경우가 많다. 그러므로 문제 상황을 다양한 시각에서 살펴보고, 모두에게 이익을 가져오는 해결 방법을 찾는 것이 중요하다. 이러한 자세를 길러 줄 수 있는 가장 좋은 방법이 윈윈게임이라고 할 수 있다.
	적용 방법의 수정	'빈터'라는 예화를 통해 한 가지 갈등 상황을 주고, 모둠별로 네 가지 해결 방식을 생각해 본 다음, 전체적으로 발표하도록 한다. 또 이 과정 후에 어떤 모둠의 해결 방안이 타당했는지 논의를 한다. 이러한 축약을 통해서 1차시 내에서 네 가지 해결 방식을 생각해 보고, 우리의 승리 방식의 타당성과 필요성을 알게 한다.

(2) 멘토링 시 적용한 갈등 상황

목표	공공의 이익과 사익을 배타적인 것으로 보지 않고 양자의 조화를 통해 갈등을 평화적으로 해결할 수 있다.
갈등 상황	빈터
선정 이유	빈터는 결론이 나 있지 않아 학생들의 다양한 해결 방법을 알아볼 수 있다. 윈윈게임을 통해 학생들에게 다양한 결론 중에서 어느 한쪽의 승리가 아니라 양 쪽 모두에게 이익이 돌아갈 수 있도록 하는 것이 최선의 방법임을 일깨울 수 있다.

(3) 멘토링 과정안

단계	5단계	주제	갈등 해결
멘토링 목표	공공의 이익과 사익의 조화를 통해 갈등을 평화적으로 해결할 수 있다.	기법	윈윈게임
멘토링 유형	그룹 멘토링	시간	80분
관련 자료	당나귀 제시 자료, 문제 해결의 길잡이 학습지		

멘토링 과정		멘토링 활동		참고 자료
		멘토	멘티	
도입 (10')	학습 동기 유발	▪ '제시 그림 ⓐ'를 보여 주고 질문한다. – 당나귀들의 문제는 무엇이었나요? – 그래서 그들은 문제를 어떻게 해결하려고 했나요? – 그것은 효과가 있었나요? 그렇지 않았다면 왜 효과가 없었나요?	 – 서로 다른 쪽의 풀을 먹으려고 했어요. – 자기가 원하는 풀을 향해 달려갔어요. – 없었어요. 서로 자기가 원하는 방향으로만 가려고 했기 때문이에요.	★제시 그림 ⓐ, ⓑ

<table>
<tr><td rowspan="2">도입
(10')</td><td colspan="2">학습
동기
유발</td><td>▪ '제시 그림 ⓑ'를 보여 주고 질문한다.
– 당나귀들은 어떻게 해서 서로가 원하는 것을 모두 얻을 수 있었나요?
– 다른 사람들과 함께 살아가면서 모두가 자기 이익을 조금도 포기하지 않으려 한다면, 어떻게 될까요?
– 사람들이 모두 각자의 이익만을 추구하고 전혀 양보하지 않는다면, 사람들 모두 자기가 원하는 것을 이룰 수 없을 거예요. 그러니까 우리 친구들은 앞으로 모두의 이익을 먼저 생각하도록 해요.</td><td>– 자기가 원하는 것을 조금 포기하고 함께 움직여서 모두 원하는 풀을 먹을 수 있었어요.
– 사람들 모두 자기가 원하는 것을 얻을 수 없을 거예요.
– 의미를 이해한다.</td><td rowspan="2">○ '제시 그림 ⓑ'에서는 서로가 조금씩 양보하고 협동하면 모두에게 이익이 돌아갈 수 있음을 알게 한다.</td></tr>
<tr><td colspan="2">학습
목표
제시</td><td colspan="2">공공의 이익과 사익을 배타적인 것으로 보지 않고 양자의 조화를 통해 갈등을 평화적으로 해결할 수 있다.</td></tr>
<tr><td rowspan="2">전개
(65')</td><td rowspan="2">갈등
해결
방식
안내</td><td>갈등
상황
제시</td><td>▪ '학습지 1' 상황 제시
– 개인 간의 갈등 상황을 설명한다.</td><td>– 상황을 이해한다.</td><td rowspan="2">★ 학습지 1

○ 결과를 네 가지 유형으로 제시하면서 다양한 시각을 통하여 학생</td></tr>
<tr><td>극복
방법
생각
하기</td><td>– 문제를 해결하려면 어떻게 해야 할까요?
▪ 학습지 상황을 통하여 네 가지 유형의 문제 해결 방안을 이해하도록 설명한다.</td><td>– 자신의 해결 방안을 발표한다.
– 문제 해결의 네 가지 방안을 이해한다.</td></tr>
</table>

<table>
<tr>
<td rowspan="3">전개
(65')</td>
<td>갈등 해결 방식 안내</td>
<td>극복 방법 생각하기</td>
<td colspan="2">▦ 활동지의 상황
아들: 엄마! 저 최신 휴대폰 사 주세요.
엄마: 안 돼! 저번에 산 것도 얼마 안 되었잖아.
▦ 해결 방법
<table><tr><td>나의 승리</td><td>계속 조르면 언젠가는 사 주실 거야.</td><td>너의 승리</td><td>돈 줄 사람은 엄마니까 치사하게 구걸하지 말고 포기하자.</td></tr><tr><td>우리의 패배</td><td>학원가지 않고 아르바이트해서 사야지.</td><td>우리의 승리</td><td>이런 문제로 엄마하고 싸울 수는 없지. 지금 가지고 있는 것을 조금 더 쓰고 나중에 이야기해 보자.</td></tr></table></td>
<td>스스로 창의적인 방안이 나올 수 있게 지도한다.</td>
</tr>
<tr>
<td rowspan="2">서로에게 이익이 되는 문제 해결 방식 찾기</td>
<td>갈등 상황 제시</td>
<td>▦ '학습지 2' 상황 제시
– 갈등을 일으키는 문제 사태 〈빈터〉를 제시한다.</td>
<td>– 상황을 이해한다.</td>
<td rowspan="2">★학습지 2
○ 다양한 시각을 통하여 학생 스스로 창의적인 방안이 나올 수 있게 지도한다.
○ 스스로 단순히 나의 이익을 위한 승리에서 뛰어넘어 서로의 생각에 대해 존중하는 우리의 승리 해결 방식의 좋은 점을 안다.</td>
</tr>
<tr>
<td>극복 방법 생각하기</td>
<td>– 모둠별로 예화에 제시된 갈등 상황에서 주인공 '하영이네 가족'의 입장을 중심으로 바라볼 경우 그 결과를 네 가지 유형으로 나누어 이야기해 봅시다.
▦ 각각의 방식으로 문제를 해결한 것 중에 가장 좋은 방식은 무엇인지 찾아서 발표해 본다.</td>
<td>– 제시한 네 가지 유형에 대하여 모둠별로 서로의 의견을 나누어 본다.
– 자신이 생각하는 가장 좋은 방법이 무엇인지 발표한다.</td>
</tr>
</table>

<table>
<tr>
<td rowspan="3">전개
(65')</td>
<td>서로에게 이익이 되는 문제 해결 방식 찾기</td>
<td>극복 방법 생각하기</td>
<td colspan="2">■ 활동지의 상황
<table>
<tr><td>동네 사람의 이익(공익)</td><td rowspan="2">VS</td><td>하영이 가족의 이익(사익)</td></tr>
<tr><td>빈터를 위험한 곳을 대신하는 동네 아이들의 놀이터로 이용한다.</td><td>하영이네 가족이 채소와 꽃을 심을 터전으로 빈터를 이용한다.</td></tr>
</table>
■ 해결 방법
<table>
<tr><td>나의 승리</td><td>우리 집 땅인데, 뭐. 우리 마음대로 채소랑 꽃을 키울 테야.</td><td>너의 승리</td><td>동네 사람들 입과 눈이 무서우니, 채소와 꽃은 포기하자.</td></tr>
<tr><td>우리의 패배</td><td>어차피 우리 집 땅인데도 마음대로 못쓸 바에야 빈터를 없애 버리자.</td><td>우리의 승리</td><td>빈터의 한쪽 부분에 채소를 기르고, 아이들에게 조심할 것을 당부하고 나머지 부분은 놀이터로 이용하게 해야지.</td></tr>
</table>
</td>
<td></td>
</tr>
<tr>
<td colspan="2">갈등 상황 제시</td>
<td>■ 갈등 해결 방식을 이야기 속에 적용해 보기
–두 가지 이야기 속에서 일어난 갈등 상황을 듣는다.
〈이야기 1〉 개미와 베짱이
〈이야기 2〉 콩쥐와 팥쥐</td>
<td>–이야기를 듣는다.</td>
<td>★플래시 자료
–개미와 베짱이
–콩쥐와 팥쥐</td>
</tr>
<tr>
<td colspan="2">극복 방법 생각하기</td>
<td>–두 이야기 속에서 일어난 상황에 대하여 네 가지의 갈등해결 방식을 생각해 보고 가장 적절한 해결방식을 선택한 후 그 이유를 적어봅시다.</td>
<td>–두 이야기 속의 갈등 상황을 듣고 해결 방식을 적어 발표한다.</td>
<td>○ 다양한 의견을 서로 이야기해 볼 수 있도록 충분한 시간을 준다.</td>
</tr>
</table>

정리 (5')	정리 및 심화	−두 마리 당나귀처럼 서로 자신이 원하는 것만을 가지려고 한다면, 모두 원하는 것을 가질 수 있을까요? −그러면 우리 모두가 원하는 것을 가지려면 어떻게 해야 할까요? −그래요. 모든 문제에서 내가 반드시 이겨야 한다는 생각은 단기적으로 이익을 얻을지 모르지만 인간관계를 적대적으로 만들 수 있고, 장기적으로는 오히려 손해를 보는 경우가 많아요. 따라서 우리는 '나도 좋고 너도 좋은' 윈윈전략을 삶에 적용하여 장기적으로 더 큰 이익을, 나아가서는 우호적인 인간관계를 유지해야겠어요. 우리반 친구들 모두 앞으로는 모두 함께 승리할 수 있는 방법으로 문제를 해결하도록 해요.	−아니요. −서로 양보해야 돼요. −다른 사람의 이익도 생각해야 돼요. −설명을 이해한다.	

두 마리의 당나귀

• 두 마리의 당나귀 여섯 장면 중 결론이 나지 않은 네 장면(그림 ⓐ) 제시

• 나머지 두 장면(그림 ⓑ)을 보여 주고, 서로가 조금씩 양보하고 협동하면 모두에게 이익이 될 수 있음을 알게 한다.

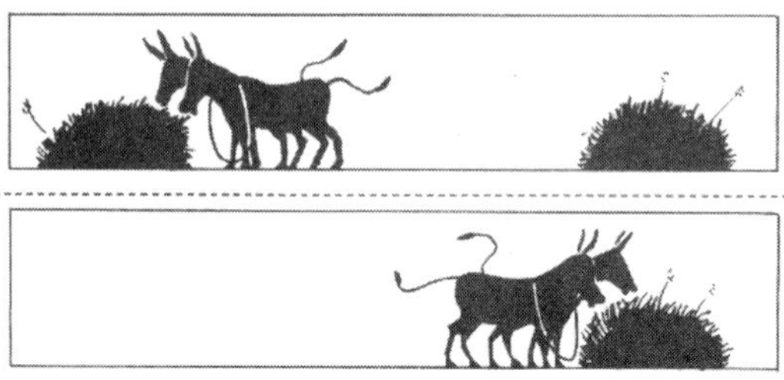

• 다른 예상 반응: 한 마리 당나귀가 먹을 때까지 서로 기다려 주기
이빨로 함께 줄을 끊은 후 각자 먹기

활동지 1

문제 해결의 길잡이(개인 간의 갈등)

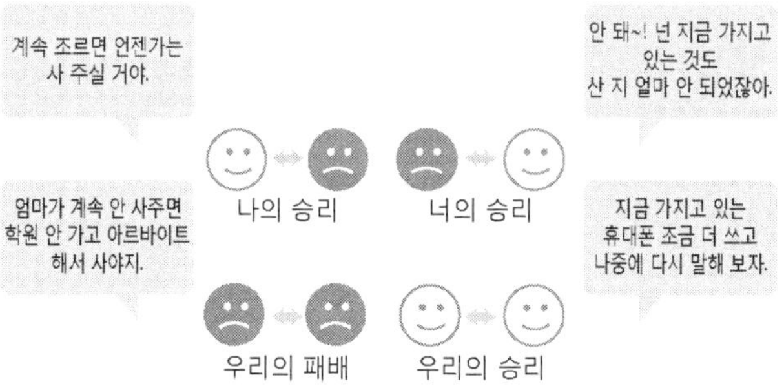

〈활동 1〉 가족 혹은 친구와 심하게 싸운 경험을 떠올려 적어 봅시다.

〈활동 2〉 위의 상황을 승리 해결 방식으로 풀어 봅시다.

빈터

하영이네는 가족이 많습니다. 그래서 얼마 전에 큰 집으로 이사를 했습니다. 새 집은 아니었지만 가족들이 살기에 편했습니다. 특히, 집 앞에 빈터가 있어서 채소를 심고 꽃을 가꿀 수도 있습니다. 어머니께서는 채소를 직접 기르면 무공해 채소를 먹을 수 있을 거라고 하시면서 좋아하셨습니다.

"아버지께서 좋아하시는 꽃도 많이 심어야지요."

삼촌이 말하자, 할아버지께서도 웃으며 말씀하셨습니다.

"자, 그럼 내일부터 빈터에 밭을 일구고 꽃밭도 가꾸기로 하자."

이튿날 아침, 하영이네 가족이 빈터를 일구고 있을 때, 아주머니 몇 분이 찾아오셨습니다. 그중에 한 아주머니께서 어머니께 말을 건네셨습니다.

"안녕하세요? 새로운 이웃이 되어서 반갑습니다. 저는 이 동네 반장인데요, 좀 어려운 부탁을 드리려고 합니다."

"찾아주셔서 감사합니다. 부탁하실 일이 무엇인지요?"

"이 터가 댁의 땅인 것은 잘 알지만, 그동안 동네 아이들이 놀이터로 이용해 왔답니다. 아이들이 놀기에 마땅한 곳이 없어서 전에 살던 분이 허락해 주셨거든요."

반장 아주머니의 말씀이 끝나자, 다른 아주머니들도 거들었습니다.

"여기에 밭을 일구면 아이들은 찻길에서 놀 수밖에 없습니다."

동네 사람들의 말을 듣고 있던 삼촌이 나섰습니다.

"그렇다고 개인 소유의 땅에서 동네 아이들을 계속 놀게 할 수는 없지 않습니까? 땅 주인도 생각해 주셔야지요."

"그렇지 않아도 어린이 놀이터를 만들어 달라고 시청에 여러 차례 건의했더니, 내년에는 만들어 주겠다고 했습니다. 그러니까 올해만 동네 아이들을 위해 빈터로 두시고, 내년부터 밭을 일구면 어떻겠습니까?"

반장 아주머니의 말씀을 듣고, 아버지께서 말씀하셨습니다.

"지금 바로 대답을 드리기는 좀 어렵습니다. 가족들이 함께 의논해 보고 연락드리도록 하지요."

아주머니들이 떠난 뒤, 하영이네 가족은 가족 회의를 열고 이 문제에 대하여 의견을 나누었습니다.

활동지 2

문제 해결의 길잡이(빈터)

• 〈활동 2〉에서 해결한 방식으로 상황이 전개되었을 때 상황이 어떻게 될까요?

2) 교수 · 학습 과정 파워포인트 자료

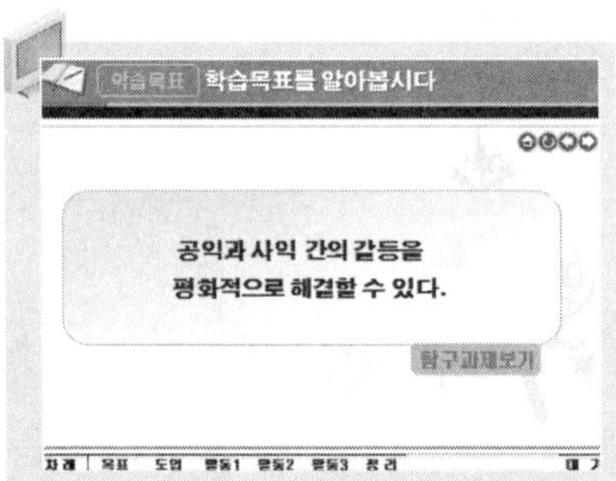

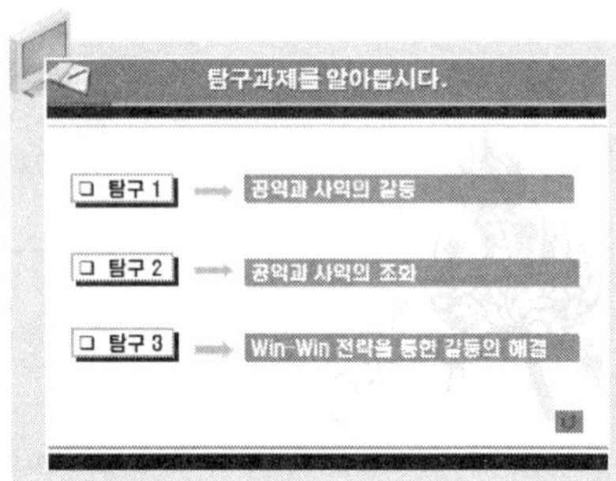

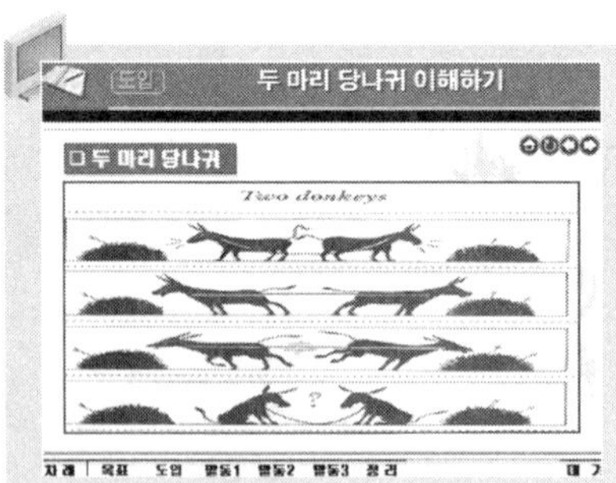

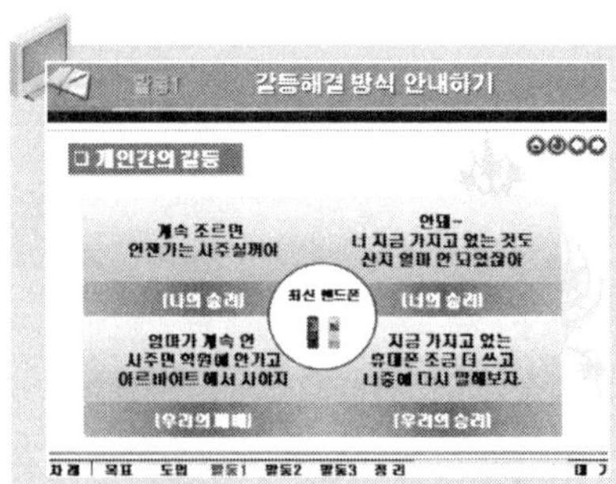

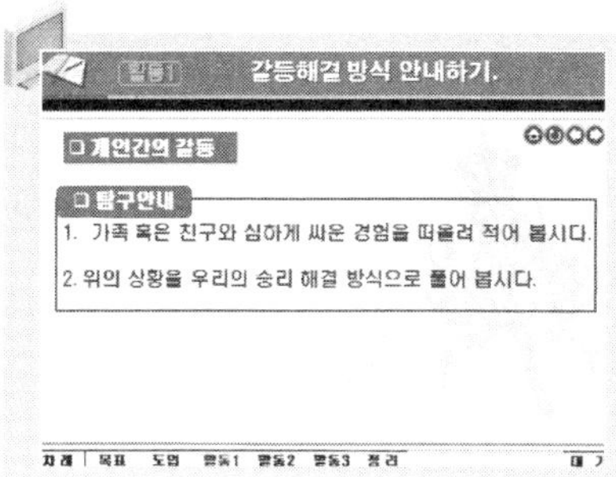
활동1 갈등해결 방식 안내하기.
□ 개인간의 갈등
□ 탐구안내
1. 가족 혹은 친구와 심하게 싸운 경험을 떠올려 적어 봅시다.
2. 위의 상황을 우리의 승리 해결 방식으로 풀어 봅시다.
차례 목표 도입 활동1 활동2 활동3 정리

활동2 갈등사례 제시 및 문제해결 방법 찾기
□ 갈등사례 제시
하영이네 가족은 이웃집 사람들의 부탁을 받아드릴까요?
차례 목표 도입 활동1 활동2 활동3 정리

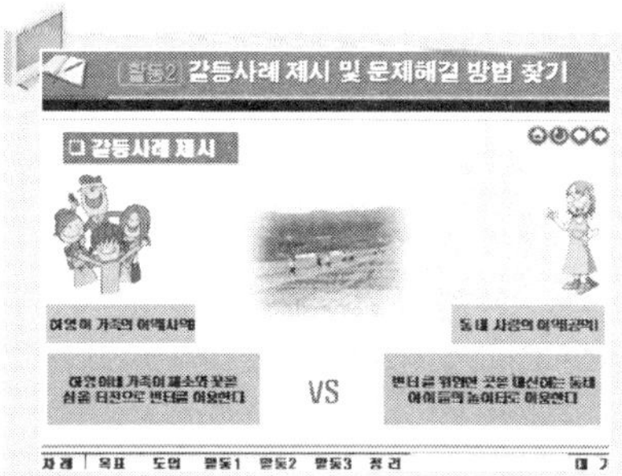
활동2 갈등사례 제시 및 문제해결 방법 찾기
□ 갈등사례 제시
VS
차례 목표 도입 활동1 활동2 활동3 정리

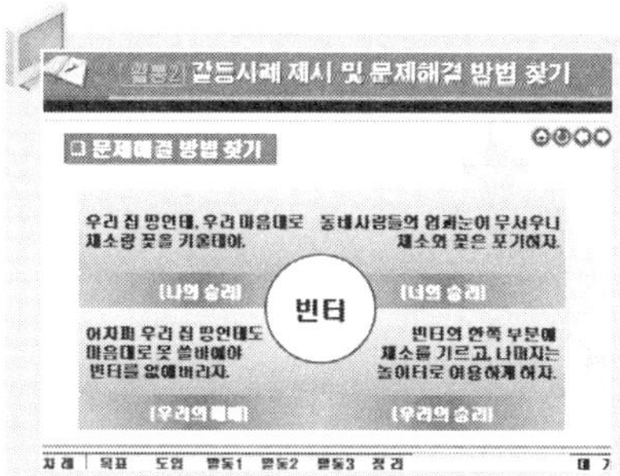
활동2 갈등사례 제시 및 문제해결 방법 찾기
□ 문제해결 방법 찾기
우리 집 땅인데, 우리 마음대로 채소랑 꽃을 키울테야.
동네사람들의 원래는이 무서우니 채소와 꽃은 포기하자.
[나의 승리]
[너의 승리]
빈터
어차피 우리 집 땅인데도 마음대로 못 쓸바에야 빈터를 없애버리자.
빈터의 한쪽 부분에 채소를 기르고, 나머지는 놀이터로 여용하게 하자.
[우리의 패배]
[우리의 승리]
차례 목표 도입 활동1 활동2 활동3 정리

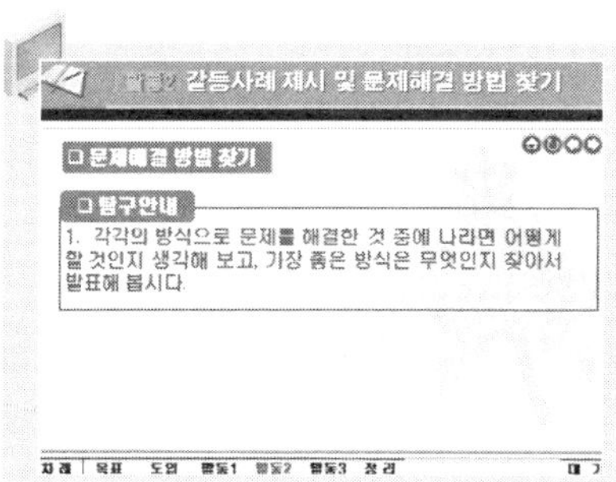
활동2 갈등사례 제시 및 문제해결 방법 찾기
□ 문제해결 방법 찾기
□ 탐구안내
1. 각각의 방식으로 문제를 해결한 것 중에 나라면 어떻게 할 것인지 생각해 보고, 기장 좋은 방식은 무엇인지 찾아서 발표해 봅시다.
차례 목표 도입 활동1 활동2 활동3 정리

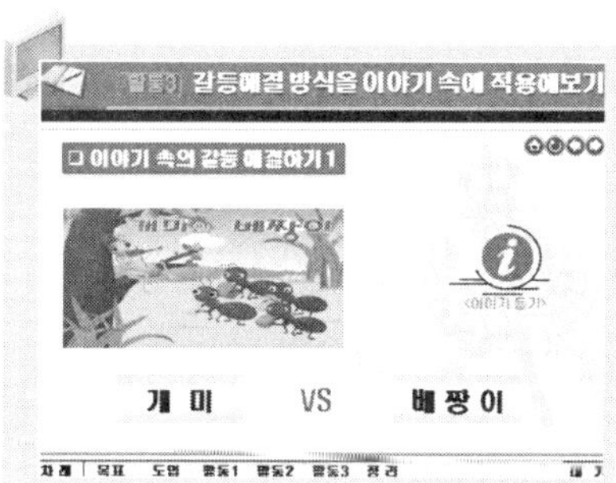
활동3 갈등해결 방식을 이야기 속에 적용해보기
□ 이야기 속의 갈등 해결하기 1
개미와 베짱이
<이야기 듣기>
개 미 VS 베 짱 이
차례 목표 도입 활동1 활동2 활동3 정리

활동3 갈등해결 방식을 이야기 속에 적용해보기
□ 이야기 속의 갈등 해결하기 1
□ 탐구안내
1. 개미와 베짱이의 이야기를 듣고 개미의 입장에서 그동안 배운 문제해결 방법을 이용해서 이야기를 꾸며보자.
개미와 베짱이
차례 목표 도입 활동1 활동2 활동3 정리

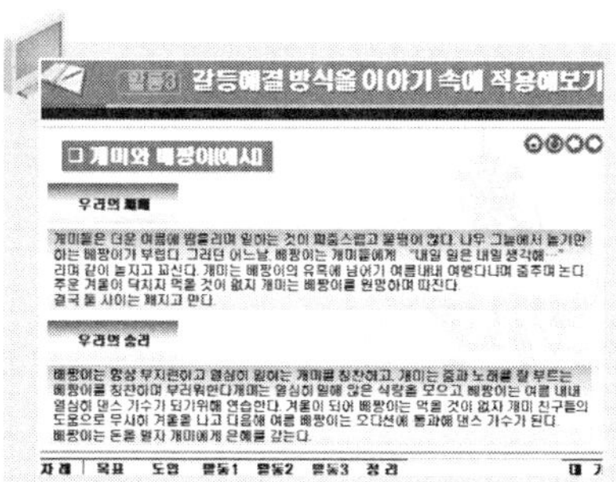
활동3 갈등해결 방식을 이야기 속에 적용해보기
□ 개미와 베짱이(예시)
우리의 패배
개미들은 더운 여름에 땀흘리며 일하는 것이 짜증스럽고 불평이 많다. 나무 그늘에서 놀기만 하는 베짱이가 부럽다. 그러던 어느날, 베짱이는 개미들에게 "내일 일은 내일 생각해…" 라며 같이 놀자고 꾀신다. 개미는 베짱이의 유혹에 넘어가 여름내내 여행다니며 춤추며 논다 추운 겨울이 닥치자 먹을 것이 없자 개미는 베짱이를 원망하며 따진다.
결국 둘 사이는 깨지고 만다.
우리의 승리
베짱이는 항상 부지런하고 열심히 일하는 개미를 칭찬하고, 개미는 춤과 노래를 잘 부르는 베짱이를 칭찬하며 부러워한다.개미는 열심히 일해 많은 식량을 모으고 베짱이는 여름 내내 열심히 댄스 가수가 되기위해 연습한다. 겨울이 되어 베짱이는 먹을 것이 없자 개미 친구들의 도움으로 무사히 겨울을 나고 다음해 여름 베짱이는 오디션에 통과해 댄스 가수가 된다.
베짱이는 돈을 벌자 개미에게 은혜를 갚는다.
차례 목표 도입 활동1 활동2 활동3 정리

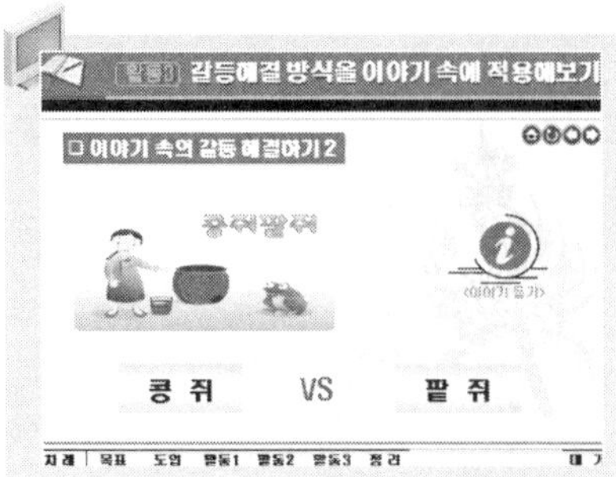
활동3 갈등해결 방식을 이야기 속에 적용해보기
이야기 속의 갈등 해결하기 2
콩쥐팥쥐
<이야기 듣기>
콩 쥐 VS 팥 쥐
차례 목표 도입 활동1 활동2 활동3 정리

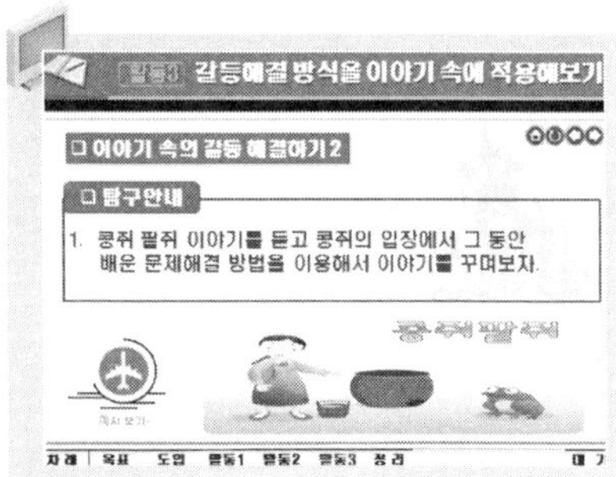
활동3 갈등해결 방식을 이야기 속에 적용해보기
이야기 속의 갈등 해결하기 2
탐구안내
1. 콩쥐 팥쥐 이야기를 듣고 콩쥐의 입장에서 그 동안 배운 문제해결 방법을 이용해서 이야기를 꾸며보자.
콩쥐팥쥐
차례 목표 도입 활동1 활동2 활동3 정리

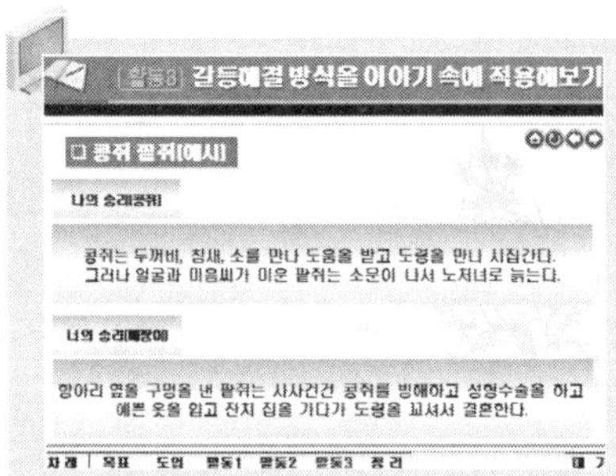
활동3 갈등해결 방식을 이야기 속에 적용해보기
콩쥐 팥쥐(예시)
나의 승리(콩쥐)
콩쥐는 두꺼비, 참새, 소를 만나 도움을 받고 도령을 만나 시집간다.
그러나 얼굴과 마음씨가 미운 팥쥐는 소문이 나서 노처녀로 늙는다.
너의 승리(팥쥐)
항아리 밑을 구멍을 낸 팥쥐는 사사건건 콩쥐를 방해하고 성형수술을 하고 예쁜 옷을 입고 잔치 집을 가다가 도령을 꼬셔서 결혼한다.
차례 목표 도입 활동1 활동2 활동3 정리

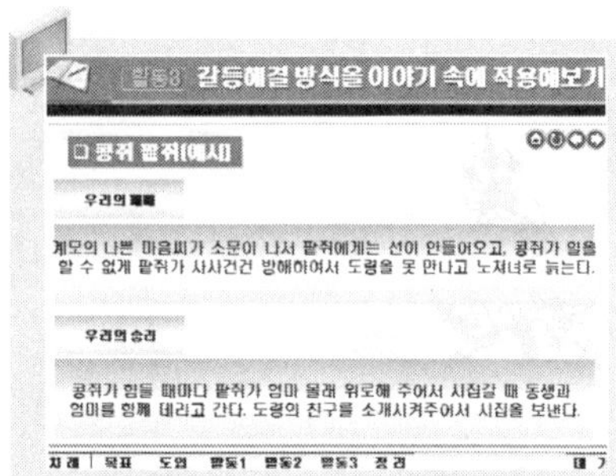
활동3 갈등해결 방식을 이야기 속에 적용해보기
콩쥐 팥쥐(예시)
우리의 패배
계모의 나쁜 마음씨가 소문이 나서 팥쥐에게는 선이 안들어오고, 콩쥐가 일을 할 수 없게 팥쥐가 사사건건 방해하여서 도령을 못 만나고 노처녀로 늙는다.
우리의 승리
콩쥐가 힘들 때마다 팥쥐가 엄마 몰래 위로해 주어서 시집갈 때 동생과 엄마를 함께 데리고 간다. 도령의 친구를 소개시켜주어서 시집을 보낸다.
차례 목표 도입 활동1 활동2 활동3 정리

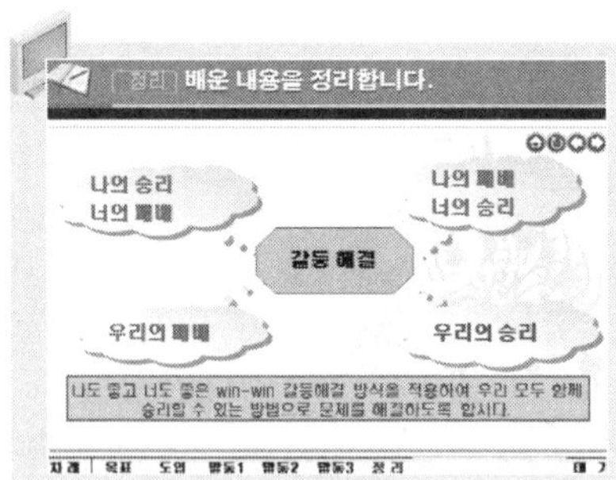
정리 배운 내용을 정리합니다.
나의 승리
너의 패배
나의 패배
너의 승리
갈등 해결
우리의 패배
우리의 승리
나도 좋고 너도 좋은 win-win 갈등해결 방식을 적용하여 우리 모두 함께 승리할 수 있는 방법으로 문제를 해결하도록 합시다.
차례 목표 도입 활동1 활동2 활동3 정리

참고사이트
<1>쥬니어네이버 : http://jr.naver.com
<2>인천교수학습센터 : http://jr.naver.com

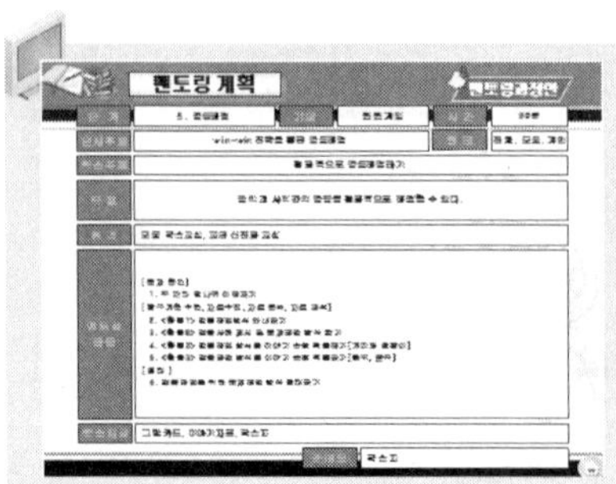
멘토링 계획

4 문화 이해지와 가치 경매 기법을 활용한 남북한 문화 이해와 나눔

1) 멘토링 과정안

<table>
<tr><td>단계</td><td>9단계</td><td>주제</td><td>문화의 차이 이해</td></tr>
<tr><td>멘토링
목표</td><td>남북한 문화의 차이를 이해하고 이를 극복할 수 있다.</td><td>기법</td><td>문화 이해지</td></tr>
<tr><td>멘토링
유형</td><td>그룹 멘토링</td><td>시간</td><td>80분</td></tr>
<tr><td>멘토링
자료</td><td colspan="3">북한 바로 알기 시리즈 동영상
'문화 이해지－봄순이가 반한 스카우트 단복'
(http://www.uniedu.go.kr/dataroom/newmovie.jsp?Seq=12)</td></tr>
</table>

<table>
<tr><th colspan="3" rowspan="2">멘토링 과정</th><th colspan="2">멘토링 활동</th><th rowspan="2">참고
자료</th></tr>
<tr><th>멘토</th><th>멘티</th></tr>
<tr><td colspan="2" rowspan="2">도입
(10')</td><td>전시 학습
상기
학습 동기
유발</td><td>• 전시 학습 내용을 질문한다.
• '봄순이가 반한 스카우트 단복' 동영상을 보여 주고 정답과 이유를 물어본다.</td><td>－답변한다.
－답변한다.</td><td rowspan="2">◦북한 바로 알기 시리즈 동영상 '봄순이가 반한 스카우트 단복' (http://www.uniedu.go.kr/dataroom/newmovie.jsp?Seq=12)</td></tr>
<tr><td>학습 목표
제시</td><td>• 학습 목표를 제시한다.</td><td>－경청한다.</td></tr>
<tr><td>전개
(65')</td><td>활
동
1</td><td>갈등 상황
제시
보기 제시</td><td>• '청룡열차'의 갈등 상황 제시
－영준이는 왜 재미없어할까요?
－4지 선다형의 보기를 제시한다.</td><td>－자신의 생각을 발표한다.
－보기를 보고 이유를 생각한다.</td><td>▸학습지 1</td></tr>
</table>

<table>
<tr><td rowspan="7">전개
(65')</td><td rowspan="3">활동 1</td><td>정답 선택 및 이유 제시</td><td>• 정답을 선택하도록 한다.</td><td>– 제시된 보기에서 정답을 선택하고 이유를 작성한다.</td><td rowspan="3">○ 남북한 문화의 다름에 대한 차별이 발생하지 않도록 한다.</td></tr>
<tr><td>모둠별 근거 토론 및 발표</td><td>• 같은 정답을 선택한 학생들끼리 토론하도록 한다.</td><td>– 같은 정답을 선택한 학생들끼리 모여 토론하고 모둠별로 이유를 제시한다.</td></tr>
<tr><td>정답과 해설 제시</td><td>• 정답을 제시하고 이유를 설명해 준다.</td><td>– 교사의 설명을 듣고 이해한다.</td></tr>
<tr><td rowspan="3">활동 2</td><td>갈등 상황 생각하기

극복 방법 생각하기</td><td>• 통일 과정이나 통일 이후에 남북한 주민 사이에 발생할 수 있는 갈등 상황의 예를 들어 보고, 갈등을 극복하기 위한 방안과 자세에 대해 보고서를 작성한다.</td><td>– 다양한 갈등 상황에 대하여 서로의 의견을 나눈다.
– 극복 방안에 대해 토의 후 보고서를 작성한다.</td><td>○ 다양한 갈등 상황을 생각할 수 있도록 교사의 적절한 질문이 필요하다.</td></tr>
<tr><td>가치 아이템 선정</td><td>• 북한을 도울 수 있는 가치 아이템 선정하기</td><td rowspan="2">– ① 쌀 지원, ② 학용품 모아 지원, ③ 바자회를 통한 지원, ④ 동화책 보내기, ⑤ 격려 편지쓰기 등
– 지시사항에 맞게 활동에 참여한다.</td><td rowspan="2">○ 브레인스토밍 활용
▸ 학습지 2
○ 가치 아이템 목록 5,000원, 1,000원, 500원, 100원 화폐</td></tr>
<tr><td>개인별 선호 결정</td><td>• 개인별 선호 결정하기
– 개인별 가치 아이템 목록 배부 후, 10,000원의 사이버 머니를 지급한다.</td></tr>
<tr><td>활동 3</td><td>가치 경매</td><td>– 사이버머니를 가지고 화폐 단위에 맞게 가장 중요하다고 생각되는 아이템 순으로 가격 선정 및 가치 경매지에 작성한다.</td><td></td><td></td></tr>
</table>

전개 (65')		선호도 비교	• 소집단 내 가치 경매하기 －각 소집단 내에서 개인별로 작성한 가치 경매지의 가격 선정에 따라 사이버 머니를 가지고 경매한다. • 개인 선호와 비교하기 －확보한 것과 잃은 것 정리한 후 다른 사람과 차이가 나는 이유를 이야기해 봅시다.	－자신의 생각에 따라 경매에 참여한다. －차이가 나는 이유를 이야기한다.	▸ 학습지 3 ○ 개인 및 모둠별 가치 경매지 ○ 실천 활동 계획 수립 학습지
	활동 4	실천 항목 선정	• 모둠별로 'BEST 1' 선정하기 －모둠별로 BEST 1으로 선정된 항목에 대해 일주일간 실천 계획 수립한다.	－BEST 1을 선정하고 실천계획을 수립한다.	▸ 학습지 4
정리 및 평가 (5')		정리 및 과제 제시	• 통일 과정이나 통일 이후에 남북한 주민 사이에 발생할 수 있는 갈등 상황의 예를 들어보고 극복 방안을 말한다.	• 자신의 생각을 발표한다.	
		차시예고	• 차시를 예고한다.		

문화 이해지

청룡열차

상황

현주는 오해를 풀고 영준이와 친해지게 되었다. 어느 날 오후에 영준이는 현주에게 놀이공원에 놀러가자고 하였다. 현주도 대찬성이어서 둘은 버스를 타고 놀이공원으로 향하였다. 현주는 문득 서울랜드의 놀이공원에서 환호성을 지르며 놀던 기억이 났다. 북한은 경제적으로 어려워서 놀이공원에 많은 시설은 없을 것이라는 생각이 들어, 영준이에게 그 얘기를 해주면 재미있어할 것이라고 생각했다. 그래서 "영준아, 서울의 놀이공원에는 청룡열차란 게 있거든……." 하고 놀이공원에서 할 수 있는 여러 가지 놀이에 대해 설명하기 시작했다. 그러나 영준이는 전혀 재미있어하는 기색이 아니었다. 왜 그럴까?

보기

1. 영준이는 노는 것을 별로 좋아하지 않아서
2. 현주가 또 남한 자랑을 하니까 듣기가 불편해서
3. 북한의 대도시에도 그런 놀이공원이 많이 있어서
4. 한참을 걸어다니니까 피곤해서

정답

이유

청룡열차 정답 및 해설

정답

3. 북한의 대도시에도 그런 놀이공원이 많이 있어서

해설

북한이 경제적으로 여유가 없어서 놀이공원이 없거나 있더라도 시설이 좋지 않을 것이라고 짐작한다면 천만의 말씀이다. 북한의 놀이공원은 남한의 놀이공원에 비해 시설 면에서도 절대 뒤지지 않을뿐더러, 규모 면에서는 비교조차 할 수 없을 정도로 크다고 한다. 북한에서는 이러한 놀이공원을 국가 사업으로 키우고 있기 때문이다.

대성산 유원지, 만경대 유희장, 모란봉 공원 등 많은 대규모 놀이장이 있고, 놀이 시설도 일본이나 체코, 불가리아에서 수입하여 완벽함을 자랑한다. 남한의 청룡열차 같은 관성열차도 있고, 문어 회전반, 두 명이 타는 관성단차, 사격장, 승마장, 바이킹 등도 있다. 휴일이면 가족이나 친구끼리 많은 사람들이 찾아와서 즐겁게 지낸다고 한다.

문화 이해지

봄순이가 반한 스카우트 단복

상황

스카우트 봉사활동이 있는 날이다. 봄순이는 단복을 입고 학교에 온 친구들을 보니 북한의 소년단이 떠올라 단원들이 무척 의젓하고 모범생으로 느껴진다. 그런데 민석이가 단복을 입고 있지 않은 게 이상해서 민석이에게 물었다.

"저 아이들 참 멋있다. 그런데 너는 왜 쟤들처럼 단복을 안 입고 왔니?"

"그래? 저건 보이스카우트 옷이야. 나는 보이스카우트가 아니라서 그래."

"여기서는 소년단이라고 안 하고 서양말로 부르니? 그나저나 너 모범생인줄 알았더니 그게 아닌 모양이로구나. 아니면 혹시 너도 출신성분이 좋지 않아서 아직 평학생이니?"

"그게 무슨 소리야? 난 그냥 보이스카우트에 들지 않았을 뿐인데."

"야야! 거짓말하지 마라, 누가 몰라서 그러는 줄 아니?"

민석이는 봄순이가 왜 이런 뚱딴지 같은 소리를 하는지 알 수가 없었다. 보이스카우트에 들지 않은 민석이에게 왜 시비일까?

보기

1. 북한에서 단복을 입는 학생들은 당 간부의 자녀 등 사회적 신분이 높기 때문이다.
2. 봄순이는 북한의 소년단과 남한의 스카우트 활동을 같은 것으로 생각했다.
3. 수업 이외에 단체 활동에 대해 반대하고 있는 입장이다.
4. 소년단 활동을 하던 북한 생활이 그리워졌다.

정답

이유

봄순이가 반한 스카우트 단복 정답 및 해설

정답

2. 봄순이는 북한의 소년단과 남한의 스카우트 활동을 같은 것으로 생각했다.

해설

북한 어린이들은 만 7세부터 13세까지 조선소년단에 가입하여 활동한다. 그런데 모두가 한번에 입단하지 않고 모범학생 순으로 1차, 2차, 3차 입단식을 통해 입단한다. 소년단에 들어가면 그 징표로 삼각형 붉은 타이를 맨다.

모범 소년단원으로 뽑히면 표창도 받고 '소년단 야영소'에서 야영생활을 하도록 혜택을 주기도 한다. 이런 소년단을 지도하는 교사는 각 학교에 한 명씩 있는데, '소년단 지도원'이라고 부른다.

봄순이는 남한의 스카우트 대원들이 똑같이 단복을 입고 목에 타이를 두르는 것을 보고 소년단과 같은 것이라 생각했을 것이다. 그래서 민석이가 1, 2차에 들어가지 못했다고 생각하여 '모범생이 아니구나.'라고 말한 것이다.

2) 교수 · 학습 과정 파워포인트 자료

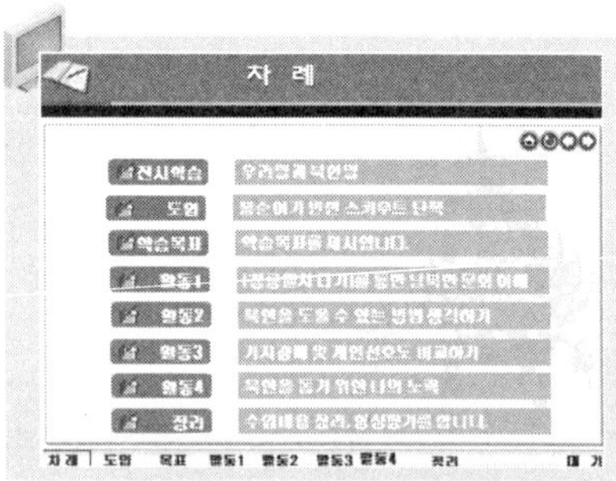

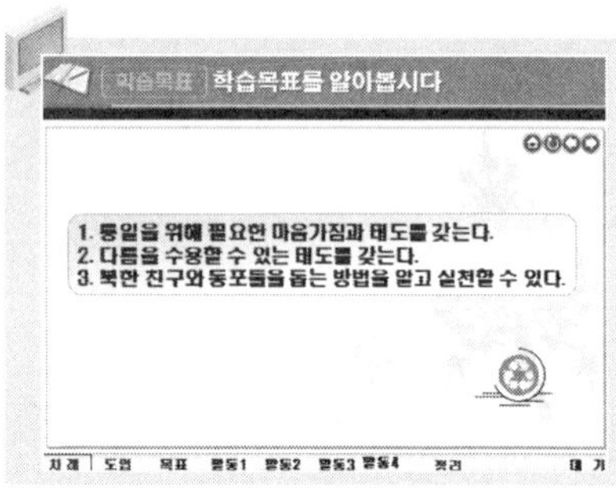

활동1
갈등 상황 제시하기
□ 청룡열차 타기
현주는 영준이와 친한 친구사이입니다.
어느 날 오후에 영준이는 현주에게 놀이공원에 놀러가자고 하였다. 현주도 대찬성이어서 둘이는 버스를 타고 놀이공원으로 향하였다. 현주는 문득 서울랜드의 놀이공원에서 환호성을 지르며 놀던 기억이 났다. 북한은 경제적으로 어려워서 놀이공원에 많은 시설은 없을 것이라는 생각이 들어, 영준이에게 그 얘기를 해주면 재미있어 하겠다 싶었다. 그래서 "영준아, 서울의 놀이공원에는 청룡열차란 게 있거든 ..." 하고 놀이 공원에서 할 수 있는 여러가지 놀이에 대해 설명하기 시작했다. 그러나 영준이는 전혀 재미있어 하는 기색이 없었다. 왜 그럴까요?
차례 도입 목표 활동1 활동2 활동3 활동4 정리 대기

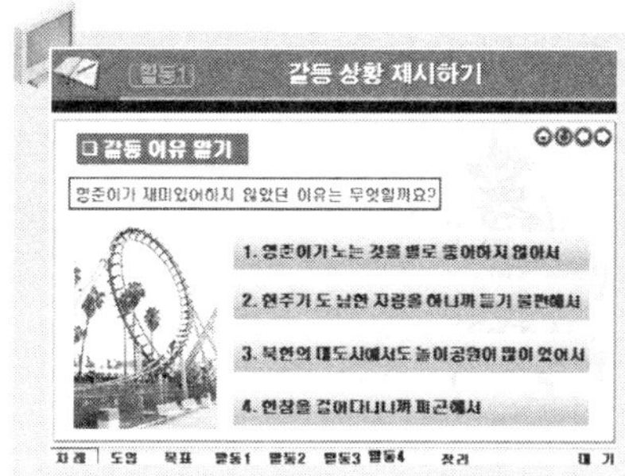
활동1
갈등 상황 제시하기
□ 갈등 이유 알기
영준이가 재미있어하지 않았던 이유는 무엇일까요?
1. 영준이가 노는 것을 별로 좋아하지 않아서
2. 현주가 도 넘한 자랑을 하니까 듣기 불편해서
3. 북한의 대도시에서도 놀이공원이 많이 있어서
4. 한참을 걸어다니니까 피곤해서
차례 도입 목표 활동1 활동2 활동3 활동4 정리 대기

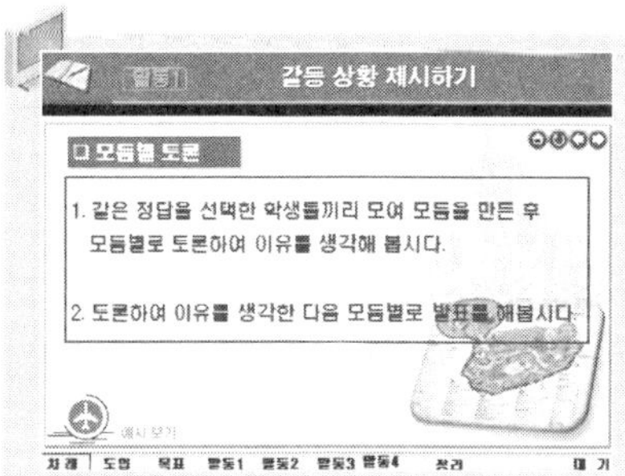
활동1
갈등 상황 제시하기
□ 모둠별 토론
1. 같은 정답을 선택한 학생들끼리 모여 모둠을 만든 후 모둠별로 토론하여 이유를 생각해 봅시다.
2. 도론하여 이유를 생각한 다음 모둠별로 발표를 해봅시다.
차례 도입 목표 활동1 활동2 활동3 활동4 정리 대기

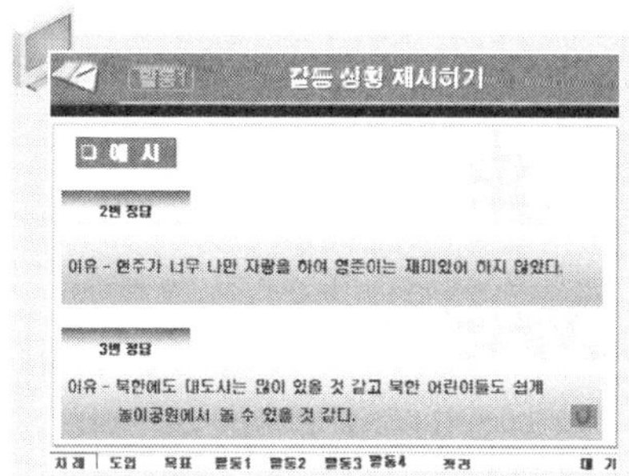
갈등 상황 제시하기
□ 예 시
2번 정답
이유 - 현주가 너무 나만 자랑을 하여 영준이는 재미있어 하지 않았다.
3번 정답
이유 - 북한에도 대도시는 많이 있을 것 같고 북한 어린이들도 쉽게 놀이공원에서 놀 수 있을 것 같다.
차례 도입 목표 활동1 활동2 활동3 활동4 정리 대기

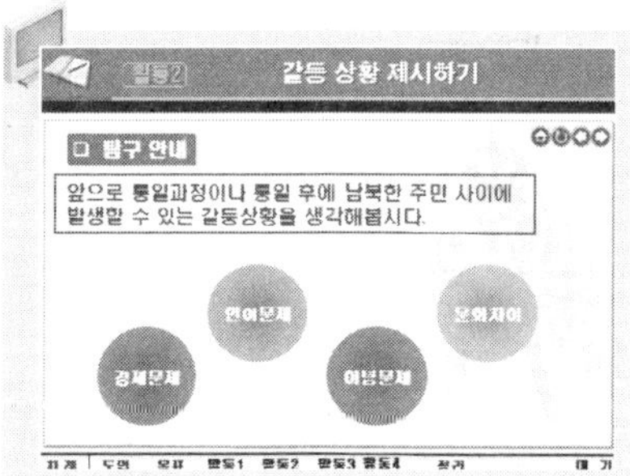
활동2
갈등 상황 제시하기
□ 탐구 안내
앞으로 통일과정이나 통일 후에 남북한 주민 사이에 발생할 수 있는 갈등상황을 생각해봅시다.
언어문제
문화차이
경제문제
이념문제

북한을 도울 수 있는 아이템 선정
□ 북한의 현실
차례 목표 도입 활동1 활동2 활동3 활동4 정리 대기

북한을 도울 수 있는 아이템 선정
□ 북한 지원품
어려움에 처한 북한 어린이와 청소년들에게 어떤 것을 보내주면 좋을가요? (브레인스토밍)
동화책, 격려의 편지, 바자회를 통한 지원 등
차례 도입 목표 활동1 활동2 활동3 활동4 정리 대기

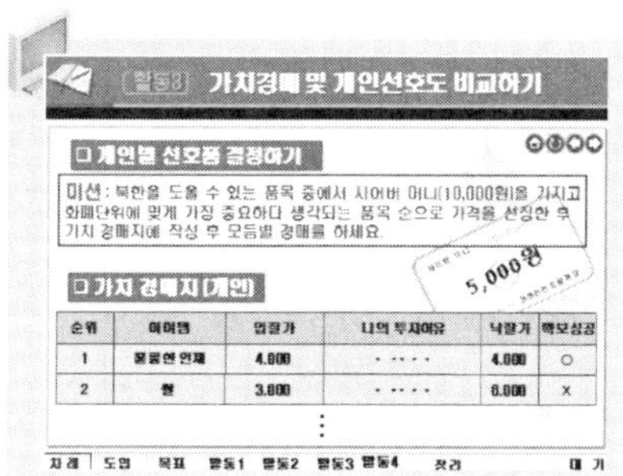
가치경매 및 개인선호도 비교하기
□ 개인별 선호품 결정하기
미션: 북한을 도울 수 있는 품목 중에서 사이버 머니(10,000원)을 가지고 화폐단위에 맞게 가장 중요하다 생각되는 품목 순으로 가격을 선정한 후 가치 경매지에 작성 후 모듬별 경매를 하세요.
5,000원
□ 가치 경매지(개인)
순위 아이템 입찰가 나의 투자이유 낙찰가 확보성공
1 4.000 4.000 ○
2 쌀 3.000 6.000 X
차례 도입 목표 활동1 활동2 활동3 활동4 정리 대기

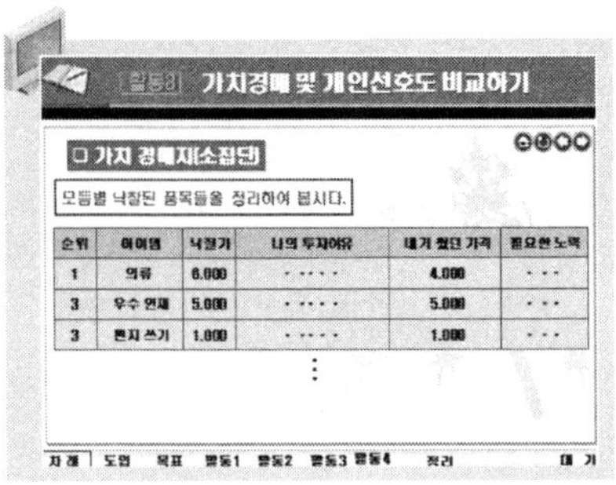

활동3 가치경매 및 개인선호도 비교하기
□ 가치 경매지(소집단)
모둠별 낙찰된 품목들을 정리하여 봅시다.
순위 | 아이템 | 낙찰가 | 나의 투자이유 | 내가 썼던 가격 | 필요한 노력
1 | 의류 | 6,000 | · ···· | 4,000 | · · ·
3 | 5,000 | · ···· | 5,000 | · · ·
3 | 편지 쓰기 | 1,000 | · ···· | 1,000 | · · ·
차례 도입 목표 활동1 활동2 활동3 활동4 정리 대기

활동3 가치경매 및 개인선호도 비교하기
□ 선호도 비교하기
□ 탐구안내
1. 확보한 것과 잃은 것 정리하기
2. 다른 사람과 차이가 나는 이유 이해하기
차례 도입 목표 활동1 활동2 활동3 활동4 정리 대기

활동4 북한을 돕기 위한 나의 노력
□ 실천항목 선정하기
모둠별 BSET1 선정 후 실천 계획안 작성하기
<Best 1 및 실천 계획안>
□1조 Best :
□실천 계획 :
차례 도입 목표 활동1 활동2 활동3 활동4 정리 대기

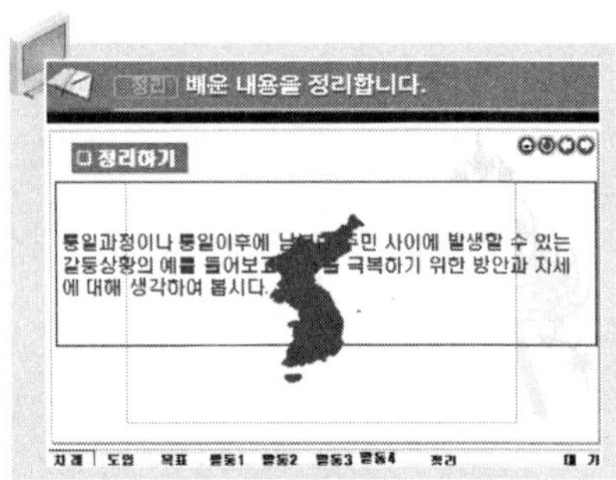

정리 배운 내용을 정리합니다.
□ 정리하기
통일과정이나 통일이후에 남북 주민 사이에 발생할 수 있는 갈등상황의 예를 들어보고 을 극복하기 위한 방안과 자세에 대해 생각하여 봅시다.
차례 도입 목표 활동1 활동2 활동3 활동4 정리 대기

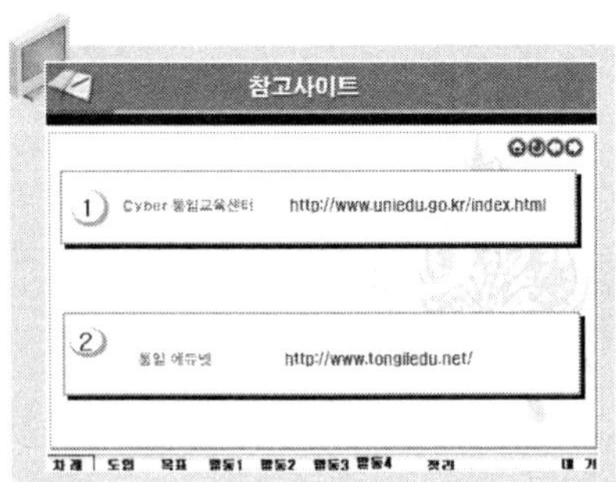

참고사이트
1 Cyber 통일교육센터 http://www.uniedu.go.kr/index.html
2 통일 에듀넷 http://www.tongiledu.net/
차례 도입 목표 활동1 활동2 활동3 활동4 정리 대기

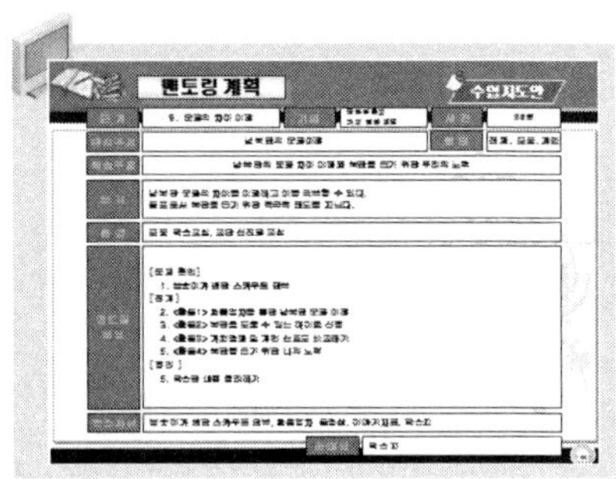

멘토링 계획
수업지도안

제6장

남한 청소년에 대한 교육

1 통일성과 다양성 간의 정교한 균형

남한사회의 학교 통일 교육은 동질성 제고 및 확대를 통한 민족공동체 의식 함양을 주요 목표의 하나로 설정하고 있다. 아울러 남한사회는 통일의 당위성을 한민족이라는 혈연과 문화적 동질성에서 찾아 그 동질성의 회복에 초점을 맞추었다. 한편으로 경제 성장을 하면서 남한사회는 불쌍하다, 촌스럽다는 동정과 우월감으로 북한을 지배의 대상으로 바라보기 시작했다. 또한 북한을 분단 이후의 반세기 이상 되는 긴세월의 역사성을 무시한, 분단 전의 원형과 전통의 고유문화가 간직된 것으로 본다. 민족 단결을 강조한 민족주의를 바탕으로 남한사회의 새터민에 대한 전반적인 시선은 한민족 공동체 의식이 강하게 뿌리잡고 있는 것이다. 남한사회는 이들의 적응 교육에서 '우리는 같다'는 것을 공공연히 강조하고 있다.

그러나 공식적인 수업 내용에서 나타나는 이러한 동질성의 강조는 새터민 아동들의 실제적인 학교생활과는 전혀 맞지 않는 이야기다(김영윤, 2002: 144-145). 즉, 이들은 학교생활에서 자신들이 남한 또래들과 많이 다르다는 것을 느낀다. 일상 용어의 쓰임이 다르고 교실의 모든 것들이 다르며 수업 내용, 선생님과 또래들의 행동 하나 하나가 다르다. 동질성보다는 다름, 이질적인 문화 요소를 경험하고 스스로를 구별하게 된다.

구별을 강화시키는 데는 특별학급의 영향도 있었다. 우리나라 교육 현장에서는 타문화의 아동들을 편입시키고 적응 교육을 실시하는 사례에서 특별학급의 개설이 시도되었고, 몇 곳을 연구 지정학교로 운영하였다. 그러나 남한 또래들과의 원활한 관계를 맺지 못하여 새터민 아동과 청소년들은 남한사회 적응 교육을 목적으로 하는 특별학급을 자신들만의 공간으로 만들었다. 그들은 남한 학급 아이들이 이 공간에 침입하는 것을 허용하지 않았다. 특별학급 공간은 스스로 남과 북 아동들의 뚜렷한 구별이 이루어지는 장소가 되었다.

동질성보다 문화적 이질성의 원인이 된 구별은 이들을 향한 주변의 시선들에 의해 좀 더 강화된다. 시선과 시각은 비교적 중립적인 행위로 보이기 마련이지만, 사실 그 안에는 권력과 접근, 통제관계를 담지하고 있다. '바라보다' 혹은 '보이기'라는 것이 불평등한 관계 속에서 차별받는 존재에게는 심한 폭력으로 자리잡을 수 있다. 새터민 아동과 청소년들을 바라보는 시선들은 남한사회의 다름에 대한 배타적인 태도와 북한, 새터민에 대한 고정관념에 입각한 것이다.

그 시선을 세 가지로 보면 첫째, 남한의 또래들은 새터민 청소년들의 외형적 차이를 의식한다. 나이에 맞지 않은 왜소한 체구, 신장과 몸무게에서 남북한 아동의 현저한 차이는 외형적으로 남북 청소년이 확연하게 구분되는 요소다. 이미 대중매체를 통해서 새터민들의 외형이 굶주림으로 인한 왜소한 체구로 이미지화되어 있기 때문에 남한 청소년들은 새터민 청소년들의 그러한 모습에서 자신이 가지고 있는 고정관념을 그대로 투영하려고 한다. 둘째, 교사들은 새터민 청소년들의 낯선 문화적 행동에 대해 부정적 인식을 갖는다. 새터민 청소년들은 남한의 규제와 규율에서 벗어나서 길들여진, 문화적 차이로 인한 행동을 많이 하게 되는데, 그럴 때 교사들은 무척 당황한다. 이들의 행동을 남한사회의 문화적 가치와 규범으로 보면, 문제아나 반항아의 일탈행동으로 규정하기 쉬운 것이다. 셋째, 지역 주민들은 새터민들이 우리 사회에서 아직 흔히 볼 수 없는 특별한 존재이기 때문에 호기심과 동정의 눈으로 이들을 대한다. 대중매체나 언론에서 보면, 새터민들은 귀순용사로서 영웅이고 특별한 존재다. 이에 비해 신비감과 호기심이 자리하고 있으며 또 한편 굶주림, 불쌍함의 이미지로 다가온 새터민들은 동정의 대상이 된다.

따라서 새터민들을 바라보는 남한의 구별 짓는 시선들을 보면 그들이 '우리와 다르다'는 것은 명백한 사실이고, 실제로 새터민 청소년들은 학교생활에서 문화의 다름을 경험하고 있다. 그러나 남한사회는 아직도 통일과 같은 공식적 담론에서는 문화적 동질성을 강조하는 이중성을 드러내고 있다. 남한사회는 항상 민족공동체 의식을 강화시키고 이들을 한겨레, 한 동포로 몰아가고 있는 것이다(김영윤, 2002: 145).

한민족은 반만년의 역사 속에서 단일 민족과 문화에 대한 자긍심을 지녀왔다. 분단 이전 한민족은 개개인의 상호작용을 통해서 사회제도를 형성했으며, 풍습과 관습 및 전통적 행태가 형성되어 하나의 생활 세계를 구성하였다. 그러므로 당시에 남북한은 동일한 생활 세계를 형성해 왔다. 그러나 분단 이후의 남북한은 철저하게 단절되어 양측이 지향하는 이데올로기와 지배적 구성원들에 의해 상이한 사회제도를 형성시켰으며, 이는 문화적 다름의 양상으로 표출되고 있다. 따라서 남북의 다름의 형성은 남과 북 사회의 공통적이고 동일한 모습이다.

> 어느 날 토끼가 거북이를 느림보라고 놀려대자, 거북이는 토끼에게 달리기 경주를 제안한다. 경주를 시작한 토끼는 거북이가 한참 뒤진 것을 보고 중간에 낮잠을 잔다. 잠에서 문득 깬 토끼는 거북이가 어느새 경주를 마쳤다는 사실을 깨닫게 된다.

우리가 잘 알고 있는 '토끼와 거북이'의 줄거리다. 우화의 끝에는 "천천히 그리고 꾸준히 노력하는 자가 승리한다."는 교훈이 제시되고 있다. 인생을 경주에 비교했고, 토끼는 게으른 인간, 거북이는 성실한 인간을 상징한다. 이 이야기는 초등학교 수업 시간에 토론 문제로 자주 인용된다.

다른 시각에서 보면, 이 이야기가 전하는 삶에 대한 패러다임은 경쟁과 승리의 삶과 이를 위한 성취로서의 삶의 과정이 암묵적인 전제로 깔려 있다. 삶의 실재는 타자 간의 경쟁과 승리에 기초하며 그것을 성취하기 위한 가치와 태도는 성실함이다. 우리의 판단과 행동에 하나의 패러다임이 전제되어 있고, 이 이야기를 듣고 성장하는 구성원들은 이러한 경쟁의 문화를 자신의 의식과 정서로 내면화하여 당연시하게 된다(박성용, 2002: 4-5).

그런데 중요한 암묵적인 전제에 아이들이 질문을 던진다. "선생님, 거북이가 불쌍해요. 왜 땅에서만 경주를 해야 하나요? 물에서 하면 더 쉽게 이길 텐데요." "선생님, 저는요 누가 지는 거 좋아하지 않아요. 땅에서는 토끼가 거북이를 업어 주고, 물에서는 거북이가 토끼를 업어서 같이 손잡고 우승하면 안 되나요?" 천진한 아이들의 질문 속에는 게임의 규칙이 공정한지(첫 번째 질문)를 묻고, 또 그 게임이 반드시 경쟁과 승리를 목표로 해야 하는지에 대한 정당성의 문제(두 번째 질문)를 제기한다. 누가 이 게임을 만들어 즐기는 것인가? 다민족 · 다문화를 지향하는 지구 촌락사회에서는 이 이야기가 담고 있는 당연한 전제와 가치관이 문제가 된다.

새로운 패러다임은 상호 의존과 공존의 게임에 대한 삶의 이야기를 만들어 내는 것이다. 즉, 새로운 삶의 이야기는 다음의 내용을 갖게 된다. 토끼와 거북이는 경쟁하기 위해 존재하지 않는다. 다름은 경쟁과 비교를 위해 있는 것이 아니라 나눔과 조화를 위해 있다. 차이가 배움의 기회를 제공하고-토끼가 뭍에서 업고 뛰기와 거북이가 물에서 업고 헤엄치기 - 이로 인해 서로의 삶의 기술(art of life)이 풍성해진다. 이러한 측면에서 교육은 토끼 민족/문화와 거북이 민족/문화가 만났을 때 승자-패자의 삶의 게임이 아니라 상생하는 삶의 게임을 즐기는 스토리텔링이라는 새로운 패러다임으로 전환된다.

다문화 교육의 중요한 지향점 중의 하나가 바로 이러한 측면이라고 볼 때, 상호 의존과 공존, 상생의 관점이 우리의 학교 통일 교육에 시사하는 바는 무엇일까? 사실 남북관계는 불신과 적대감에 기초하여 선과 악으로 선을 긋고 상대방이 없어져야 일체감이 이룩된다는 사고, 갈라진 두 개의 국토와 체제, 민족을 하나로 합치려는 노력을 하기보다는 자신의 체제 우월성을 높이려는 대결과 긴장의 상태로서 제로-섬(zero-sum) 경쟁관계를 형성해 왔다.

그런데 상대방의 문화에 대해 다양성의 관점에서 다름을 인정하고 존중하기보다는 적대감과 우월감으로 바라보면서 남쪽은 선이요, 북쪽은 악이라는 이분법적 사고에 기초한 학교에서의 통일 교육을 지속하다가 언젠가 통일을 맞이한다면 통일 한국사회는 어떤 모습이 될까? 서로 이해하지 못하는 가치관이나 행동, 생활습관, 노동문화 등이 서로 갈등하고 충돌하면서 기쁨과 환희 속에서 맞이했던 통일의 색은 바래지고 왜 우리가 다시 만났을까를 생각하게 될 것이다. 아울러 갈등과 충돌의 통일사회에서 힘들어하는 통일 당시 주역들이 이전의 세대는 왜 이런 것을 예측하고 준비하지 않았을까 하는 원망을 하게 된다면, 그리고 그 이전 세대가 우리라면 우리 중 누가 그 책임을 질 것인가?

이제 한편으로 동포이면서 다른 한편으로 경계 대상인 북한, 북한의 문화를 우리는 다문화 교육이 추구하는 상호의존과 공존, 상생의 관점에서 바라보려는 노력을 기울여야 할 것이다. 그리고 북한의 문화를 있는 그대로 보고 그것이 지닌 장점을 긍정적으로 이야기하면서 통일에 대한 보다 긍정적인 관점을 학습자들이 갖도록 노력해야 할 것이다. 또한 남한의 청소년들에 대한 학교 통일 교육은 민족적 동질성을 함양하는 교육적 노력이 필요한 동시에 새터민과 세계화로 한국인의 범주에 새롭게 편입되는 이질적 배경을 가진 사람들에 대한 다문화주의적 사고, 태도, 행동을 발달시키는 교육, 즉 통일성과 다양성 간의 정교한 균형을 모색해야 할 것이다.

2 새터민을 바라보는 시각 교정

남한에 거주하고 있는 새터민들은 60여 년간 정치 · 경제 · 사회 · 문화적으로 이질화된 북한 체제에서 살다가 여러 가지 이유로 목숨을 건 탈북 과정을 거쳐 남한으로 입국하였다. 새터민들은 가족과 친지들을 남겨두고 정든 고향을 떠나온 경우가 많은데, 그 때문에 남겨두고 온 가족 구성원들에 대한 그리움과 죄책감을 가지고 살아가고 있다. 또한 북한을 떠나서 제3국을 경유하여 남한으로 오는 과정에서 겪은 극한 상황들은 공포로 남아 심리적 · 정신적인 고통이 된다. 또한 언어, 사고방식, 행동양식, 학교교육의 내용과 학습 방법 등의 차이, 그리고 직업 능력의 부족으로 취업이 어려운 점, 이로 인하여 경제적 자립을 하지 못하는 등 남한사회에서 살아가는 데 어려움을 겪고 있다.

어려움을 겪는 새터민들이 남한사회의 구성원으로서 주체성을 가지고 능동적으로 삶을 영위하기 위해서는 국가 차원에서 이들의 심리적 · 정서적 안정과 남한사회 일상생활의 적응, 남한 교육 제도로의 편입 및 학습 지원, 취업을 위한 능력 계발 등에 많은 노력을 기울여야 할 것이다. 이러한 도움과 함께 남한 사람들의 새터민에 대한 이해와 관심, 배려가 있어야 할 것이다. 즉, 시민의식과 따뜻한 마음으로 그들을 바르게 도울 때 새터민들은 남한사회의 바른 시민으로 적응해 나갈 수 있다.

마찬가지로 새터민, 학생의 남한 학교 적응은 그들만의 노력으로 이루어질 수 있는 것이 아니다. 새터민 학생들은 학교에 편 · 입학하여 여러 선생님과 수많은 친구 혹은 선후배를 만나 상호작용하게 된다(서울초중등남북교육연구회, 2006: 13). 따라서 새터민 학생의 학교 적응을 위해서는 무엇보다도 남한 학생들의 새터민 학생에 대한 이해가 선행되어야 한다.

이를 위해서는 무엇보다 새터민들을 왜곡된 선입관이나 편견으로 바라보는 우리의 시선을 교정하는 것이 중요하다. 새터민은 헌법이 정하고 있는 대한민국 국민이며 우리의 동족이다. 그러므로 진정한 남과 북의 통합을 위해 서로의 문화 차이를 이해하고 그 차이의 미학을 발견할 줄 알며 남과 북의 다름을 긍정적인 자세로 받아들일 수 있어야 한다. 우리가 경상도, 전라도, 강원도, 충청도, 제주도 등 각 지방의 사투리를 사용하거나 듣는 것을 당연하게 받아들이고 함평 나비축제, 안동탈춤 국제페스티발, 전주 소리축제 등 각 지방의 독특한 문화를 있는 그대로 받아들이고 함께 향유하는 것처럼 북한 사람들의 언어나 문화도 북한 지역의 독특하고 소중한 문화로 자연스럽게 받아들이는 자세가 필요하다. 우리가 한 민족으로서 그들에게 필요한 남한사회의 삶의 방식과 문화를 가르쳐 주듯이 우리도 그들에게 북한사회의 삶의 방식과 문화를 배울 필요가 있는 것이다.

새터민에 대해 우리가 흔히 가지고 있는 잘못된 시각은 다음과 같다. 첫째, 북한의 생활방식과 사고방식은 무가치하다는 시선이다(박윤숙, 2002: 2-3). 즉, 북한에서 받은 교육과 특징적인 문화, 그 속에서 형성된 사고방식 등은 무가치하므로 남한사회의 교육, 문화, 사고방식으로 새롭게 태어나야 한다고 본다. 이른바 동화주의적 시각에서 북한에서 온 사람을 남한화시켜야 한다는 관점이다. 그러나 우리가 가지고 있지 못하는 바람직한 문화, 우리가 망각해 버린 사고방식, 경쟁을 통한 우수한 사람보다는 인내와 성실, 집단을 중요시하는 교육의 측면 등 긍정적인 부분이 있다는 것을 인식해야 한다. 둘째, 편하고 보수가 높은 직업을 원하지만 노력은 하지 않는다는 시선이다. 남한사회에서 직업을 갖기란 여간 어려운 것이 아닌데 새터민들은 노력은 하지 않고 편한 일, 보수가 높은 곳만을 선호한다고 생각한다. 남북의 삶의 양식이 다르듯이 직업 구조도 상당히 다르다. 이런 상황에서 남한에 온 새터민들이 직업을 갖는 것은 너무 어렵다. 그렇지만 대다수의 새터민들은 자신의 능력을 신장시키고 이에 맞는 일이 있다면 마다하지 않는다. 셋째, 새터민들은 무능할 것이라는 시선이다. 즉, 낙후된 북한사회에서 살다가 산업화된 자본주의 남한사회에 들어왔기 때문에 그들의 능력은 보잘것없다고 본다. 현재로서는 산업구조나 기술의 차이로 문제가 있을 수 있지만, 그들은 성실성과 열정적인 근로 의식을 지니고 있으며, 그 결과 초기에는 어려움을 겪지만 자신에게 필요한 직업 능력이 향상되면 그 열정과 성실성에 기반하여 상당히 가치 있는 결과를 산출한다.

따라서 우리는 다음과 같이 새터민에 대한 시각을 교정해야 한다. 첫째, 새터민들은 북한의 일인 독재 체제에서 탈피하여 자유를 찾아온 용기 있는 사람들이다. 새터민들은 목숨을 걸고 북한사회를 탈출 한, 일반인과는 비교할 수 없는 용기와 능력을 지닌 사람들이다. 이러한 특성을 하나의 자산으로 생각하여 더욱 발전시켜 새터민 자신은 물론 국가와 사회에 유익한 방향으로 활용하는 길을 모색해야 할 것이다. 둘째, 북한사회에서 교육받고 책임 있는 사회 성원으로 활동해 온 사람들이다. 그들은 북한사회에서 삶과 생활 배경을 가지고 있는 사람들로서 그들의 삶이 남한에 들어오는 순간부터 새로 시작되는 것이 아니라 북한사회에서 남한사회로 이주해서 연속적인 삶을 살게 되는 것으로 이해해야 한다.

3 새터민과의 작은 통일 연습을 위한 상호 이해

한반도 통일이 단순히 영토상의 통일이 아니라 '사람의 통일'이라는 측면에서 새터민 적응 문제는 다음과 같은 의미를 지닌다. 첫째, 통일이 이루어진 후 이질화되어 있는 남북한 주민들이 함께 살게 될 때 나타나게 될 사회 · 심리적 적응 문제들을 미리 볼 수 있어 문제를 예측하고 그에 대한 대책을 세울 수 있는 일종의 '예비실험적 성격'을 갖는다(전우택, 민성길, 1996). 둘째, 새터민들의 남한사회에의 적응 양상은 일반 남한 주민들의 새터민들에 대한 인상과 태도를 결정짓는 요인이 될 뿐만 아니라 북한 주민 전체, 북한 그리고 통일에 대한 태도와 입장에 영향을 준다.

물론 새터민들의 성향이나 생활 태도가 북한 주민 전체의 그것을 반영하는 것은 아니다. 그러나 통일 후 사회문화적 통합을 준비하는 과정에서 새터민 적응 문제에 대한 심도 있는 논의는 많은 도움이 될 것이라고 본다. 또한 이러한 새터민들의 부적응 요인 분석은 통일 후 재사회화를 위한 내용 설계의 기초를 마련해 준다고 할 수 있다.

북한사회는 그동안 사회주의 체제를 지향하면서 개인의 생각과 행동을 집단에 귀속시키는 집단주의 사상을 고취시켜 왔다. 따라서 북한에서 개인주의적 인생관은 곧 개인의 안일과 향락을 지상의 목적으로 삼는 삶과 동의어로 인식되어 타도 대상이었다. 이에 비해 그동안 남한사회는 상대적으로 개인주의 사상에 경도되어 왔다. 따라서 기본적으로 사회 체제는 개인의 자율적 성취와 자아실현이 중시되기 때문에 경쟁 체제가 된다.

남북한 주민 간에 나타나는 이와 같은 규범의 차이는 이상적 인간상에서도 차이를 보인다. 북한에서 생각하는 이상적 인간은 공동체 삶에 요구되는 덕목인 협동 · 순종 · 겸손 · 이타 · 인내 · 절세 · 화목 · 충성과 같은 자질을 갖춘 사람이다. 그러므로 인간적으로 '훌륭한' 사람, 즉 남을 위해서 희생할 수 있는 인격적이고 자기 수양적인 사람을 이상적인 인간으로 보았다. 한편 남한에서 생각하는 이상적 인간은 자아실현을 위해 요구되는 덕목인 개성 · 창의 · 합리 · 능률 · 자율 · 공정 · 책임 · 독립과 같은 자질을 갖춘 사람이다. 그러므로 뛰어난 사람, 즉 개성이 뚜렷하고 창의적이고 자아실현을 중요시하는 사람을 이상적인 인간으로 생각했다.

그런데 양쪽 체제에서 추구하는 인간상이 각자 생각하는 것처럼 그렇게 바람직한 자질만을 갖춘 것을 의미하지는 않는다(이수원, 1997; 전병재, 1994). 왜냐하면 한 체제에서 바람직한 자질이 다른 체제에서는 오히려 바람직하지 못한 자질로 부각될 수 있기 때문이다. 양 체제가 상이하게 빚어낸 이상적 인간은 강점과 동시에 약점도 갖고 있는 것이다. 양쪽 어느 것도 온전하게 이상적인 인간상은 아니다. 동시에 어느 한쪽이 다른 한쪽을 열등한 것으로 평가하고 버리기를 강요한다면 갈등은 확대된다. 따라서 남북이 통일로 가는 길목에서 많은 만남과 다가서기를 하면서 상호 이해를 통해 서로의 장단점을 변증법적으로 종합하여 새로운 인간상을 점진적으로 창출해 나가는 것이 바람직하다고 볼 수 있다.

서구사회의 교육학자와 심리학자들의 견해에 따르면, 일반적으로 공산주의와 계획경제 체제 아래에서 오래 살아왔거나 태어나서 성장한 후손들은 ① 심성이 순진하고 감상적이며 ② 사고가 단순하고 직선적이며 ③ 체력이 질기고 모질며 ④ 취향이 전체적이고 전투적인 장점을 지닌다고 한다. 반면, 단점으로는 ① 게으르고 무능력하며 ② 비창의적이고 비자발적이며 ③ 준법정신과 시민정신이 결여되어 있고 ④ 미래에 대한 예측 능력과 대비 능력 부족으로 자본주의 시장경제 체제 아래서 개인적으로 자립할 수 없는 치명적 결점을 지닌다고 한다(서동익, 1996).

이러한 측면은 북한 청소년의 성향 조사에서도 잘 나타난다(최현, 김지영, 1993). 즉, 그들의 성향은 주로 ① 단결력이 강하다 ② 침착하다 ③ 사리분별이 강하다 ④ 집단을 먼저 생각한다 ⑤ 맺고 끊는 것이 명확하다 ⑥ 임무에 충실하다 ⑦ 참을성이 강하다. 반면, 단점으로는 ① 자신의 의견을 잘 나타내지 못한다 ② 활달하지 못하다 ③ 생각하는 범위가 좁다 ④ 쾌활하지 못하다 ⑤ 자기주장이 약하다 ⑥ 과격하다 ⑦ 무례하다 ⑧ 위선적이다.

이에 비해 남한 청소년의 장점은 ① 자유롭다 ② 적극적이다 ③ 개성이 뚜렷하다 ④ 온순하다 ⑤ 예의바르다 ⑥ 다정다감하다 ⑦ 사교적이다

⑧ 융통성이 있다 ⑨ 꾸밈이 없다 ⑩ 적응력이 높다. 반면, 단점으로는 ① 이기적이다 ② 남을 잘 속인다 ③ 솔직하지 못하다 ④ 자기 생각을 잘 표현하지 않는다 ⑤ 시작한 일을 끝맺지 못한다 ⑥ 자기 임무에 충실하지 못하다 ⑦ 무례하다 ⑧ 의존적이다 ⑨ 나태하다.

이러한 성향들은 특히 앞에서 살펴본 새터민들의 부적응 실태 및 요인과 밀접한 관계를 가진다. 어느 정도 양 체제의 주민들은 서로가 공유해야 할 장단점을 지니고 있다. 이는 새터민들과 남한사회 구성원들이 분단 이후 서로 달라진 모습을 인정하고 서로 조화로운 삶을 일구어 가는 과정에서 매우 중요한 사실들이다. 그리고 이에 대한 이해와 서로 배우려는 마음을 갖는 것, 그것은 남한사회에서 새터민과의 작은 통일 연습을 위한 출발점이라고 할 수 있다.

4 남북한의 큰 통일을 위한 교육: 통일 교육의 다문화 교육적 접근

1) 다문화 교육적 접근의 필요성

남북이 만남과 화해, 평화 공존과 공동 번영을 위해서 무엇보다 필요한 것은 상대방 문화의 다름에 대한 인정이다. 반세기에 이르는 분단 상황 아래서 서로 다른 가치관과 생활양식에 맞추어 지내온 사람들이 만나면 도처에서 긴장과 갈등이 일어나고 크고 작은 오해가 빚어지게 될 것이다. 그러므로 학교 통일 교육에서는 서로 어떻게 같고 어떻게 다른지를 알아 나가는 것, 다를 때는 왜 다르게 되었는지를 이해하는 것, 서로 다름을 인정하면서도 배척하지 않고 공존하는 방법을 배우는 것, 그리고 이제부터 새로 함께 추구해야 할 일을 모색하는 것이 중요하다는 관점에서 다문화 교육(multicultural education)에 기초한 접근이 필요하게 된다.

이러한 점에서 앞으로의 학교 통일 교육은 반세기 이상 동안 서로 다른 이념과 체제 속에서 일구어 온 상이한 문화와 이질적 배경을 가진 사람들에 대한 다문화주의적 사고, 태도, 행동을 발달시키는 데 관심을 기울여야 한다. 즉, 자신의 문화를 기초로 다른 사회와 문화를 재단할 것이 아니라, 다름을 이해하고 공존의 관점에서 바라보는 다문화 이해의 시각을 통해 북한과 통일 문제를 이해시키는 교육이 필요한 것이다.

물론 학교 통일 교육에서 남북한 사회에 엄존하고 있는 민족적 동질성에 대한 인식을 통해 학습자들의 공동체의식을 함양하는 것도 필요하다. 과거 학교 통일 교육에서 북한의 단점을 드러내고 극심한 이질화를 주도했다는 편협한 인식을 심어 준 것을 극복하는 측면에서도 자라나는 세대의 동질성에 대한 이해는 중요한 의미를 갖는다. 그러나 여기에 유의해야 할 점이 있다. 우리가 일반적으로 이야기하는 남북한의 동질적 양상이란 동질적인 가치 체계, 예를 들어 가족주의, 유교문화, 연고주의, 집단주의, 민족주의 등을 말한다. 그런데 이러한 양상들은 기본적으로 방어적이고 배타적인 성격을 강하게 띠고 있다. 따라서 이질화의 길을 걸어온 남북한 주민들을 하나로 묶기보다는 오히려 서로를 배제하고 차별하는 결과를 가져올 수 있다는 것이다(윤인진, 2001: 15). 학교 통일 교육에서 동질성 함양 교육이 전적으로 문제가 되는 것은 아니지만, 남북의 신뢰와 화해에 기초한 문화적 교류와 협력, 그리고 문화 통합을 대비한다는 측면에서 볼 때, 다문화 교육적 접근에 기초한 상대방 문화의 다름의 이해와 인정, 그리고 공존의 노력을 기울이는 것에 주목해야 할 것이다.

일반적으로 통일사회를 이야기할 때 우리는 암묵적으로 북한에 비교해서 보다 다원주의적이고 자유민주주의를 지향하고 있는 남한이 기초가 되어야 한다고 생각한다. 이는 곧 북한사회를 남한사회화, 즉 남한사회를 기준으로 북한사회를 동질화시켜야 한다는 관점이다. 이 경우, 권력 면에서 우월한 어느 한쪽이 약한 다른 한쪽에게 자신들의 기준을 강요하게 되고 그 결과로 사회문화적 통합을 저해할 수 있다는 문제점이 있다. 결국 사회문화적 통합을 이루기 위해 시작한 동질화가 오히려 통합을 저해한다는 아이러니로 나타난다. 독일 통일의 경우가 바로 그러한 사례다.[7] 이러한 점에서 오히려 동질성이 강한 사회에서도 사회 통합이 잘 이루어지지 않는 경우가 있고, 이질적인 사회에서도 사회 통합이 이루어질 수 있음을 주목해야 한다(윤인진, 2001: 14－15). 예를 들어, 남한은 세계에서 유례 없이 민족, 언어, 가치 체계 등에서 동질적인 사회지만, 영남과 호남 간의 지역 갈등과 같이 사회문화적 통합을 저해하는 문제를 안고 있다. 반면 캐나다와 같은 다인종 · 다민족 사회에서는 사회문화 면에서 실로 다양한, 마치 모자이크와 같은 사회지만, 다문화주의가 사회 통합의 가치와 이념으로 그리고 구체적인 정부 정책으로 실천되면서 서로 다른 인종 · 민족 집단 간의 조화와 공존관계를 유지하고 있다. 따라서 학교 통일 교육에서는 동질성이 갖는 이러한 측면에 유념하여 민족공동체 의식 함양 교육을 시행해야 하는 한편, 문화의 다양성에 기초한 다문화 교육적 노력을 해야 한다.

---

7) 독일의 통일은 구동독을 전부 서독식으로 재편하는 방식으로 이루어졌다. 서독 출신들은 변한 것이 별로 없는데, 동독 출신들만이 서독의 체제와 제도, 기타 행위 양식을 배워야 했다. 그 과정에서 "구동독의 것은 모두 나쁘다. 서독의 것은 좋다."라는 식의 분위기가 형성되어 동독 출신들 간에는 과거에 대한 향수, 서독에 대한 반발이 형성되었다고 한다. '동독 정체성' 또는 '오스탈지(Ost＋Nostalgie)' 등의 동독 출신들의 감정은 통일 후 변혁 과정에서 자신들이 배제되고 인정받지 못하고 있다는 데서 발생한 저항적 지역정체성이다. 따라서 강한 어느 한쪽으로의 일방적 동질화는 결코 사회 통합에 이바지하지 않는다는 점을 인식해야 한다. 윤인진. "남북한 사회 통합 모델의 새로운 모색". 한국사회학회, 2001년도 춘계 특별 심포지엄 자료집(2001. 5.), p .14.

2) 다문화 교육적 접근의 장점

다문화 교육은 한 사회의 집단주의와 폐쇄성, 자문화 중심주의를 극복하게 한다. 이러한 측면에서 우리의 교육에 다문화 교육을 적용할 경우, 그 범위는 글로벌한 의식을 중심으로 삼을 수도 있고, 남과 북 사이의 문화 차이를 이해하는 교육을 중심으로 삼을 수도 있으며, 더욱 좁게는 남성과 여성, 계층이나 인종 등의 내적 차이에 중심을 둘 수도 있다. 어떤 점에 초점을 두든 다문화 교육의 목적은 자기 집단의 틀을 넘어 상대를 이해하는 감수성을 증진시키는 다양한 교육 활동을 포괄한다.

다문화 교육은 학교 통일 교육과 관련하여 중요한 의미를 갖는다. 우선, 남한과 북한 사회의 문화를 이해하는 데 어떤 관점에서 바라보고 있는가(전효관, 2002: 48), 남북한 문화의 이질성을 어느 입장에서 보고 있는가, 문화 통합을 어떤 관점에서 보고 있는가 등의 문제들에서 다문화 교육은 중요한 함의를 갖는다.

우리 사회에서는 남북한의 문화를 바라보는 데 두 갈래의 인식이 쟁점화되어 왔다(박상천 외, 1993: 13-15). 그 하나는 민족 내의 이질화 현상이 매우 심각하다는 견해다. 이는 분단 상황이 장기화됨에 따라 공산주의라는 이질적 사상 체계가 민족 간 위화감과 이질화를 더 심화시켰다는 인식에 기초하고 있다. 다른 하나는 동일 민족으로서의 정체 의식이 사상이나 이념 등으로 쉽게 변하지 않으며, 수천 년 동안 이어온 민족적 동질성이 단기간 내에 변할 수 없다는 견해다.

전자는 남북한 문화의 심각한 이질화를 북한이 사회주의 정치 체계를 건설한 점에서 찾고 있다. 즉, 남북한 문화의 극심한 이질화, 다름의 초래는 전적으로 북한이 주도하였다는 논리다. 따라서 이질화를 극복하기 위해서는 굴절된 문화를 전개해 온 북한의 문화를 온전한 남한의 문화가 극복해야 한다고 주장한다. 반면 후자는 반만년 한민족의 유구한 역사 속에서 형성된 문화에 비교해 볼 때 상대적으로 극히 짧은 60여 년의 분단 상황에서 형성된 문화적 이질화는 그 동질성에 비해 문제가 되지 않는다는 논리다. 남북한의 문화는 이질성보다 동질성이 강하며 따라서 동질성의 회복이 가장 중요한 일이라고 본다. 더욱이 이질화를 지나치게 강조하는 것은 서로 간의 신뢰 회복에 도움이 되지 않을 뿐더러 통합에도 저해 요인이 된다고 주장한다.

두 논리가 지닌 공통점은 반만년의 역사 속에서 남북이 분단되어 60여 년 동안 상이한 이념과 체제에서 서로 다른 삶을 일구어 오는 동안 전통적인 규범이나 관습을 포함하는 문화 부분은 동질성을 지니고 있으며, 이념과 체제적 측면의 이질성이 문화를 포함하는 다른 여타 부분에 영향을 주었다는 전제를 기초로 전개되고 있다는 점이다. 그리고 그 달라진 부분에 대해서는 북한에게 절대적인 책임이 있음을 주장한다.

그러나 자문화 중심주의를 극복하고 상대방 문화의 다름을 인정하는 다문화 교육적 시각에서 보면, 남북의 문화적 이질성의 형성은 남과 북 사회의 공통적이고 동일한 모습이다. 그 변화가 자본주의와 사회주의라는 제도와 구조적 차이에 기인하건 또는 근대화의 정도에 따른 결과이건, 사실상 남과 북은 서로 상대방이 달라졌다고 생각하는 만큼 자신도 달라졌다(이영희, 1993: 5-6). 즉, 남북한 문화의 다름의 측정을 남한의 현대를 잣대로 삼는 까닭에 문화의 모든 이질성이 북한의 현상으로 보이는 것이다. 여기에서 다문화 교육적 접근은 자신의 잣대로 상대방의 문화를 재단하는 것이 아니라 상대방 문화의 다름을 인정하고 나아가 이질화의 양상이 두 사회 모두에서 나타난다는 객관적인 판단을 도출하게 된다.

나아가 다문화 교육은 상대방 문화의 다름을 인정하는 것을 넘어서 그것을 존중하는 양식을 제시하고 있다. 예컨대 Feinberg에 따르면, 다름에 대한 존중을 불간섭주의(laissez faire), 제약으로서의 존중, 그리고 성찰의 계기로서의 존중으로 나누고 있다(W. Feinberg, 1990; 이기범, 2004:

14). 불간섭주의는 다름이 문제가 있음에도 불구하고 그 다름을 존중하지 않으면 해당 개인과 집단의 존재와 생존에 위협이 된다고 판단될 때 다름을 인정하는 경우다. 제약으로서의 존중은 상대의 다름이 무엇이고 그 성격이 어떠한지 잘 모를 경우, 그것에 대한 판단을 유보하고 다름을 표현하게 허용하고 일단 존중하는 것으로서 나의 행위를 다름이 제한하는 경우다. 마지막으로 다름을 접함으로써 자신을 성찰하여 존중하는 경우다. 즉, 이 형태의 존중은 신뢰를 가지고 상대방의 다름이 근거 있는 다름이라고 가정하고, 그 거울을 통하여 자신을 성찰하여 스스로의 의견을 수정하고 확대하는 태도를 일컫는다.

학교 통일 교육에서 다문화 교육이 갖는 또 다른 장점은 문화의 다름을 인정하고 존중함으로써 서로의 문화를 더욱 풍부하게 한다는 데 있다. 최근 학교 통일 교육에서는 '다름을 인정하고, 같음을 확대 창조하는 능력을 배양'하자는 주장이 주목을 받고 있다. 과거 반공 교육의 획일성, 승공통일의 폭력성에 비해 보면, '다름을 인정'하자는 이 주장은 통일에 대한 우리사회의 진전된 의식을 보여 준다. 남북한 간의 '다름(difference)'은 할 수 없이 인정해야 하는 역사의 짐이 아니라, 경우에 따라서는 더욱 풍부한 사회와 문화를 만들어 낼 수 있는 '다양성(diversity)'의 자산으로 파악할 수 있다는 것이다(이향규, 2001: 26－28). 따라서 우리에게 주어진 과제는 다양성 속에서 통일성(unity in diversity)을 이룩하는 것이라고 본다. 이는 평화로운 사회 건설과 전혀 배치되지 않으면서 오히려 사회 구성원의 사고방식과 문화적 향유를 풍부하게 할 것이라고 보는 입장이다.

대부분 우리는 남북한의 문화적 동질성과 이질성을 논할 때 '전통적 측면에서의 동질성과 이념 및 체제적 측면에서의 이질성'이라는 단순 논리에 의거하여 왔다. 그러나 전통적 측면에서만 동질성이 있는 것도 아니요, 이질적인 측면이 있다고 해서 반드시 민족 통합에 저해가 되는 것도 아님을 유념해야 한다. 같음은 사람 간의 대화의 물꼬를 틀 수 있다. 다름은 서로를 돌아볼 수 있게 한다. 이는 학교 통일 교육에서 같음과 다름을 이해할 줄 아는 능력이 중요하다는 단초가 된다.

이러한 관점에서 다문화 교육적 접근을 취하는 학교 통일 교육은 단순히 전통적 동질성에 대한 확인에 머물지 않는다. 그것은 서로가 다름에도 협력할 경우 단순한 합 이상의 결과가 나올 수 있는 사례를 발굴, 교육한다. 우리는 남북한의 문화예술 부문에서 '긍정적 다름'을 많이 볼 수 있다. 따라서 다문화 교육직 접근의 통일 교육에서 민족공동체 의식 함양 교육은 기존의 단순한 전통적 동질성 논의를 넘어서 적극적인 민족공동체 의식을 지향한다.

예컨대, 남북이 서로 다른 길을 걸어오면서 애니메이션 또한 다른 방향을 지향해 왔다. 우리의 경우 디즈니류의 영향을 받아 선이 뚜렷하고 때로는 각이 진 느낌이 들기도 한다. 이를 흔히 유화톤이라고 한다. 반면 북한의 경우는 유럽 애니메이션의 영향을 받아 선이 부드럽고 장면들이 수채화 같은 인상을 준다. 이를 흔히 파스텔톤이라고 한다. 통일이 된다면 어떻게 될까? 유화톤과 파스텔톤의 창조적인 결합을 통해 전 세계적으로 독창적인 애니메이션을 만들어 낸다면, 이것은 국제적인 경쟁력을 갖게 될 것이다. 즉, 문화적 선진국으로 가는 데 기여할 뿐만 아니라 외화로서 우리에게 돌아온다는 것이다.

이것은 남북의 '긍정적 다름'이라 할 수 있는데, 특히 문화예술 분야에서 우리는 긍정적 다름을 많이 볼 수 있다. 예컨대 음악의 경우, 북한 민족음악의 역사 원칙은 민족 전통음악을 복원하고 보존하되, 역사 주체인 인민대중들의 현대적 미감을 중심적인 근거로 삼고 발전시키는 데 있다. 여기서 우리는 북한의 민족음악에서 현대적으로 발전시킨 민족음악은 풍부하게 발전하였지만, 바로 그 역사 원칙 때문에 민족 전통음악의 기반이 약할 수밖에 없음을 알 수 있다. 바로 이것이 남한의 음악과 만나야

비로소 진정한 발전을 도모할 수 있게 하는 점이다.

북한 음악에서 새로운 악기를 개량하여 실제 음악계에 적용, 활용하고 있는 점은 긍정적 다름의 측면에서 주목할 만한 것이라고 할 수 있다. 여기서 북한의 개량악기가 지니고 있는 특성은 전통음악 연주는 물론 서양음악도 연주할 수 있도록 한 점, 전통악기와는 달리 배음과 음량이 풍부해져 합주할 때 저음이 풍부하고 음량이 확대되며 독주악기로도 활용할 수 있도록 한 점, 독주 때 전통악기보다 기교를 더 부릴 수 있게 된 점, 서양식 관현악단과 배합(전체 또는 부분 배합)이 이루어져서 함께 편성(배합관현악)될 수 있도록 한 점 등이다.[8)]

학교 통일 교육에서 다문화 교육적 접근이 갖는 또 다른 장점은 통일을 결과로 보기보다는 '과정'으로 보려는 유연한 자세를 취한다는 것이다. 분단 상황에서 고착된 냉전 문화를 탈피하고 남북한 간의 평화 공존과 화해 · 협력은 바로 통일의 한 과정이다. 그러나 성급하게 1민족 1국가 체제를 만드는 것에만 치중하면 어떤 이념과 체제로 통일하는 것이 바람직한 것인가에 대한 논의가 주류를 이루게 된다(추병완 외, 2002: 16). 그렇게 되면 현실적으로 어느 한쪽의 일방적인 논리에 바탕을 둔 통일이 될 수밖에 없으며, 그 사회의 기존 이념과 가치관이 주도권을 갖게 되어 다른 한쪽은 수동적인 동화의 대상이 되어버리고 만다. 그 결과 동시에 주도권을 가진 사회의 내적 모순 구조는 은폐되기가 쉽다.

'과정'으로서의 통일을 중시하는 다문화 교육적 접근은 학교 통일 교육에서는 '하나가 되는 것'에 얽매이지 않고, 우선 남북한이 오랜 분단 체제 속에서 고착된 전쟁의 위협에서 벗어나 서로 공존 공영하는 방법을

---

8) 예컨대, 개량 단소나 옥류금의 경우를 들 수 있다. 노동은(1996). 노동은의 음악상자. 서울: 웅진출판사, pp. 230－231; 전영태(1992. 4.). 민족적 대서사시 창출을 위한 준비작업. 문학사상, pp. 315－316; 이외 긍정적 다름에 대한 구체적 논의는 오기성(2001). "남북한 문화의 '긍정적 다름'이 통일 교육에 주는 함의 연구". 통일정책연구, 10(1), pp. 124－134 참조.

강조하게 된다. 즉, 통일 정책이나 북한 체제 비판에 초점을 맞추었던 통일 교육에서 탈피하여, 분단으로 인한 폐해의 자각을 통하여 평화 통일의 필요성과 중요성을 깨닫게 하고, 냉전적인 분단 의식을 극복하려는 자세와 태도를 형성시키는 데 초점을 맞추게 된다. 또한 우리사회 내부의 구조적 모순을 타파함으로써 구성원들 모두 인간다운 삶을 영위할 수 있는 조건의 창조를 강조하게 된다. 특히, 우리사회 내부에서 평화의 문화를 만들어 가려는 의식과 능력의 제고는 통일을 향해 가는 과정에서 일어날지도 모를 한반도 전체의 사회 · 심리적 갈등 및 부조화를 해결할 수 있는 능력으로 연결될 수 있음을 주목해야 한다. 그러므로 '과정'으로서의 통일을 중시하는 다문화 교육적 접근은 우리사회 내부에 깊이 자리 잡고 있는 반북 의식 · 냉전 문화를 극복하고 문화적 다양성을 인정하면서 남북한의 공존공영 · 화해 · 협력의 문화를 창출할 것을 강조한다(추병완, 2003: 11-12). 그럼으로써 다문화 교육적 접근은 한민족이 체제의 통일을 이룬 후 심리적 통합을 이루어 나가는 과정에서 갈등을 최소화하기 위한 문화적 준비, 즉 삶의 통일을 준비한다. 여기에는 서로의 다름을 이해하는 것, 왜 다른지 인식하는 것, 다름을 인정하는 것, 공존하는 것, 서로 함께 도움을 줄 수 있는 것 등을 탐구하는 것이 포함된다.

다른 한편으로 학교 통일 교육에서 다문화 교육적 접근을 취할 경우 우리가 주목해야 할 긍정적 측면은 통일 교육의 방법이다. 무엇보다 주목할 만한 방법은 서로 다른 문화 속에서 생활을 영위해 온 사람들이 만났을 때 오해와 갈등, 긴장을 경험하게 되는 문제들을 해소하는 데 중점을 두는 문화 이해지를 들 수 있다.[9] 문화 이해지는 서로 다른 문화권의 사람들과의 만남이라는 상황을 설정하여, 상대방이 우리의 행동을 어떻

9) 정진경(2001). 남북 문화 이해지를 활용한 남북 상호 이해 교육. 통일교육원 학교통일교육과정 강의안 참조; 오기성 외(2000). 통일교육 교수법과 그 실제. 서울: 통일부 통일교육원 참조.

게 이해할지, 그리고 우리는 상대방의 행동을 어떻게 이해해야 할지를 배우는 데 유용한 방법이다. 분단 반세기 동안 서로 다른 이념과 체제 속에서 삶을 영위해 온 사람들이 편견과 선입관을 버리고 서로의 행동과 문화를 이해하고 존중하는 가운데 문화적 감수성을 함양하는 데 큰 도움을 줄 수 있다.

최근 학교 통일 교육은 지역사회의 축제와 연계되어 문화 행사로 이루어지는 형태가 하나의 흐름으로 자리잡고 있다. 교실에 앉아서 듣는 고답적인 형태에서 벗어나 통일 문화 형성을 위해 참여하는 교육, 실천하는 교육, 문화 축제처럼 즐길 수 있는 교육의 형태로 변모해 나가고 있다. 이는 전전 세대, 전후 세대뿐만 아니라 가족 모두가 함께 참가하여 실천하고 즐김으로써 통일 의지를 고양시키는 데 있어 좋은 교육적 성과가 기대된다.[10] 또한 지방자치단체가 주관하는 북한, 통일 관련 문화 행사도 활기를 띠고 있다. 예컨대, 경기도 파주시의 통일 문화 행사, 의정부시의 통일 예술제가 그 대표적인 사례다(평화문제연구소, 2004: 82-83). 통일을 테마로 하는 문화 예술 행사는 다가가기 쉽지 않은 통일 문제를 지역 주민들과 청소년들이 직접 참여하여 체험함으로써 북한의 문화를 인정하고, 이를 토대로 올바른 통일 의식을 형성하는 데 기여한다는 점에서 긍정적인 평가를 받고 있다. 따라서 다문화 교육적 접근을 수용할 경우 학교 통일 교육은 학습자가 자발적으로 참여하면서 즐기는 가운데 느끼는 이러한 방식의 통일 교육을 적극 수렴해야 할 필요가 있다.

다문화 교육에서 역할극을 효과적인 교육 방법으로 여기듯이 학교 통일 교육에서도 기존의 역할극/역할놀이뿐만 아니라, 결론이 유보된 짧

---

10) 예컨대, 한국여성단체 협의회가 개최했던 여성 통일문화한마당이나 민주평화통일자문회의 지역협의회의 특화사업, 지역통일교육센터의 사업 등이 그 예라고 할 수 있다. 이러한 유형의 통일교육은 전전 세대, 전후 세대, 386세대, 청소년 등이 모두 참가하여 북한의 문화에 대해 진지하게 생각하면서도 능동적으로 참여하여 체험할 수 있는 교육 프로그램으로 구성되어 있다.

은 극으로서 스킷 드라마(Skit Drama)의 형식을 빌린 통일 화해극을 활용하는 것도 의미가 있다. 5명 정도가 한 팀이 되어 설정된 상황에 따라 역할을 설정, 시연해 보는 것으로서 설정할 수 있는 상황의 사례는 사회제도, 교육, 결혼, 방송, 문화재, 군대 등이다(오기성 외, 2000). 결혼의 경우를 예로 들면, "빈부, 학벌, 인맥, 학맥 등이 중시되는 우리사회에서 남북의 격차를 넘은 연애와 더 나아가서 가정이 이루어질 수 있을 것인지? 이들의 연애와 결혼에 대한 각 가정의 시각 차이는? 동서독은 청춘남녀가 언어도 안 한다는 말도 있는데……. 어떤 해결책이 우선되어야 할지?"와 같은 상황이 제시된다. 스킷 드라마는 가장 빨리 그리고 정확하게 청중들과 동일시할 수 있다는 장점을 가지며 매우 단순하기 때문에 쉽게 접근할 수 있다. 전체적으로 시간은 5~7분 전후가 바람직하다. 이 드라마에서는 무대장치나 소품을 거의 사용하지 않는다. 학습자들은 드라마가 끝난 후 남쪽에서 생활하는 우리들이 새터민의 입장을 어느 정도 이해하고 있는지를 확인해 볼 수 있다.

북한의 문화를 이해할 수 있는 방법으로서 가상 체험 학습 형태의 북한 가계부 쓰기, 북한지역 사회생활 체험하기 등을 들 수 있다. 북한 가계부 쓰기는 남북한 가정의 상황을 알리는 테마가 세 가지 제시되고, 이 상황에 기초하여 가계부를 작성하는 것이다. 가계부 작성을 위해 북한의 임시징 가격 동향, 노동(취직 문제), 저축, 대출, 주택 사용료, 생필품 공급, 기타 제품의 공급 및 일반 판매에 대한 자료가 주어진다. 주로 남한 주민이 북한 가정의 구성원의 입장에서 가계부를 작성하는 가상 체험 과정을 통해 북한 주민들의 경제생활과 문화를 체험해 보는 방법이다. 북한지역 사회생활 체험하기는 북한 사회생활 체험으로서 북한지역에 살고 있는 사람이 평양 방문 체험을 하는 방법이다. 먼저 평양에 가고자 하는 북한 사람의 현재 상황이 세 가지 정도의 테마로 제시된다. 아울러 여행을 위해 필요한 정보로서 북한의 철도망 현황, 도로 현황, 여행증명서 등이 제시된다. 그리고 자료를 기초로 학습자들은 여행 준비 단계, 실행 단계, 여행 목적 달성에 대한 보고서를 제출한다.

보다 직접적인 체험 학습으로는 홈스테이를 활용, 새터민 청소년들을 자신의 집으로 초대하여 남북의 가정 환경, 식사, 문화 등을 같이 나누도록 하는 것이 있다. 그럼으로써 동질성과 이질성을 체험하고 통일을 위해 어떤 준비와 태도가 필요한지 학습할 수 있을 것이다. 또한 새터민 가정 학생과 일반 학생이 서로 협력하여 공동의 목표를 달성하는 협동 학습, 다양한 주제를 중심으로 타문화를 접할 수 있도록 하는 주제 중심 학습 등이 있다. 아울러 북한 관광 체험하기 차원에서 북한지역 백지도를 모둠별로 해당 시도를 선택하여 그곳을 여행하기 위한 교통편, 숙식, 문화유적 체험 등의 관광 프로그램을 만들고, 팸플릿 완성하기 등이 있다.

이와는 달리 남한사회에서 생활하면서 학교에서 다른 사람을 이해하고 존중하기를 통해 상대방의 가치관이나 생각, 성격, 생활양식 등을 존중할 수 있도록 하는 방법이 있다. 즉, 사람이 각기 다른 성격과 모습과 생각, 생활양식이나 문화를 가진다는 것을 알고, 이를 서로 존중하며 더불어 지낼 수 있도록 하는 지도 방법이다. 친구와 사이좋게 지내는 것은 사람이 서로 다르다는 점과 이에 대한 존중 및 조정을 종합적으로 경험하는 기회가 된다(김영옥, 2002: 23). 또한 장애인이나 어려운 일에 처한 사람을 이해하고 수용하는 태도를 가질 수 있는 지도 방법도 다문화 교육적 접근의 통일 교육에서 의미가 있다.

부록

새터민 아동, 청소년 대상 멘토링 사례

1. 멘토링에 참여한 새터민 멘토들의 특성
2. 멘토링 사례
3. 새터민을 바라보는 남쪽 멘토의 시선 변화

경인교육대학교 특성화사업단 C－멘토링 팀에서는 2년간에 걸쳐 새터민 아동, 청소년을 대상으로 멘토링을 실시하였다. 2007년에는 인천광역시 삼산복지관 새터민 자녀들을 주요 대상으로, 2008년에는 인천광역시 장도초등학교 새터민 초등학생을 대상으로 실시하였다. 여기에서는 주로 2차에 걸쳐 실시한 멘토링 과정에서 경험한 생생한 사례를 멘토들이 작성한 보고서를 통해 소개하고자 한다. 주요 내용은 멘토의 특성, 멘토링 사례(창의성 멘토링, 한글 학습 멘토링, 영어 등 교과 학습 멘토링), 새터민을 보는 남쪽 대학생 멘토의 시선 변화 등으로 범주화하였다.

1 멘토링에 참여한 새터민 멘토들의 특성

멘토링에 참여한 멘티의 특성은 주로 학업 수준, 가정환경, 생활 태도, 학습 태도 등이 제시되고 있다. 이를 통해 특히 우리는 새터민 아동과 청소년이 남한의 학교생활에서 겪는 어려움을 공감할 수 있을 것이다.

1) 멘티 A의 현재 모습

↘ 학업 수준

처음 안내받았을 때는 한국어를 전혀 못한다고 들었는데, 어려운 말을 제외하면 말귀를 많이 알아듣는 편이고, 단편적인 단어는 곧잘 말하는 편이다. 한글 공부를 할 때 읽고, 쓰기는 곧잘 하는 편이었다. 첫날에 어머님이 오셔서 데려갔는데, 집에서 한글 과외를 받고 있다고 들었다.

↘ 가정환경

민감한 사항이라 자세한 걸 물어보진 않았다. 어머니는 직접 뵈었고, 언니와 동생이 있다고 한다. 가족에 대해서 말하는 것을 꺼려하는 듯했다. 내가 맡은 ○○은 그러지 않았는데 다른 아동은 제공해 준 점심 도시락을 먹지 않길래 이유를 물어보니, 집에 가면 저녁 때까지 엄마가 안 계셔서 배고프기 때문에 집에 가서 그 도시락을 먹고 싶다고 했다. 옷차림만으로는 생활이 어려워 보이지 않는데, 초등학교 1학년인데 먹고 싶은 것을 참는 모습이 안쓰럽게 느껴졌다.

↘ 생활 태도

○○은 말수가 적은 편이고, 학습할 때는 열의를 보이며 열심히 하는 편이다. 창의성 멘토링 때에는 멘토가 해 주는 것보다 스스로 하려는 의지가 많이 보였다. 안내받을 때 담당 선생님께서는 새터민 아이들이 시간 약속을 잘 지키지 않는 경향이 있다고 하셨는데, 우려했던 것과는 달리 대규모 지각이나 결석은 없었다. 하지만 내 담당 아이도 연락이 되지 않은 상태로 하루를 결석해서, 다음 날 물어보니 뚜렷한 이유를 말하지 않았다. 멘토링 활동을 재미있어하는지 멘토링 시간 훨씬 전에 오는 아이들이 많았는데 담당 선생님께서는 변화된 모습이라고 하셨다. 또한 보통 때는 발표도 안 하고 존재감 없이 조용한 아이들인데, 선생님들과 교류를 많이 하고 관심도 받으니 평소 때 보지 못했던 모습들을 많이 볼 수 있다는 말씀도 해 주셨다.

2) 멘티 B의 현재 모습

↘ 학업 수준

모르는 용어들이 상당히 많아서 멘토의 설명을 잘 이해하지 못하는 경우가 많았다. 때문에 용어에 대한 설명도 함께 해야 했다. 용어를 이해한 후, 놀이 규칙 혹은 만들기 과정 등 멘토링 내용을 이해하는 데 어려움은 없었다. 수학에서는 덧셈, 곱셈이 다소 속도가 느리고 헷갈려 하기도 했지만 시간을 좀 더 주면 바르게 계산하였다. 숙련되기 위한 연습이 필요할 것 같다.

↘ 가정환경

탈북자 자녀들에게는 민감한 사항일 수 있으므로 묻지 않았으나 담당 선생님의 말씀으로는 대개 편부모 가정의 아이들이 많다고 한다. 특히 엄마와 단둘이 사는 경우가 많았다.

↘ 생활 태도

멘토의 지시사항을 대체로 잘 따라주었다. 멘토링 과정도 흥미를 가지고 참여했던 것 같다.

3) 멘티 C의 현재 모습

↘ 학업 수준

여덟 살로, 1학년 학생이다. 북한에서 유치원인 하나원에 다녔다고 한다. 숫자를 읽고 쓸 줄 알며 시계를 볼 줄 안다. 한글은 쌍사음이 들어간 글자를 간혹 잘못 쓸 때가 있다. 한글을 읽는 데에는 어려움이 없다. ㅐ와 ㅔ, ㅔ와 ㅐ 등의 모음 구분을 명확히 한다. 전날 한 멘토링을 하나도 안 빼먹고 기억하는 걸로 보아 상당히 머리가 좋은 학생이다.

단지 한글을 또래 아이들만큼 잘 몰라서 학습 부진아로 오인받지 않도록 담당 멘토의 세심한 배려와 관심이 필요한 것 같다.

↘ 가정환경

아버지와 어머니 그리고 동생 3명과 함께 살고 있다. 그리 넉넉한 편은 아닌 듯하나, 웃기도 잘하고 말도 잘하고 장난도 잘 치며 구김살이 없다. 돌아가신 할머니를 상당히 많이 그리워한다.

↘ 생활 태도

밝고 장난도 잘 치며 예의도 바르다.

내가 얘기한 것들을 그대로 기억하는 머리가 좋은 아이다. 아침을 거르고 학교에 오며, 고기로 만든 반찬을 먹지 못하고 밥을 먹을 때 김치하고만 먹는다.

4) 멘티 D의 현재 모습

↘ 학업 수준

아홉 살로, 1학년 학생이다. 중국에서 살다 왔다고 한다. 숫자를 읽고 쓸 줄 알며 시계를 볼 줄 안다. 한글은 무난히 읽고, 쓸 수 있다. 그림을 상당히 잘 그리며 영어 학원도 다닌다고 한다. 그림을 잘 그리는 것으로 보아 앞으로 미술을 계속한다면 상당히 발전이 클 것으로 기대된다.

중국에서 살다 왔기 때문에 한글을 또래 아이들만큼은 잘 모르지만, 똑똑한 아이다. ○○이 역시 학습 부진아로 오인받지 않도록 담당 멘토의 세심한 배려가 필요한 듯하다.

↘ 가정환경

아버지, 어머니와 함께 살고 있다. 그리 넉넉한 편은 아닌 듯하나, 명랑하고 말도 잘하고 춤도 잘 추고 노래도 잘 부르며 활달하고 구김살이 없다.

↘ 생활 태도

명랑하고 노래도 곧잘 부르며 그림도 잘 그리고 예의가 바르다. 아침을 거르고 학교에 오며, 밥을 먹을 때 반찬을 골고루 먹지 않는다.

5) 멘티 E의 현재 모습

↘ 학업 수준

열 살로, 2학년 학생이다. 중국에서 태어나서 아홉 살 때까지 자랐다고 한다. 중국에서 학교를 다녔기 때문에 한글을 아직 잘 모른다. 쉬운 한글은 읽고 쓰지만, 좀 어려운 한글은 읽고 쓸 줄 몰라서 학교에서는 학업 수준이 모자란다고 생각하는 듯했다. 하지만 관심 있게 한글을 지도해 준다면 상당히 잘 따라올 듯하다. 그리고 그림을 그리는 수준과 만들기를 하는 수준이 상당히 높다. 고학년 수준으로, 앞으로 미술을 꾸준히 할 수 있도록 학교에서 관심을 가지고 지도해 주었으면 한다.

중국에서 태어나 중국에서 자랐기 때문에 열 살이지만 한글을 거의 모른다. 그렇다고 ○○가 공부를 못하는 아이도 아니고, 학습 부진아도 아니다. 그림 실력이 상당히 뛰어난 것으로 보아 머리가 좋은 아이이다. 앞으로 담임 선생님의 세심한 관심이 필요한 듯하고, 뛰어난 미술 감각과 재능을 썩히지 않도록 담임 선생님과 주변 사람들이 도와주었으면 한다.

↘ 가정환경

어머니, 할머니와 함께 살고 있다. 중국에 언니와 큰아버지가 계신다고 한다. 어머니가 저녁 때 일을 하신다고 했다. 관심을 보여 주고, 친해지면 말도 곧잘 한다.

↘ 생활 태도

조용한 성격이고 꼼꼼하다. 그림을 상당히 잘 그리고, 손재주가 뛰어난 아이이다. 밥을 잘 먹지 않아 또래보다 작은 편이다.

6) 멘티 F의 현재 모습

↘ 학업 수준

받침이 없는 글자나 간단한 문자를 읽을 수 있다. 기본적으로 학업에 관심이 적으며 미술이나 체육 등 활동적인 교과를 더 좋아한다. 공부에 한번 흥미를 느끼면 스스로 하는 능력이 뛰어나지만, 흥미 자체가 없기 때문에 흥미를 유발하기 위해 많은 시간이 필요하다.

↘ 가정환경

부모님의 관심을 다소 많이 받은 듯하다. 무엇을 하겠다고 하면 가정의 지원이 잘되는 편이다. 잘 웃고 말도 조리 있게 잘한다. 밝은 집안 분위기의 영향을 받은 것 같다. 중국에 있는 할머니를 많이 생각하고 있어 멘토링 중간 중간 이야기를 할 때가 많다. 엄마의 성격이 밝으셔서 이웃과 많이 친하여 엄마 친구의 자녀들과 많이 친한데, 이것이 아이의 학교생활에 긍정적인 영향을 미치는 듯하다.

↘ 생활 태도

보통의 친구들과 비슷한 생활을 하고 있다. 예쁜 외모를 가지고 있는 사람이나 외모에 관심이 좀 많고, 이성에 관심이 많은 평범한 학생들과 비슷한 생각을 가지고 있다. 사교성이 좋으며 말을 조리 있게 잘한다. 가지고 있는 재능이 다양하여 관심을 끌 때가 많다. 솜씨가 좋고 야무지다. 사교성이 좋아 친구들에게 인기가 많다.

7) 멘티 G의 현재 모습

↘ 학업 수준

같은 학년의 보통 아이들에 비해 한글을 읽고 쓰는 능력이 낮은 것을 느꼈다. 말은 곧잘 알아듣고 말도 잘하지만, 단어 구사력이 낮고 억양이 조금 특이했다. 담당 선생님께서는 아이들이 평소 학급에 섞여 있을 때는 대체로 내성적이고, 참여율이 낮다고 하셨다. 처음 만났을 때에는 낯을 많이 가리다가 시간이 지나고 친해지면서 보통의 아이들처럼 생활하는 모습이었다.

↘ 가정환경

아이들에게 직접적으로 가정환경을 물어보면 혹시 상처가 될까 봐 자세히는 묻지 않았지만 대체로 부모님이 맞벌이를 하시거나, 아침 일찍 일을 나가셔서 늦게 들어오시는 것 같았다. 담당 선생님께서는 대부분의 아이들이 형편이 넉넉지 않아 학교에서 많은 지원이 나온다고 말씀하셨다.

↘ 생활 태도

일주일간 생활하면서 다른 친구와 장난도 치고 싸우기도 하는 모습을 보았다. 지난 학기 실습을 나갔을 때도 1학년을 맡았었고 이번 멘토링에도 1학년 아이들을 맡아서 그 모습들을 비교해 볼 수 있었다. 겉모습만으로는 새터민 아이들과 보통 아이들이 다르지 않았다. 다만 가정 형편이 어려워서인지, 점심 때 나온 도시락을 먹지 않고 집에 싸가지고 갔다. 말할 때 억양이 조금 특이한 것이 지속된다면 학교생활을 할 때 문제가 있을 것 같았다.

8) 멘티 H의 현재 모습

↘ 학업 수준

국어 실력이 많이 부족했다. 그렇다고 중국어를 할 줄 아는 수준도 아니어서 언어 학습이 꼭 필요하다고 생각되었다. 학습 의욕이 저조하다. 각종 만들기나 꾸미기 등 동적인 활동에 관심을 많이 가지고 정적으로 차분히 앉아서 오랜 시간 공부하는 습관이 보통의 아이들에 비해 부족하다고 느껴진다.

↘ 가정환경

어머니와 아이로 구성된 집이 대부분이다. 어머님께서 일을 나가시기 때문에 김밥이나 라면을 주로 먹는다. 대부분 생활이 어려워 아이들 옷매무새나 단정한 차림에 신경을 많이 써주시지 못하는 것 같다.

↘ 생활 태도

새터민 아동들끼리 모아 놓아서인지 서로 이야기도 잘하고 지나칠 정도로 활발한 아이들이 많았다. 생각보다 아이들이 많이 성숙했다는 느낌도 받았다.

9) 멘티 I의 현재 모습

↘ 학업 수준

멘티 학생은 학업 수준이 다른 아이들에 비해 높았음에도 불구하고, 남한의 열일곱 살 여느 아이와는 다르게 '학생' '학교'와 같은 비교적 간단한 영어 단어밖에 알지 못했다. 또한 한국말을 하는 데는 큰 어려움이 없었지만, 글짓기를 하거나 짧은 문장 말하기를 할 때는 큰 어려움을 겪었다. 단어의 연결 조사나 단어 선택에 어려움을 느끼고 있었다.

↘ 가정환경

가정환경도 아이들마다 다르지만, 나의 멘티 학생의 경우는 못사는 것 같지 않았다. 아버지의 사업 때문에 잠시 중국에서 한국으로 온 것이고, 몇 년 후에 중국으로 돌아갈 계획이며, 한국말 공부를 위한 과외 선생님도 있다고 했다.

↘ 생활 태도

여느 한국 아이들과 같았다. 하지만 성격 면에서 자신의 한국말 수준이 부족하다고 생각하고 있기 때문에 먼저 말을 걸거나 다가가는 데에 약간의 문제가 있는 것 같았다.

10) 멘티 J의 현재 모습

↘ 학업 수준

수학 쪽에서는 일반적인 초등학교 1학년보다 능숙하게 계산을 하는 모습을 보였으나, 영어는 알파벳도 제대로 외우지 못하였다. 그래서 알파벳 송을 이용하여 대문자와 소문자를 익힐 수 있도록 가르쳤다. 영어에는 많은 두려움을 가지고 있었고, 수학이나 과학 과목에는 흥미를 보였다. 창의력 교재에서도 과학이나 수학 과목을 중심으로 해 나가려고 하였다. 그러나 생각하여 해결해야 하는 창의력 교재에 대해 금세 흥미를 잃어버렸다. 그래서 가장 취약한 영어 알파벳을 익히는 데 중점을 두고 가르쳤으며, 후에 알파벳 송을 곧잘 따라 부를 수 있게 되었고 뒤의 몇 개를 제외하고는 알파벳 대문자를 쓰고 알파벳의 이름을 알게 되었다.

↘ 가정환경

사회복지사 분께서 아이들에게 북한에 살 때의 이야기라든가 가정 형편에 대해 물어보는 것을 자제해 달라고 말씀하셔서 자세히는 잘 모르지만, 삼산종합사회복지관 근처의 아파트에 살고 있었다. 복지관 주변에서 살고 있는 새터민들이 많았는데 아마 나라에서 지원해 준 듯했다.

↘ 생활 태도

게임에 빠져 있는 듯했다. 유행하고 있는 '닌텐도' 게임기를 활동 시간에도 가지고 다니면서 하곤 했다. 그리고 '공부'라는 말만 들어도 활동에 참여하지 않으려는 태도를 보였다. 말투 등에서 새터민의 흔적은 전혀 보이지 않았으며, 친구들과도 잘 지내는 듯했다. 매우 산만하며 조용히 집중을 못한다.

11) 멘티 K의 현재 모습

↘ 학업 수준

새터민은 특성상 제 나이 때의 학년에서 공부하고 있지 않은 경우가 많았다. 약 2~3년 정도는 낮은 수준에서 학교를 다니고 있는 멘티들도 있었다. 이번 새터민 초등학생 대상 멘토링 활동에서는 주로 창의성 멘토링, 영어, 그리고 저학년의 경우에는 한글 학습 멘토링 공부도 같이 하였는데 언어는 그동안 배워 왔던 한글과도 차이가 있으며 아예 중국말만 할 줄 아는 멘티도 있었다. 영어의 경우에는 거의 차이가 없으나 성인의 경우에는 영어를 배운 지 오래되었기 때문에 다시 기억을 되살리며 학습하는 데 어려움을 보였다.

↘ 가정환경

새터민들의 거의 대부분은 인천 삼산종합복지관 근처의 주공아파트에서 살고 있었으며 경제적 수준이 높은 편은 아니었다. 저학년의 경우에는 부모님이 모두 직장생활을 하는 아이들이 많아 낮에는 보살핌이 필요해 보였다. 성인 멘티의 경우에도 일을 하는 경우가 많아서 시간을 맞추어 교육하는 데 어려움이 있었다.

↘ 생활 태도

새터민 멘티들 모두 새로운 멘토들을 만나는 것에 대해서 기대하고 있었으며 한국에서의 생활에 적응하려는 노력을 보이는 듯했다. 특히, 저학년의 경우에는 완전히 적응한 것처럼 보이는 멘티들도 있었다. 그러나 새터민 프로그램에 참여 의사를 밝히고 실제로는 참여하지 않은 멘티들도 꽤 있어서 프로그램을 운영하는 초반에는 어려움이 있었다.

12) 멘티 L의 현재 모습

↘ 학업 수준

천차만별이다. 그나마 한국말을 잘 구사하고, 나이가 어린 아이들은 학교생활에 잘 적응해 가는 것 같다. 하지만 자기 나이보다 어린 친구들과 같은 학급인 경우가 있는데, 특히 나이가 많을수록 그 편차가 더 크다. 어느 정도 수준이 되면 자기 또래를 따라잡고 싶은 마음에 욕심도 많고 열심히 하지만, 너무 차이가 크거나 거의 중국말밖에 못하는 아이의 경우에는 학업에 흥미가 아예 없다. 특히 영어에서 수준이 많이 떨어진다. 수학이나 국어도 마찬가지다. 내가 맡은 ○○는 초등학교 2학년이었는데, 국어는 곧잘 하는 편이었지만 외래어의 정확한 뜻을 모르고 우리나라에서 사용되는 많은 외래어를 어려워한다. 영어는 잘 못하니까 하기 싫어하는 경향이 있다.

↘ 가정환경

짧은 시간이어서 정확하게는 알 수가 없으나, 정부에서 제공하는 복지관 앞 주공아파트에 많이 거주한다.

↘ 생활 태도

내가 맡은 아이는 제시간에 맞춰 오고, 말도 잘 듣는 편이었지만, 일부의 아이들은 결석과 지각이 잦은 경우가 많았다. 특히 나이의 편차가 크다 보니 열아홉 살 남학생은 아이들과 함께 공부하는 것을 꺼려해 한 선생님이 기간 내내 집을 방문하여 멘토링 활동을 하기도 했다. 하지만 계속 출석한 아이들은 공부방을 굉장히 좋아하여 거의 살다시피 하고 사람들과 만나는 것을 좋아하는 것 같았다.

↘ 기타

또래들에 비해 신장이나 체구가 좀 작다. ○○를 비롯하여 많은 아이들이 자존심이 세서 영어나 어려운 국어 같은 못하는 과목은 아예 하지 않으려고 하였다. 아무래도 대학교 선생님들의 단기간 활동이라고 생각해서인지, 게임이나 만들기 활동을 좋아하였다

13) 멘티 M의 현재 모습

↘ 학업 수준

내 멘티는 ○○○라는 9세 여자아이로 1학년에서 2학년으로 올라가는 학생이었다. 학업 수준을 가늠하기에는 구체적 지표 (예를 들면 시험 성적)가 없었다. 하지만 1학년 수학을 혼자서 복습하는 것을 보면, 그렇게 학업이 뒤떨어진다거나 흥미가 없는 것은 아닌 듯하다. 또한 영어를 가르쳐 줄 때 이해력이 빨라서 금방 하는 것을 보면 학업을 따라가기에는 무

리가 없을 것으로 보였다. 그렇지만 수학 같은 경우, 2학년 수학에 대한 예습이 필요한 것 같아서 아쉬웠다. 왜냐하면 1학년 수학과 2학년 수학의 난이도의 차이가 있기 때문이다. 언어도 거의 완벽했으나 특정 단어는 중국식으로 발음하였다. 또한 한국말을 빠르게 하면 알아듣기 어려울 때도 있고, 가끔 어떤 단어는 뜻을 잘 모르겠다고 해서, 언어에 대한 약간의 보충 교육이 필요할 것 같았다.

기정환경

삼산동 주공아파트에서 아버지, 어머니와 살고 있다. 다른 형제는 없고, 아버지가 중국인이셔서 한국어를 잘 못하신다. 어머니는 삼산동에 있는 공장에서 일을 하시고, 아버지는 집에서 가사 일을 하신다. 멘티는 아버지와 있는 시간이 많은데, 중국어로 대화를 했다.

생활 태도

멘토링 시 성실하게 임한 걸로 보아서는 생활 태도가 좋을 것이라 생각된다. 그렇지만 아직 9세 학생치고 컴퓨터를 너무 자주하는 모습은 걱정스러웠다. 요즘 어린 아이들이 컴퓨터를 많이 한다는 소리를 듣기는 했는데, 멘티는 학원에도 잘 안 다녀서 남는 시간을 컴퓨터 게임으로 보내는 것 같았다. 방하이라서 그럴 수도 있지만 부모님의 자제가 필요했다.

기타

멘티는 한국에 오기 전에 태국 난민 수용소에서 지낸 것으로 보였다. 그리고 그때 얻은 폐렴 때문에 감기에 걸리면 굉장히 힘들어져서 겨울에 밖에 나가는 것을 피했다. 그 때문에 삼산동 복지관에서 하지 않고 멘티 집에서 멘토링 활동을 했다. 춤과 노래하기를 좋아하고 얼굴이 예쁘며

꿈이 가수라고 한다.

14) 멘티 N의 현재 모습

↘ 학업 수준

몇몇 새터민 가정 아이들은 학업 수준이나 발달 수준이 떨어지는 모습이 보였으나, ○○는 발육 상태도 좋았고 학업 수준이 떨어진다는 생각도 들지 않았다. 가르쳐 주는 새로운 내용을 습득하려고 열심히 노력하는 모습이 보기 좋았다. 중국에서 막 한국으로 넘어온 아이들은 맞춤법에서 많은 어려움을 느꼈는데 ○○는 맞춤법에 어려움을 느끼지 않고 글씨도 잘썼다.

↘ 가정환경

새터민 가정 아이들에게 가정에 대해서 묻는 것은 자칫 상처가 될 수 있다는 선생님의 조언에 따라 가족에 대해서는 많이 물어볼 수 없었다. 아버지께서 계시는지는 잘 모르겠지만 어머니, 할머니, 동생과 같이 살고 있었다. 어머니께서 일찍 일을 하러 나가시지만, 복지관에서 생활하면서 할머니의 보살핌으로 잘 생활하고 있는 듯 보였다. 복지관에서 간식을 주면 동생에게 줄 거라며 챙기는 모습이 참 예뻤다.

↘ 생활 태도

다른 아이들에 비해서 쑥스러움을 많이 타는 편이어서 처음에 만났을 때 눈도 못 마주치고 굉장히 부끄러워하였지만 우리에게 금세 마음을 열었다. 조용조용하고 유순해서 공부를 함께하기 좋았다. 얼마 전 수술을 마치고 돌아왔다는 ○○는 몸이 좀 약해 보였다. 짓궂은 아이들도 유순하고 착한 ○○는 배려하며 괴롭히지 않으려고 하였다.

↘ 기타

가르쳐 주는 내용에 대해서 열심히 참여하고, 자신이 하던 일은 끝까지 완성하려는 ○○의 모습을 보면서 여러 가지를 가르쳐 주고 싶었으나 시간이 짧아 그렇게 할 수 없어서 아쉬웠다.

15) 기타 멘티의 현재 모습

(1) 멘티 a의 현재 모습

기본 학습 능력을 가지고 있고 학습 결과도 비교적 우수한 편이다. 타인의 기분이나 상황에 대한 이해와 판단이 빠르다. 세계 여러 나라에 대해 관심을 가지고 있고, 특히 사회과에 대한 흥미가 높다. 하지만 수학, 특히 5학년 이후 범위의 응용 부분을 어려워한다. 교우관계도 원만한 편이며, 컴퓨터와 체육, 음악(악기 다루기－노래 부르는 것은 싫어함) 등 본인이 좋아하고 흥미가 있는 것에는 관심을 많이 가지고 잘 참여한다. 공부를 많이 하는 것보다는 학습에 흥미를 갖는 게 우선적인 것 같다. 현재 학원에 다니고는 있으나 사교육을 많이 받고 있지는 않는 것 같다.

(2) 멘티 b의 현재 모습

학습 욕구가 강하고 이해력은 높으나 기초 학습이 부족하다. 교우관계가 원만하고 다른 아이들과의 갈등을 잘 조정한다. 방학숙제도 매일 매일 꾸준히 하는 성실한 학생이다. 멘토의 설명이나 글을 잘 이해하고 독서를 즐겨하며 언어 영역에 관심이 많다. 하지만 기초적인 내용이 정리가 잘 안 되어, 내용이 어려워지면 쉽게 이해하지 못하는 경우가 있다. 노래 부르는 것을 좋아하고 음악에 관심이 있다. 가정 형편이 다소 어려운 것 같지만 가족과 주변 사람들과의 관계는 매우 돈독해 보인다. 아버지와 떨어져 살고 있다.

(3) 멘티 c의 현재 모습

학습에 잘 참여하지 않으나 이해력은 높다. 학습 내용에 흥미가 없을 경우 그것을 피하려고 하거나 쉽게 싫증을 내는 면이 있다. 복잡한 것을 만들거나 글을 쓰고 자신의 생각을 발표하는 것 등은 꺼려하지만, 자신이 관심을 가지는 부분, 특히 체육 같은 신체적 활동은 즐겨한다. 학습 수준이 높지는 않으나 주변 생물이나 현상 등에 호기심이 많아 과학적 원리를 알고 싶어 할 때가 자주 있다. 방과 후 맞벌이를 하시는 부모님이 집에 안 계실 때, 게임을 하며 시간을 보낼 때가 많은 것 같다. 본인은 물론이고 다른 친구들이 북한에 대해 언급하는 것조차 싫어할 정도로 그 부분을 꺼려한다.

(4) 멘티 d의 현재 모습

모든 면에서 열심히 하지만 기초 학력은 조금 부족하다. 승부욕이 강해서 다른 아이들에게 지거나, 자신이 어떤 사실을 모르고 있다는 것을 지적받으면 그것에 대해 부끄럽게 여기고 예민하게 반응할 때가 있다. 다른 친구들 간의 관계에서 종종 충돌이 있으나 오랫동안 염두에 두지는 않는다. 선생님이나 멘토를 비롯한 어른들과의 관계 맺기를 좋아하며 잘 따른다. 어휘력이 좋은 편이나 친구들과 대화를 할 때 자신의 주장을 지나치게 고집하는 경향이 있다. 피아노나 바이올린 등 음악에 관심이 많고 다른 아이들보다 잘한다.

(5) 멘티 e의 현재 모습

2007년 11월에 한국으로 왔다. 아버지는 중국인으로 중국에서 소학교 2학년까지 다녔다. 중국말은 유창하게 잘하지만, 한국어로는 의사소통이 거의 불가능했다. 멘티에게는 한국어 공부와 영어 공부가 필요하였다. 국어는 한글 공부부터 시작하였다. 처음 한글을 배우는 아이들이 할 수 있는 교재로 한글 공부를 하였고, 영어도 알파벳부터 시작하였다. 멘티는 한국에서는 학교를 다니지 않아서 학습 분위기에 익숙하지 않았고 멘토와의 사이에서 의사소통이 되지 않아 멘토링은 쉽지 않았다. 제일 먼저 해야 할 일은 멘티와 친숙해지는 일이었다. 공부를 하면서 중간 중간 ○○가 좋아할 만한 놀이를 병행하였고, 놀이 속에서 멘토링이 될 수 있도록 노력했다. 놀이는 술래잡기, 종이접기, 눈사람 만들기, 한글카드 놀이 등을 병행하였다. 놀이를 같이 하면서 멘티의 멘토링 태도도 좋아졌다. 무엇보다도 멘토에게 친근감을 느끼는 듯했다. ○○는 항상 일찍 공부방에 와서 정해진 시간만큼은 공부를 하는 성실함을 보여 주었다.

(6) 멘티 f의 현재 모습

중국에서 태어나고 자랐다. 한국에 온 지는 한 달 정도밖에 되지 않았고, 중국에서 학교교육을 받다가 왔기 때문에 나이에 맞게 4학년으로 들어왔다. 가정환경에 대해서는 자세히 물어보지 않았지만 어머니와 같이 내려온 듯 하다. 낯을 좀 가리고 수줍어하는 성격이라 다른 멘티들이 말을 걸어왔을 때에도 허물없이 이야기하지 못하고 부끄러워했다. 장래희망은 화가라고 할 정도로 미술에 관심이 많으며 영어에 대한 부담감을 많이 가지고 있는 것 같았다.

2 멘토링 사례

1) 사례 1: 언어 및 창의성 신장 멘토링

↘ 첫째 날

멘티와 처음 만나는 날이라 많이 설레였다. 다른 멘토 선생님들은 멘토 : 멘티 비율이 1 : 2 정도인데, 나는 언어적인 문제로 1 : 1이라서 더욱 아이에게 관심이 갔다. 말수가 적고 차분한 성격에다가 낯을 많이 가려서 점심을 먹기 전까지는 한 마디의 말도 하지 않았다. 친해지기 위해서 준비해 간 종이접기를 하면서 마음의 문을 조금 여는 듯했고, 한글 공부를 하면서 칭찬을 많이 해 주니 신나서 더욱 열심히 하는 듯했다. 한글 공부는 교재를 중심으로 하되, 따로 만들어 간 칸 공책으로 새로운 단어를 반복해서 쓰고 읽게 했다.

멘토링이 끝나고 나서는 담당 선생님과의 협의 시간을 가졌다. 아이들의 특성과 주의해야 될 점들을 말씀해 주셨고, 하루 경험해 본 느낌들을 함께 나누었다.

↘ 둘째 날

오전에는 한글 공부를 하였다. 하루 진도를 일방적으로 정하지 않고 멘티와 협의해서 정하고, 성취감을 느끼게 해 주기 위해서 캐릭터 도장을 준비해서 한 페이지가 끝나면 스스로 찍게 해서 학습에 재미를 느끼도록 했다. 열심히 공부하면 금요일에 도장을 주겠다고 약속해서 학습이 지속되도록 하였다.

오후 창의성 멘토링 시간에는 예쁜 종이로 종이접기를 하고, 만든 대상들의 이름을 칸 공책에 적도록 해서 한글 공부와 연관이 되도록 하였다. 준비해 간 클레이 아트로 여러 가지 동물과 사물을 만드는 시간을 가졌다. 손을 많이 쓰는 것은 아이들 발달에 좋은 영향을 미치기 때문에, 다섯 가지 색깔을 배치시키고, 색을 혼합해서 새로운 색을 만드는 것을 경험하게 해 주었다.

창의성 신장 멘토링 교재에 있는 '바늘구멍 사진기'를 함께 만들어 보았다. 사진기를 통해 본 사물이 거꾸로 보이는 것에 매우 신기해했다. 창의성 신장 멘토링 교재에 있는 내용들이 저학년, 특히 1학년에 적용하기엔 어려운 것들이 많았는데 이후에는 저학년용과 고학년용 교재가 따로 나왔으면 한다.

↘ 셋째 날

멘티 학생이 결석해서 멘토링을 진행할 수 없었다. 담당 선생님께서 여러 번 집으로 연락을 했으나 전화를 받지 않고, 혹시 늦게라도 올까 기다렸지만 끝내 결석을 했다. 그래서 오늘은 다른 멘토 선생님의 학생들을 챙겨주고 보조 선생님 역할을 했다.

다른 선생님 한 분은 바늘구멍 사진기 멘토링을 진행했고, 한 분은 지점토 만들기 활동을 진행했다. 대학교에서 챙겨준 학습 자료들이 있어서 손쉽게 이용할 수 있어 좋았고, 그 밖에 필요한 것들은 학교에서 불편함이 없도록 아낌없이 지원을 해 주셨다.

↘ 넷째 날

오전엔 교재를 중심으로 한글 공부를 했다. 교재 뒤쪽에 있는 스티커를 이용해서 학습하니 매우 흥미 있어 했다. 집 모양을 그리며 낱말을 익히는 것이 있었는데, 종이접기로 집을 만들어 보기도 했다.

오후에는 여러 가지 활동을 많이 해 보았다. 페트병과 빨대를 이용한 분수, 손바닥을 이용한 그림 그리기, 바람개비 만들기, 비즈로 액세서리 만들기 등을 다른 선생님들과 협동 멘토링으로 진행했다. 각각 다른 재능을 가진 선생님들이 진행하는 거라서 다양한 경험을 아이들에게 줄 수 있는 것 같아서 좋았다. 저학년들은 멘토링을 수동적으로 듣는 것보다는 작은 것이라도 직접 만져 보고 만들어 보는 것을 좋아했다. 청소도 인성 교육의 한 부분이라 작은 보상을 주는 것을 동기 부여로 해서 선생님들과 열심히 청소도 하였다. 칭찬을 해 주었더니 서로 열심히 하려는 모습이 아이답고 참 귀여웠다.

↘ 다섯째 날

오전엔 교재를 중심으로 한글 멘토링을 하였다. 대학교에서 좋은 교재를 주셔서 멘토링을 진행하는 데 많은 도움이 되었다. 아이들도 크게 지루해하지 않고 잘 따라와 주는 편이었다. 한글은 아무래도 저학년용이니까 좀 더 그림 자료에 신경을 써 주었으면 한다. 도안 같은 경우는 깨끗하게 잘 보이는데, 사진은 다운로드 받은 것을 프린트해서인지 좀 깨져 보이고 흐릿한 경우가 있었다. 사실적인 사진도 좋지만 아이들이 좋아하는 만화적인 그림이 좀 더 적합한 것 같다.

맛있는 점심을 먹고 설문지를 작성하였다. 멘토용과 멘티용으로 구분되어 있는데, 아이들이 내용을 잘 이해 못할까 봐 설문지를 할 때 옆에서 설명을 해 주며 도와주었다. 교감 선생님, 담당 선생님과 함께 멘토링 수여식을 하고 아이들에게 수료증을 나누어 주었다. 상장을 받는다는 것에 아이들이 무척 좋아하였다. 비록 종이 한 장이지만, 아이들에게 성취감을 주고 지속적으로 멘토링에 참여할 수 있는 좋은 동기 부여가 되는 것이라는 생각이 들었다. 현수막을 들고 단체사진도 찍었다.

수료식이 끝나고 아이들과 조촐한 파티를 했다. 멘토들이 준비해 간 간단한 다과에도 아이들은 즐거워하고 고마워했다. 작은 것에도 좋아해 주는 순수한 아이들이라 더욱 예쁘게 느껴진다. 각자 준비해 간 작은 선물과 카드를 건네며 작별의 아쉬움을 나누었다. 나는 종이접기 시간에 배운 실력으로 한복을 입은 신랑, 각시를 만들어 주었다. 여자아이라 그런지 인형이라고 하니 너무나 좋아했다.

5일간의 짧은 시간이지만, 거의 하루 종일 함께 보내서 그런지 정이 금세 든 것 같다. 처음엔 탈북자(새터민) 아이들이라고 해서 어두울 것이라는 편견을 가졌는데, 순수하고 밝은 모습을 가지고 있었다. 그래서인지 멘토링을 하는 내내 새터민 아이들이 아닌 그냥 '아이들'로 보였다. 실습을 나가면 그 아이들과는 선생님 대 학생 관계가 되지만, 멘토링은 멘토 대 멘티로 좀 더 친밀한 관계를 만들 수 있고, 소수의 아이들을 맡아서 지도하는 만큼 아이들의 특성을 파악하고 개별적인 도움을 줄 수 있어서 멘토링의 유용성을 실감하는 계기가 되었다.

멘토링 활동 자체도 소중한 경험이었지만, 학교를 가까이서 경험할 수 있는 것도 참 좋았다. 새로 지은 학교라 시설도 매우 좋았고, 담당 선생님의 배려로 음악실, 과학실, 다목적실, 도서실 등 다양한 장소를 편하게 이용할 수 있어서 새로운 경험이었다.

2) 사례 2 : 영어 학습 및 창의성 신장 멘토링

↘ 첫째 날

멘티들과 처음으로 만나는 시간을 가졌다. 나는 2명의 멘티를 담당하기로 되어 있었지만 1명밖에 와 있지 않았다. 멘티는 4학년 ○○○이라는 학생이었는데, 한국에 온 지 한 달 정도밖에 안 돼서 그런지 한국말이 조금 어색했다. 그러나 의사소통에는 전혀 문제가 없었다. 오전에는 친해지기 위한 시간을 가졌다. 중국에서 태어나 이제까지 중국에서 살아왔기 때문에 중국 생활에 대한 이야기를 꺼내자 신나게 자신의 학교생활에 대해 말했다. 처음에는 조금 부끄러움을 타는 듯했지만 곧잘 말하기 시작했다.

오후에는 멘티와 바늘구멍 사진기를 만들었다. 책에 나온 방법에 따라 멘티와 같이 만드니 금방 완성되었다. 멘티는 바늘구멍 사진기를 이용해 빛이 들어오는 창문을 보고는 신기해했다. 바늘구멍 사진기의 원리를 설명해 주었지만 잘 이해하지는 못했다. 내가 너무 어렵게 설명했나 하는 생각이 들었다. 그리고 '다양한 상황에서 창의적 해결 방안 찾기'를 하였다. 멘티는 고민해 가며 답을 적었다. 답에 대한 이유를 물었는데 기발하고 납득이 되는 이유들이 여러 가지 나왔다. 역시 학생들이 나보다 생각이 유연하다고 느꼈다. 그리고 머리를 써야 되는 4번, 5번 문제와 같은 경우 너무나 간단하게 풀어 버렸다. 멘티가 문제를 힘들게 풀거나 아예 못 풀 것이라고 판단해 버린 나는 매우 놀랐다. 멘티에 대해 너무 간단하게 파악해 버린 것은 아닌가 하는 생각이 들었다.

둘째 날

멘티의 영어 실력이 매우 낮다는 소리를 듣고 간단한 영어를 가르쳐 주려고 했으나 강력하게 거부하는 바람에 가르쳐 주지 못했다. 오전에는 해시계 모형 만들기와 팝업 카드 만들기를 하였다. 해시계 모형을 뜯어서 멘티와 함께 조립하였다. 모형이 의외로 약해서 멘티가 조금만 힘을 줘도 금방 부서졌다. 겨우 테이프를 붙여 가며 해시계 모형을 만들었다. 직접 밖으로 나가서 해시계로 시계를 보았다. 보는 법이 어려워 멘티에게 간단히 시계 보는 법을 알려 주었다. 멘티는 관심을 보이며 해시계의 영침이 드리우는 그림자의 끝을 유심히 관찰하였다. 팝업 카드는 붕어빵 그림을 프린트하지 않고 직접 붕어빵과 카드 모양을 그려서 만들었다. 멘티는 그림을 그릴 때는 즐거워했지만 결과물을 보고서는 그다지 신기해하지 않는 표정을 지었다.

오후에는 '과학 마술—새를 새장 속으로'라는 활동을 했다. 새 그림과 새장 그림을 돌리면 마치 새가 새장 안에 있는 듯이 보이는 활동이었다. 멘티는 이 활동을 매우 즐거워했다. 그래서 활동의 원리를 응용하여 울타리와 우주인이라든가, 개집과 강아지를 그려서 양쪽으로 붙이고 돌려 보았다. 멘티는 매우 신기해하며 활동에 집중했다. 그리고 3·6·9 게임을 가르쳐 주고 같이 함께 게임을 하였다. 멘티는 3·6·9 게임을 신기해하며 재미있게 활동하였다.

셋째 날

하루종일 고무 동력기를 만들었다. 멘티는 비행기를 만든다고 하니까 매우 즐거워했다. 자신이 직접 댓살을 자르고 끼우는 등 적극적인 모습을 보였다. 날개에 붙일 종이를 자꾸 찢었기 때문에 날개에 종이를 붙이는 일은 내가 직접 하였다. 오전 내내 고무 동력기를 만들고 오후에는 비행기를 날렸다. 비행기가 생각보다 잘 날지 않았지만 그래도 멘티는 신기해하는 모습이었다. 고무 동력기는 만드는 방법이 어려울 것이라고 생각했었는데, 멘티가 만드는 모습을 보니 멘티 혼자서도 만들 수 있겠다는 생각이 들었다. 역시 무엇인가 만드는 활동이 멘티의 활동 참여를 유도할 수 있을 것이라고 느꼈다.

넷째 날

멘티가 어제부터 만들고 싶다고 한 물로켓을 만들었다. 멘티는 스스로 물로켓의 날개를 만들고 물로켓을 꾸미는 등 적극적으로 참여했으나 물로켓 발사기가 고장나는 바람에 물로켓을 날릴 수는 없었다. 멘티는 약간 실망하는 눈치였다. 물로켓을 만든 다음에는 학교 내의 '다목적실'에서 티볼 도구를 가지고 야구를 하였다. 남자아이라 그런지 몸을 움직이는 활동을 좋아했다. 너무 노는 데 심취해서 점심 도시락을 못 먹을 뻔 했다.

오후에는 주사위 윷놀이를 하였다. 멘티가 직접 윷놀이 판을 만들고 주사위와 바둑알 말을 가지고 놀이를 하였다. 멘티가 계속 하자고 졸라서 4판 정도 하였다. 교감 선생님께서 영어를 특별히 지도해 달라고 부탁하셨는데 영어 공부는 하나도 안 했기 때문에 슬슬 걱정이 생기기 시작했다. 그래도 멘티가 즐겁게 활동에 참여하는 것이 중요하다고 생각했기 때문에 재미있는 활동 위주로 멘토링을 진행해 나갔다.

↘ 다섯째 날

오늘은 오전까지만 멘토링하라는 담당 선생님의 말씀에 따라 고무찰흙으로 자신이 만들고 싶은 것 만들기를 하였다. 멘티는 고무찰흙을 처음 보는 듯했다. 중국에서 미술 시간에 고무찰흙을 쓰지 않았냐고 물어보니 그림만 그렸다고 대답하였다. 멘티는 고무찰흙이 딱딱하다고 불평하면서도 달팽이, 눈사람 등을 만들며 즐겁게 참여하였다. 알록달록한 고무찰흙에 흥미를 가지는 것 같았다. 오후에는 학교에서 멘티와 멘토가 한 교실에 모여 수료식을 가졌다. 학교에서 멘티들에게 다문화 멘토링에 대한 소감문을 받고 수료증을 나누어 주었다. 멘티들은 상장같이 생긴 수료증을 보고 매우 좋아했다. 다 같이 사진을 찍고 이별의 인사를 하였다.

새터민 멘토링은 이번이 두 번째지만 역시 새터민 아이들은 북한 사람이라기보다는 중국 사람에 가깝다는 생각을 강하게 가지게 되었다. 중국 한자에 훨씬 익숙하고 한국말보다는 중국말에 능숙한 아이들이 많다. 그래서 특별히 북한 사람이라는 생각이 들지 않았다. 게다가 한국에 온지 꽤 되는 고학년의 경우에는 한국 아이들과 별다를 것이 없었다. 그래도 담당 선생님의 말씀처럼 우리가 모르는 아픔이 마음속에 있을 거라는 생각이 들었다.

대부분의 멘티들이 멘토들을 잘 따르고 멘토링 활동을 즐겁게 하는 것으로 보였다. 특히 몇몇 저학년 학생들의 경우 9시 20분까지 학교에 오는 것이었는데, 8시부터 학교에 와서 멘토 선생님들을 기다리고 있었다고 담당 선생님께서 말씀하셨다. 내가 맡은 멘티도 입으로는 안 온다고 재미없다고 불평을 해댔지만 사실은 활동이 꽤 재미있었던 모양이었다. 내년에도 오냐고 슬쩍 물어보기도 하였고, 멘토링 소감문을 2장이나 쓰고도 자신의 생각을 다 쓰지 못했다고 불평하였다.

멘토링을 진행하면서 내가 맡은 멘티도 처음과 달리 꽤 밝아졌다. 다른 멘티들과도 조금은 이야기하게 되었다. 마지막 날에는 다른 선생님에게도 자신이 알고 있는 수수께끼나 유머 등을 이야기할 정도로 사람을 상대하는 태도가 적극적으로 변하였다. 이런 모습을 보니 5일 동안 내가 했던 활동이 헛된 것은 아니라고 느꼈다. 이런 경험들은 나중에 내가 교사가 되었을 때도 좋은 바탕이 될 것이라고 생각한다.

3) 사례 3: 창의성 신장 멘토링

↘ 첫째 날

멘티들과 처음 만나는 날이었다. 멘토링 기간이 일주일밖에 안 되기 때문에 첫날에 많이 친해져야 될 것 같았다. 그래서 오전에는 멘토링을 하기보다는 아이들과 다목적실(체육관)에서 술래잡기를 하면서 친해지려 노력했다. 개인적으로 새터민 아이들을 처음 만났기 때문에 궁금한 것이 많았으나 아이들의 마음을 여는 것이 우선이므로 나의 이야기를 많이 하려고 노력했다. 점심 식사는 멘티들과 함께 했는데 친밀감을 높이는 데 좋은 기회가 되었다. 오후에는 학교에서 나누어 준 교재 내용 중에서 아이들의 생각이나 의견, 성향을 알 수 있는 멘토링을 진행하였다. '지구에 남겨 둬야 할 것과 없애 버려야 할 것 각각 열 가지씩 적어 보기' 등이 그 활동 내용이었다. 첫날은 대체로 아이들과 친해지고 성향을 파악하는 데 주력했다. 덕분에 아이들과 많이 친해졌고, 그 후 멘토링에 도움이 되었다.

↘ 둘째 날

오전에는 주로 언어 영역과 수리 영역을 학습했다. 지구 멸망에 앞서 인류를 구원할 5명을 고르라는 활동을 하였다. 이때 다소 어려운 단어가 나오고 아이들이 아침에 잠이 덜 깬 상태여서 그런지 문제를 이해하는 데 어려움이 있었다. 그래서 여러 가지 게임을 하면서 아이들의 흥미와 멘토링 참여도를 높이려고 노력하였다. 그 외에 단어 연상 멘토링도 하였는데 처음에는 아이들이 힘들어했지만 점점 요령이 붙어 완성 속도가 높아졌다. 수리 영역에서는 여러 카드에 적힌 숫자의 공통점 찾기를 하였다. 이때 게임 형식으로 멘티 대 멘토 대결구도를 만들어서 아이들의 참여를 유도하였다. 이런 대결형식이 효과도 좋았고 아이들의 적극적 참여를 불러올 수 있었다.

오후에는 점심 시간 이후라 다소 산만하기 때문에 만들기를 하였다. 우선 간이 사진기를 만들었는데, 내가 시범을 보이면 아이들이 따라하는 식으로 진행하였다. 하지만 아직은 종이를 말고 붙이는 데 5학년이지만 서툰 점이 많이 보였다. 그래서 답답한 마음에 내가 어느 정도 개입을 하게 되었는데 결과적으로 예상 멘토링 시간보다 빨리 끝나버렸고 내가 아이들이 아니라 만들기에 집중하게 되어 조금 어수선해졌다. 이 멘토링을 통해서 아이들이 혼자서 끝낼 때까지 기다려 주는 것도 멘토의 역할 중에 하나라는 것을 알게 되었다. 간이 사진기는 아이들이 많이 신기해하고 좋아했었다. 그 다음으로 해시계를 조립하였다. 해시계에 대해 간단하게 설명한 후 조립을 하였는데, 5학년 아이들에게는 어려운 과제가 아니었기 때문에 내가 지켜보는 가운데 아이들 스스로 완성해 낼 수 있었다. 간이사진기와 해시계를 완성한 후에 밖에 나가서 사용해 보았다. 그런데 간이 사진기는 밖에서 사용하는 것이 더 위험하고 잘 안 보인다는 것을 몰랐었다. 그래서 간이 사진기 사용에 문제가 생겼고 중간에 사용을 멈추게 되었다. 그러고 나서 해시계의 사용법을 설명하고 직접 시간도 측정해 보면서 멘토링을 끝냈다. 이날은 아이들이 서툴게라도 해낼 때까지 기다려야 한다는 것을 배운 것이 가장 기억에 남는다.

↘ 셋째 날

물로켓을 만들어 쏘았다. 멘티와 힘을 합쳐서 2개의 페트병으로 만들었다. 중간 중간 지금 만들고 있는 부위가 어떻게 사용되는지와 원리를 간단하게 설명하였다. 사실 나도 물로켓을 만들고 쏘아 본 경험이 없었기 때문에 사전에 이론은 습득하고 왔지만 많이 부족했던 멘토링이었던 것 같다. 물로켓 같은 경우에는 숙달된 선생님의 조언이 필요한 멘토링이었다.

↘ 넷째 날

직접 윷놀이 말판을 만들고 주사위를 이용한 퓨전 윷놀이를 하였다. 멘티는 윷놀이를 해 본 적이 없는 듯했다. 멘티와 함께 주사위 윷놀이의 규칙을 만들었다. 이때 함께 규칙을 만들면서 아이의 적극적 참여를 유도할 수 있었다. 그 후 주사위를 2개 던져서 나오는 합만큼 칸을 이동하는 식으로 진행하였다. 한 판을 하고 나서 윷놀이 판에 부족함을 아이 스스로 깨닫고 고치고 보충한 후에 다시 게임을 진행하였다. 규칙을 늘려가면서 게임의 난이도를 높여 갔다.

그 후에는 입체카드 만들기를 하였다. 내가 먼저 시범을 보이면 아이가 따라하는 식으로 멘토링을 진행하였다. 만들기가 간단하고 쉬운 입체카드였기 때문에 실생활에서도 유용하게 만들 수 있을 것 같다.

4) 사례 4: 언어 및 창의성 신장 멘토링

이번 인천 장도초등학교 새터민 아동 멘토링 — 저학년 한글 학습반 — 은 각각의 멘토 선생님이 자신이 맡은 멘티들과 제각기 따로 멘토링을 진행하였다. 즉, 함께 프로그램을 진행하지 않았고, 자신의 멘티들에게 맞게 멘토 선생님이 프로그램을 선정하여 멘토링을 진행하였다.

↘ 첫째 날

오전 9시 30분, 내 멘티인 ○○와 ○○를 처음으로 만났다. 하얗고 조그마한 귀여운 아이 ○○이, 똘망똘망한 아이 ○○와 일주일을 함께 할 수 있다는 게 날 설레게 했다. ○○는 첫 만남에서 울고 있었다. 연필심에 팔이 살짝 찔렸는데 피가 난다고 하였다. 울고 있는 ○○를 겨우 달래고, 내 소개를 했다. ○○와 ○○이에게 "우리 한글 공부를 해 보자."라고 하니까, "선생님, 그림 그려 주세요. 선녀 그려 주세요."라고 ○○가 말했다. 난 난감했다. 그림 잘 못 그리는데…… 그나마 내가 가장 자신 있는 딸기 캐릭터를 ○○이와 ○○에게 그려 준 후, 우리는 한글 공부를 시작했다. 아이들이 한글 공부를 좋아했다. 그중에서도 특히, 한글 받아쓰기를 좋아했다. 아이들이 계속 "선생님, 받아쓰기 또 해요."라고 했다. 받아쓰기를 몇 번 한 후, 난 아이들에게 신문과 8절 종이와 풀과 가위를 나눠 준 후, 신문에서 글자를 오려서 자기소개를 하는 시간을 갖기로 했다. ○○와 ○○는 자기 이름에 해당하는 글자를 신문에서 발견할 때마다 매우 좋아했다. 캄보디아에 멘토링을 갔을 때에도 아이들이 신문 스크랩으로 자기소개 하는 것을 좋아했는데, ○○와 ○○도 참 좋아했다. ○○와 ○○와 함께 신문에서 글자를 오리고, 예쁜 그림들을 오려 붙이면서, 점점 친해지게 되었다. 처음에는 말을 잘 안 하던 아이들이 내게 장난도 치고 말도 명랑하게 잘했다.

신문 스크랩으로 자기소개 하기가 끝난 뒤 주변 정리를 한 후, 점심을 먹었다. 학교에서 준비해 준 도시락이 왔는데, 반찬이 형편없었다. 빨간 양념을 한 돼지고기 구이가 나왔지만 아이들이 먹지 않았다. ○○는 김치와 밥을 다 먹었고, ○○는 밥을 잘 먹지 않았다. 밥을 다 먹은 후 ○○는 밖에 나가서 운동을 하자고 나를 졸랐다. ○○와 ○○와 함께 운동장으로 나갔다. 아이들이 줄넘기를 하고 나서 땀을 많이 흘리는 것 같아 함께 아이스크림을 먹으러 갔다. ○○가 아이스크림을 '쎄고' 라 부르면서 좋아했다. 점심 시간이 끝날 무렵 아이들을 데리고 교실로 돌아왔다.

오후 1시, 아이들은 또 한글 받아쓰기를 하자고 했다. 아이들이 보고 들은 경험이 부족해서 몇몇 단어를 듣고 생소하게 여겼다. 받아쓰기를 끝낸 후, 아이들에게 색종이로 한복 접기를 가르쳐 주었다. 남자 한복, 여자 한복 접기를 처음에는 어려워했지만 몇 번 접어본 후 잘 따라하고 재미있어 했다. 한복 접기를 해서 한복을 8절 종이에 붙이고, 사람 얼굴을 그린 다음 부모님께 카드를 쓰라고 했다. 아이들이 1학년이었지만 부모님께 쓰는 편지 내용이 어른스러웠다. 아이들이 대견스러웠다.

부모님께 편지 쓰기가 끝난 후, 아이들과 함께 주사위 윷놀이를 했다. 주사위를 던지고, 주사위에 나온 숫자만큼 윷놀이 말판을 놓는 놀이였는데 아이들이 재미있어했다. 주사위 윷놀이가 끝나고 아이들은 주사위를 더 던지고 싶어 했지만 내일 또 하자고 달랜 후, 아이들을 집으로 보냈다.

둘째 날

오전 8시 50분, 학교에 도착하여 오늘 멘토링에 필요한 준비물을 챙겼다. 몇몇 아이들은 이미 교실에 와서 놀고 있었다. 학교에서 놀고 있는 아이들과 같이 얘기도 하고 조금씩 친해졌다. 오전 9시 15분, ○○와 ○○가 학교에 왔다. 학교에 오자마자 "선생님, 안녕하세요?" 하면서 내게 안겼다. 나를 잘 따르는 아이들이 너무나 귀엽고 예뻤다. 학교에 오자마자,

어제 나누어 준 한글 교재를 펴더니 빨리 받아쓰기를 하자고 졸랐다. 그래서 난 아이들에게 몇몇 단어를 불러 주었다. 아이들이 '텔레비전'을 '텔래비전'이라고 썼다가, 또 '텔래비전'이라고 썼다가 "그거 아닌데?"라고 말하면 또 고치고 고쳐서, 결국 텔레비전이란 단어를 아이들에게 확실하게 인식시켜 주었다.

아이들이 한글 공부에 싫증을 내는 듯해서 해시계를 만들어 보기로 했다. ○○와 ○○는 해시계 조립을 하면서 중국에서도 해 보았다면서 재미있어했다. ○○는 해시계를 만드는 도중 모자라면서 머리에 쓰고, 장난을 치기도 했다.

해시계를 완성하고 나서, 아이들에게 해시계로 시간을 알아보는 법을 알려 주기 위해 운동장으로 나갔다. 운동장에서 ○○, ○○와 같은 반인 친구 ○○를 만났다. ○○도 함께 공부하고 싶어 해서 함께 해시계 보는 방법을 알려 주었다. 활동을 하면서 ○○에게 띠를 물었더니, 뱀띠라고 했다. 그런데 ○○가 자기는 염소 띠라고 해서 한참을 웃었다.

해시계로 시간을 알아보고 난 후, 우리는 교실로 다시 들어갔다. ○○, ○○, ○○가 색종이로 종이접기를 하고 싶다고 해서 색종이로 원하는 것을 만들어 보라고 했더니, ○○는 하트를 만들었고, ○○와 ○○는 종이배를 만들었다.

색종이로 종이접기가 끝난 후, 점심을 먹었다. 점심 반찬으로 돈가스가 나왔는데, 그 맛이 형편없었다. 아이들 역시 입맛에 맞지 않았는지 김치와 밥만 먹었다. 점심 시간, 멘토 선생님들은 모두 교실에 없고 멘티 학생들만 교실에 남아서 심심해했다. 난 내 멘티 ○○, ○○와 함께 종이접기를 하다가 멘티 아이들을 모두 데리고 나가서 아이스크림을 사 주었다. 아이들이 아이스크림을 먹고 나더니 더욱 더 활기가 넘쳤다.

점심 시간이 끝나고 오후 1시가 되어, ○○와 ○○에게 어려운 한글 단어를 알려 주었다. 아이들이 좀 어려워하는 듯 보였고, 지겨워하는 듯 해서 하고 싶은 것이 있냐고 물어보았다. 그림을 그리고 싶다고 해서 종이와 색연필을 주고, 그리고 싶은 대로 그려 보라고 했다. 그랬더니 ○○는 내게 그림을 그려 달라고 했다. 그냥 그리는 건 자신 없었지만 보고 그리는 것은 자신 있었던 터라 난 ○○에게 그림을 그려 주었다. ○○는 혼자서도 그림을 곧잘 그렸다. ○○는 색감이 뛰어나서 내가 그려 준 그림에 예쁘게 색칠하였다. 그림 그리기가 끝난 후, 아이들은 담임 선생님 댁에 놀러 가는 날이라고 신나했다. 멘토링이 끝나고 아이들의 담임 선생님이 ○○, ○○와 ○○를 데리고 가셨다.

↘ 셋째 날

오전 9시 20분, ○○와 ○○가 일찍 학교에 왔다. 그리고 복도에 예쁘장하게 생긴 여자아이가 서 있었다. 이름을 물어보니 ○○라고 했다. 담임 선생님이 9시 20분까지 와서 복도에서 기다리라고 하셨다면서 계속 서 있었다. ○○이 안쓰러워서 교실로 데리고 들어오니 내 멘티는 ○○, ○○, ○○ 이렇게 세 명이 되었다. ○○는 열 살로 2학년이었지만 ○○, ○○와 서로 아는 사이였다. ○○도 처음에는 말을 잘 안 하고 조용히 있더니, 나중에는 활달하게 말도 잘하고 잘 웃었다.

아이들과 함께 물로켓을 만들어 보려고 집에서 페트병 3개를 준비해 갔는데, 페트병이 잘 살리지 않아서 결국 물로켓 만들기를 실패하고 말았다. 조금 아쉬운 감이 있었다. 그래서 아이들과 함께 바늘구멍 사진기를 만들기로 했다. 아이들에게 검정색 도화지 3장, 트레이싱지 1장, 그리고 셀로판 테이프와 가위를 나눠 주었다. ○○, ○○, ○○은 검정색 도화지를 둘둘 말고, 난 아이들에게 셀로판 테이프를 종이에 붙여 주었다. 검정색 도화지를 편평하게 자르게 한 후, 그 도화지에 트레이싱지를 동그랗게 잘라서 팽팽하게 붙이라고 했다. 트레이싱지를 먼저 오린 사람은 선생님이 먼저 테이프를 붙여 주겠다고 하니까 서로 먼저 테이프를 붙이려고 아이들은 열심히 오렸다. 그러고 나서 남은 검정색 도화지 1장을 둘둘 말아서 테이프를 붙이고, 검정색 도화지를 동그랗게 오려 붙였다. 그리고 송곳으로 검정색 도화지에 구멍을 뚫어 주었다. ○○은 다 만든 바늘구멍 사진기에 꽃을 그렸고, ○○는 나비 모양을 오려 붙였다.

완성한 바늘구멍 사진기로 아이들에게 창밖에 보이는 아파트를 보라고 했다. 어떻게 보이는지 물었더니, 거꾸로 보인다고 하면서 매우 재미있어하고 신기해했다. 다른 멘티 아이들도 몰려와서 자기도 한번 보고 싶다면서 아이들에게 보여 달라고 했다. 아이들이 신기해하고 재미있어하니까 뿌듯하고, 보람을 느낄 수 있었다. 캄보디아 멘토링 때는 내 멘티였던 인서와 함께 바늘구멍 사진기를 만들었는데 그때는 트레이싱지를 편평하게 붙이지 않아서 잘 보이지 않았다. 그때를 거울삼아 이번에는 꼼꼼하고 세심하게 만들었더니 상이 잘 보였다. 제대로 안 만들어질까봐 내심 걱정했는데 정말 다행이었다.

바늘구멍 사진기로 관측을 끝낸 후, ○○가 도시락을 들고 와서 아이들과 함께 점심을 먹었다. 반찬으로 닭꼬치가 나왔지만 이게 밥반찬인지 싶을 정도로 형편없었다. 아이들 역시 하나도 먹지 않았고, 김치와 밥만 먹었다. 그리고 ○○와 ○○는 먹지 않은 닭꼬치를 아버지와 어머니께 갖다 드린다고 가방에 넣었다. ○○와 ○○를 보니 가슴이 뭉클했다. 아직 초등학교 1학년생이지만 부모님을 생각하는 그 마음이 참 어른스럽고 대견하고 기특했다. 식사 후, 아이들에게 웨하스를 후식으로 주었다. 아이들이 딸기맛 웨하스를 정말 좋아했다.

점심 시간이 끝난 후, 그림 자석 만들기를 했다. 아이들에게 원하는 그림을 5개씩 그리고 예쁘게 색칠해 보라고 했다. 먼저 예쁘게 만든 사람부터 그림 뒤에 자석을 붙여 준다고 했더니, 아이들은 서로 예쁘게 먼저 만들려고 했다.

가장 먼저 완성한 ○○는 꽃과 하트와 태극기를 그렸다. 그리고 두 번째로 완성한 ○○은 사람과 풀과 하트, 그리고 꽃과 사과를 그렸다. 마지막으로 완성한 ○○는 머리가 큰 사람과 별을 그렸다. 그런데 ○○가 태극기를 그린 걸 보고 자기도 그리겠다면서 국기를 그렸는데 북한 국기인 인공기였다. 어디서 배운 것인지 물으니, 북한의 유치원인 하나원에서 배웠다고 했다. 태극기 그리는 방법을 알려 주어야 하나 말아야 하나 고민하다가 결국 그만두었다.

그림 자석 만들기가 끝난 후 아이들은 뒷정리를 마치고 집으로 돌아갔다. ○○는 오전에 만들었던 바늘구멍 사진기가 신기했는지 집에 돌아가는 길에도 계속 바늘구멍 사진기를 눈에 대고 이곳저곳을 쳐다보았다.

↘ 넷째 날

어젯밤에 아이들과 함께 뭘 하면 좋을까 고민하다가, 한 인터넷 사이트에서 간단하면서도 재미있게 할 수 있는 과학 놀이를 발견했다. 페트병으로 분수 만들기였는데, 페트병과 주름진 빨대, 곧은 빨대, 수조, 고무찰흙만 있으면 할 수 있는 실험이었다. 그래서 페트병 3개를 준비해서 학교에 갔다. 미리 담당 선생님께 말씀 드리고, 과학실에서 수조 3개와 주름진 빨대, 고무찰흙을 준비했다. 그리고 그냥 분수를 만들어도 좋지만 아직 어린아이들이기 때문에 시각적인 효과가 있으면 더 좋을 것 같아 색깔을 낼 만한 지시약 같은 것이 있는지 선생님께 여쭈어 보았다. 과학실 곳곳을 찾아보시고는 마침내 식용 색소를 갖다 주셨다. 빨강, 노랑, 녹색으로 시각적인 효과에 뛰어날 것 같았다. 멘토링 준비물을 챙겨 교실로 돌아가서 아이들을 기다렸다. ○○와 ○○가 아침 일찍 학교에 왔다.

그런데 ○○가 학교에 오지 않았다. 걱정이 많이 되었지만, 전화번호를 알지 못해서 전화도 못해 보고… 9시 40분까지 ○○, ○○와 함께 ○○를 기다렸지만 결국 오지 않았다. 걱정은 되었지만 ○○와 ○○만 데리고 멘토링을 하기로 결정했다. 페트병에 물을 3/4 정도 채우고, 처음엔

빨강 색소를 넣었다. 그리고 고무찰흙으로 뚜껑을 막고, 거기에 곧은 빨대를 꽂아 물 속에 담그고 주름진 빨대는 물에 닿지 않게 꽂았다. 바람이 새지 않게 고무찰흙을 단단히 붙여 주고, 페트병을 수조에 넣었다. 그리고 ○○와 ○○에게 불어 보라고 했다. 창의성 멘토링 책자에 나오지 않는 내가 생각해 낸 것이라 실험이 제대로 될지 걱정이 되었는데, 다행히 성공적이었다.

교실에 있던 멘토 선생님들 — 김지민 선생님, 문애진 선생님, 유지혜 선생님 — 도 모두 몰려와 신기한 듯이 보면서 어떻게 하는 건지 다들 부러워했다. 다른 멘티 아이들도 신기해하면서 서로 불어보고 싶다고 했다. 그런데 ○○과 ○○이 다른 아이들이 자신들의 빨대를 부는 걸 싫어해서 다른 멘티 아이들은 부러워하면서 구경만 할 수밖에 없었다. 사실 다른 멘티 아이들에게 미안했다. 다른 멘토 선생님들도 이런 실험을 해서 아이들의 호기심을 충족시켜 주면 더 좋을 텐데 하는 아쉬움과 안타까운 생각이 들었다. 사실, 멘토 선생님으로서 아이들에게 조금만 관심을 갖고 아이들에게 흥미로운 실험을 가르쳐 주면, 아이들은 좋아하기 마련인데…….

빨간색 페트병 분수를 만들고 나서 노란색과 녹색 분수도 만들자고 ○○와 ○○가 졸랐다. 아무래도 교실에서 이 실험을 더 하다가는 교실을 엉망으로 만들어 놓을 것 같아 아이들을 데리고 운동장에 나가서 실험을 계속 했다. 노란색 분수를 만드니 아이들은 빨대를 더 많이 꽂아달라고, 여러 개의 빨대에서 물이 나오게 하고 싶다고 했다. 그래서 난 아이들에게 곧은 빨대를 3개씩 끼워 주고, 노랑 분수를 만들게 했다. ○○와 ○○가 정말 좋아했다. 빨대에서 물이 나오는 것도 신기해했고, 게다가 물에 색깔을 타니 예쁘다고 난리였다. 운동장이 너무 더워서 이제 그만하고 교실에 들어가자고 해도 좀 더 하겠다고 해서, 노란색 색소를 더 넣어서 또 실험을 하고, 또 실험을 했다. 그런 후 ○○와 ○○도 너무 더

웠던지, 이젠 교실에 들어가서 녹색으로 실험을 하자고 했다. 그래서 다시 교실로 돌아와 녹색 페트병 분수를 만들었다. 또 다른 멘티 아이들이 우르르 몰려들어 구경을 하고 부러워했다.

원래 페트병 분수 실험의 원리는 기압차에 의해 분수가 만들어지는 것인데, 아직 1학년인 ○○과 2학년인 ○○이 원리를 이해하기에는 좀 어려운 감이 있어 설명은 따로 해 주지 않았다. 하지만 아이들의 흥미와 호기심을 불러일으킬 수 있다는 점에서 이 실험은 저학년 아이들에게 좋은 것 같다. 담당 선생님도 이 실험이 좋아보이셨는지 실험 장면을 사진 찍어 가셨다.

녹색 분수까지 만든 다음 아이들과 실험 뒷정리를 하고 페트병을 이용하여 다른 실험을 시작하였다. 이번 실험은 페트병 속의 고무풍선을 누가 더 크게 불 수 있나? 였다. 먼저 고무풍선을 늘어나게끔 몇 번 불어 주고, 페트병 속에 고무풍선을 넣어 페트병 입구에 고무풍선을 씌웠다. 그리고 ○○과 ○○에게 풍선을 불어보게 했다.

당연히 페트병 안의 풍선은 잘 불어지지 않았다. 그래서 “선생님이 풍선에 주문을 걸어줄게.” 하면서 페트병에 송곳으로 구멍을 뚫어 준 후, 아이들에게 풍선을 다시 힘껏 불어보라고 했다. 안 불어지던 풍선이 커지는 걸 본 ○○과 ○○은 매우 신기해했고, 다른 멘티 아이들도 풍선을 보고는 서로 불어보겠다고 했다.

이 실험 역시 실험의 원리는 페트병에 구멍을 뚫음으로써 페트병 속의 공기가 빠져나가 풍선에도 공기가 들어갈 수 있는 것인데, 아직 1학년과 2학년인 아이들에게는 조금 어려운 내용일 수도 있어 간단하게 원리를 설명해 주고 넘어갔다. 하지만 이 실험 역시 아이들의 호기심을 유발할 수 있는 실험이기 때문에 ○○과 ○○에게 적절한 실험이었던 것 같다.

페트병 속의 고무풍선 불기가 끝난 후 책상 정리를 하고, ○○과 ○○에게 지점토로 그릇을 만들어 보자고 했다. ○○, ○○와 ○○는 모두 만들기를 참 좋아한다. 실제로 그림도 잘 그리고 만들기도 잘하는 아이들이다. 지점토 공예도 너무 좋아했다. 손에 지점토를 다 묻히면서도 좋아하는 ○○과 ○○. 아이들의 모습을 보고 있으니 나도 행복했다.

점심 시간이 다 되었는데도 아이들은 지점토로 마저 그릇을 만들겠다고 했다. 겨우 그릇을 완성하더니, ○○이 도시락 3개를 챙겨왔다. 기특한 아이다. 도시락 반찬은 미트볼이었지만 역시나 맛은 형편없었고, 아이들은 밥을 거의 먹지 않았다. 정말 이러다가 아이들이 영양실조에 걸리지 않을까 걱정이 되었다. 아이들은 밥을 다 먹자마자 색종이를 가지고 종이접기를 하자고 졸랐다. 그렇지 않아도 오후에 색종이로 바람개비 만들기를 하려고 했는데 잘됐다 싶어서 아이들에게 바람개비를 만들어 보자고 했다. ○○과 ○○은 바람개비를 만든다며 신난다고 방방 뛰었다. ○○과 ○○을 자리에 앉히고, 함께 바람개비를 만들었다. 우리가 바람개비를 만드는 걸 본 다른 멘티 아이들도 함께 만들고 싶다고 해서 아이들에게 모둠 대열로 책상을 만들어 주고는 모두 함께 바람개비를 만들었다. 오후 1시가 넘었는데 다른 멘토 선생님들이 교실에 아직 돌아오지 않아, 다른 멘티 아이들까지 챙겨야 했다. 아이들이 서로 자신의 바람개비 만드는 것을 봐 달라고 소리쳐서, 난 아이들 각각을 모두 챙겨 주면서, 수수깡을 잘라 주고, 압정을 박아 주었다. 정말 나 혼자 여섯 명의 아이들을 다 챙기려고 하니 힘이 들었다.

난 ○○, ○○와 바람개비 마을을 만들 계획이었으므로, ○○과 ○○에게 바람개비를 많이 만들라고 했다. 서로 바람개비를 많이 만들었다고 자랑하는 아이들, 바람개비가 잘 돌아간다고 좋아하는 아이들을 보고 있으니 흐뭇했다. 한참이 지나 바람개비 마을을 완성했다. 바람개비를 도화지에 압정으로 꽂는데, 생각보다 바람개비가 힘이 없어서 잘 쓰러졌지만 몇 번을 다시 세운 끝에 겨우 완성했다.

바람개비 만들기를 끝낸 후, 아이들과 함께 교실 뒷정리를 한 뒤 아이들을 집에 보내는데, ○○과 ○○이 바람개비 마을이 너무 커서 못 들고 가겠다고 부모님께 오시라고 전화를 드린다고 했다. 아이들의 부모님이 학교에 오셔서 아이들이 만든 바람개비 마을을 들고 아이들과 함께 집으로 돌아가시는 걸 보니 안심이 되었다.

다음 날이 멘토링 마지막 날인데 아이들에게 뭔가 뜻 깊은 선물을 해 주고 싶었다. 무슨 선물을 할까 고민을 하다가 백화점에 들러서 아이들에게 어울릴 만한 예쁜 티셔츠를 샀다. ○○, ○○, ○○이 선물을 받고 기뻐할 생각을 하니 설렜다. 집으로 돌아와서는 오늘 내 멘티가 아닌 아이들까지 챙겨줘서인지 정말 녹초가 다 되어 내일 아이들에게 줄 편지도 쓰지 못하고 그냥 쓰러져 잤다.

↘ 다섯째 날

멘토링 마지막 날, 왠지 모를 서운함과 섭섭함을 안고 학교에 도착하였다. 어젯밤에 그냥 자 버려서 아이들에게 쓰지 못한 편지를 쓰고, ○○와 ○○와 ○○를 기다렸다. ○○이 학교에 일찍 왔다. 그런데 ○○와 ○○이 학교에 오지 않았다. ○○는 전화번호를 몰라서 담당 선생님께 말씀 드렸는데, 답이 없으셨다. ○○는 전날 전화번호를 다행히 알아 놓아서 ○○이의 부모님께 전화를 드렸다. 멘토링이 어제로 끝난 줄 알고 학교에 보내지 않으셨다면서 지금 ○○를 학교에 보내겠다고 하셨다. ○○가 학교에 올 때까지 ○○과 함께 색종이로 만들기를 하였다. 10시가 거의 다 되었을 때, ○○가 학교에 왔다. 난 ○○, ○○와 함께 철봉 인형 만들기를 하였다. ○○도 마지막 날인데 학교에 왔으면 했지만, 끝내 오지 않아서 아쉽고 서운했다. ○○와 ○○에게 그리고 싶은 사람을 마음대로 그려 보라고 했다. ○○은 여자 인형을 그렸고 ○○은 마녀를 그렸다. 다 그리고 색칠을 하더니, ○○이 ○○과 자기가 그린 그림을 사진으로 찍겠다고 하면서 내 카메라로 사진을 찍었다.

철봉을 주름진 빨대 2개에 연결해서 빨대 양쪽을 좌우로 움직였더니, 정말 인형이 재주를 넘는 것 같았다. 간단하면서도 쉽고 재미있게 만들 수 있는 과학 놀이였다.

철봉 인형 만들기로 몇 번 놀이를 한 후, 아이들과 색종이 접기를 하다가 점심 시간이 되어 점심을 먹었다. 다른 날보다 다소 이른 점심이었다. 마지막 도시락 반찬은 불고기였는데, 역시나 형편없었다. 아이들은 또 김치와 밥만 먹었다. 정말 다음 멘토링 때에는 도시락 업체를 다른 곳으로 바꾸었으면 한다. 점심 시간, 아이들에게 마지막으로 과자를 사 주고 싶어서 데리고 나갔다. 아이들은 스티커를 사 달라고 졸랐고, 난 딱 2개씩만 고르라고 했다. 역시 여자아이들이어서 그런지 예쁜 여자 인형 옷 입히기 스티커를 좋아했다.

교실에 들어와, 학교 측에서 준 설문지를 아이들과 함께 작성했다. 설문지 내용이 저학년에게는 상당히 어려웠다. 다음 멘토링에서는 아이들이 이해하기 쉽게 설문지를 만들었으면 한다. 설문지 마지막에 하고 싶은 모두 다 쓰라고 하니, ○○과 ○○이 "선생님, 사랑해요."라고 썼다. 그걸 보니 나도 모르게 눈물이 나왔다. 정말 감동이었다.

설문지 작성을 마치고, 시간이 좀 남아서 아이들과 이런저런 이야기도 나누고, 아이들에게 준비한 선물과 편지를 나누어 주었다. 그랬더니 아이들이 내게 자신들도 선물을 주겠다면서, ○○은 종이컵으로 시계를 만들어 주었고, 비즈 공예로 팔찌도 만들어 주었으며, 자기가 아끼던 반지도 주었다. ○○은 자기가 여태까지 그렸던 그림을 모조리 잘라서 내게 주었고, 하트를 그려서 예쁘게 색칠해 주었다. 정말 눈물이 났다. 너무 귀엽고 예쁜, 착하고 순수한 아이들이다.

아이들이 심심하다고 해서, 마블링 물감을 가지고 아이들을 화장실로 데리고 가서 마블링을 했다. ○○과 ○○이 마블링을 하는 걸 보고, 다른 아이들도 따라와서 함께 마블링을 했다. 화장실 세면대 두 개에 물을 채우고 거기에 마블링 물감을 풀어 주었다. 그리고 아이들에게 종이로 물에 풀어진 물감을 뜨라고 했다. 생각보다 쉽게 되지 않았다. 그런데 아이들 옷과 화장실 곳곳에 물감이 다 묻어 더 이상 안 되겠다 싶어서 빨간색과 노란색으로만 마블링을 한 후, 교실로 돌아가도록 했다. 화장실이 마블링 물감으로 엉망진창이 되자, 착한 ○○가 "선생님, 제가 다 치울게요. 선생님은 교실에 들어가세요."라고 하는 거였다. 진짜 또 눈물이 났다. 그동안 ○○는 내 멘티가 아니어서 그다지 관심을 갖지 않았고 잘 챙겨주지도 못했는데, 이렇게 착한 아이에게 그동안 무관심했다는 게 너무 미안했다. 그래서 난 ○○와 함께 화장실 여기저기에 묻어 있는 물감을 닦기 시작했다. 그걸 본 ○○와 ○○도 같이 도와주겠다면서 열심히 세면대를 닦으니 금방 화장실이 말끔해졌다. 정말 너무나도 착하고 순수한 아이들이다. 아이들이 정말 고마웠다.

화장실 정리를 마치고 교실로 돌아오니, 수료식이 시작되고 있었다. 수료증을 나누어 주고, 교감 선생님의 말씀이 있은 다음 마지막으로 단체 사진을 찍었다. 마지막이라 아쉬워서 내 멘티인 ○○, ○○과 사진을 찍으려고 하자 ○○가 찍어 주겠다고 해서 우리 셋은 함께 사진을 찍을 수 있었다.

집으로 아이들을 보내려고 하는데, ○○이 집 앞 놀이터에서 함께 놀다 가라고 졸랐다. 난 ○○, ○○과 이대로 헤어지는 게 너무 아쉬워서 아이들을 집까지 데려다 주기로 했다. 한 손엔 ○○ 손을, 다른 한 손엔 ○○ 손을 꼭 잡고 학교 문을 나서는데, 마침 학교 앞을 지나가시던 ○○ 부모님을 만났다. ○○이 집에서 내 얘기를 많이 했나 보다. ○○ 어머니께서 내게 더운 데 아이스크림이라도 먹고 가야 한다면서 나를 근처 슈퍼에 데리고 가셨다. 그리고 아이스크림과 음료수를 사 주셨다. 그동안 고맙다고 하시면서……. '아, 이런 게 바로 선생님으로서의 보람이구나.'라는 걸 새삼 느꼈다.

아이들과 헤어지고 집으로 돌아가기 위해 버스를 타러 가는데, 갑자기 ○○한테 전화가 왔다. ○○이 "선생님~" 하면서 흐느끼는 것이었다. ○○과 만난 시간은 3일밖에 되지 않았지만, 그동안 정이 많이 들었다. ○○도 그랬나 보다. 그래서 이대로 가면 안 되겠다 싶어서 ○○이네 집 앞으로 가서 ○○을 다시 보고 왔다. 그리고 약속했다. 선생님이 또 놀러 오겠다고…….

나도 아이들이 벌써 보고 싶은데, 아이들도 그런가 보다. 계속 내게 전화하고, '선생님, 사랑해요.'라고 문자도 보내주고……, 아이들이 참 고맙고 예쁘다.

앞으로 계속 이렇게 연락하고 지내자. 그리고 정말 선생님이 꼭 자주 놀러갈게. 약속!

5) 사례 5: 창의성 신장 멘토링

↘ 첫째 날

처음으로 멘티들과 만난 날. 처음 하는 멘토링 활동의 첫날이었다. 아이들이 모여 있는 교실에서 내가 맡게 된 1학년 친구 3명을 모으는 것도 나에겐 쉬운 일이 아니었다. 아이들과 만난다는 설렘과 기대감, 그리고 잘할 수 있을까 하는 불안함과 약간의 두려움, 멘티 아이들과 만나기 전까지, 아이들을 찾기 까지 느끼고 있던 복합적인 감정들이다. 내가 맡은 친구들의 이름은 신○○, 이○○, 김○○로 남자 친구 1명에 여자 친구 2명이다. ○○은 늦게 와서 2명을 데리고 같은 과 멘토가 맡은 3학년 교실에 합류했는데 3학년 아이들의 반발이 상당해서 결국은 늦게 온 ○○과 함께 넷이서 한 교실을 쓰게 되었다. 잘한 일이었다. 입을 열지 않던 ○○과 ○○이 곤란할 정도까지 재잘거리게 되었으니 말이다. 물론 ○○은 처음부터 3학년 언니 오빠들에게 기죽지 않고 할 말 다하는 대장부였다. 언어 분야에서의 창의성 교육과 감정선, 미술적 창의 활동을 하는 과정에서 나는 예쁜 ○○이 여리고 한글을 잘 읽지 못한다는 것과 ○○이 의외로 새침떼기에 경쟁심이 있다는 것, ○○이 굉장히 똑똑하고 학구열이 높다는 것을 알게 되었다. 그리고 이 아이들 모두 정이 굉장히 많고 밝은 아이들이라는 것도 알게 되었다. 아이들이 이해를 잘하지 못해 멘토링이 길어질 줄 알았지만 (실제로 단어의 뜻을 잘 몰라서 일일이 다 설명해 주어야 했다) 발표도 잘하고 서로서로 경쟁 의식을 느끼는지 곧잘 따라와서 시간이 조금 비어 놀이터에서 아이들과 모래 장난도 했다. 멘티들과 라포를 형성하는 것도 멘토링의 중요한 부분이라고 할 수 있다. 처음 만난 사이인데도 멘티들은 내 뒤를 졸졸 잘 따라다녔고 아이들이 중간에 연극을 하고 그것을 동영상으로 찍어 주고 또 사진도 같이 찍으면서 첫날 완벽하게 라포를 형성했다. 뿌듯했다. ○○이 집에 언제 가는지 계속 물어서 곤란하기도 했지만 미술 학원 시간이 되었음에도 가지 않고 끝까지 미루었던 ○○이 있어 고마웠다. 심지어 ○○은 ○○, ○○과 풀지 못한 어려운 언어 문제를 남아서 함께 풀고 가기도 했다.

↘ 둘째 날

오늘은 소중하게 생각하는 마음, 낱말 찾기, 해시계 만들기를 했다. 아이들이 오랫동안 집중하지 못하는 점을 고려하여 집중할 가능성이 높은 시간인 오전에 소중하게 생각하는 마음과 낱말 찾기를 하고, 오후에 해시계를 만들어 운동장에 나가 직접 해시계를 활용해 보았다. ○○과 ○○은 지구라는 단어도 이해하지 못해서 지구본을 가져다 놓고 보여 주면서 설명해 주어야 했다. 하지만 아이들은 내가 예시로 들어준 단어를 듣고 스스로 이것저것 지구를 위해 필요한 것과 지구를 아프게 하는 것들을 열심히 생각하는 모습을 보여 주었다. 고마웠다.

낱말 찾기는 활동지에 나온 단어들을 내가 가위로 오려서 아이들이 손으로 찾으면서 단어를 형성할 수 있게 해 주었다. 한글을 잘 모르는 ○○에게도 도움이 되는 것이었고, 어휘력이 부족한 ○○에게도 유익한 시간이었다. ○○은 처음에는 의외로 잘 찾지 못하다가 수준 높은 단어들을 쏙쏙 찾아내면서 열심히 단어를 (25개나) 만들어 나를 놀라게 했다. 사실 3명 모두 열심히 했다. 마이쭈를 하나씩 나누어 주겠다고 한 것이 효과가 컸던 것 같다. 아이들은 내가 마이쭈를 꺼내도 먹을 욕심을 내지 않았는데 그 순수함에 놀랐다. 점심 시간에는 여전히 3명 모두 다른 주제로 나에게 말을 걸어서 앉아서 밥을 먹게 하는 데 애를 먹었지만 즐거웠다. 놀이터에 나가서 노는 동안 ○○와 ○○이 또 다퉈서 ○○이 계속 울기는 했지만 해시계를 만드는 동안 열중하면서 또 재잘거리는 모습을 보여주어서 분위기가 좋아질 수 있었다. 해시계는 만들어진 부속을 뜯어내서 조립하는 간단한 것이었지만 1학년 아이들에겐 쉽지 않아 보였다. 그래서 멘토가 옆에서 계속 도와주고 도움을 주어야 했다. 3학년 정도라면 절기와 시간, 해시계를 보는 원리, 배경 등을 자세히 설명해 주겠지만 우리 아이들은 그것을 1시간 동안 들을 수도 없을 것 같아서, 교실에 걸려 있는 시계를 말해 주고 과거에는 어떻게 시간을 알았을까? 하는 질문을 시작으로 과거에 사용했던 시계라는 것, 이것으로 시간과 날짜를 알 수 있다는 것을 간단하게 설명하고는 나침반을 들고 운동장으로 나가서 직접 실습해 보았다. 그리고 종이 쓰레기가 유난히 많이 나온 날이었기 때문에 돌아와서 모두들 쓰레받기와 빗자루를 들고 자기 자리 밑을 청소하게 했다. 마무리로 책상까지 돌리고 가자고 했는데도 아이들이 불만 없이 잘 따라 주어서 고마웠다. 내일 준비물을 챙겨 오라고 적어 준 뒤 눈을 감고 외우게 했는데, 사실 두꺼운 도화지 같은 것은 학교에 다 준비되어 있다고 장일택 선생님께서 말씀해 주셨다. 그래도 내일 아이들이 준비물을 잘 챙겨 오면 자신이 가져온 것으로 활동을 할 생각이다. 어제보다 조금 더 수월했고, 아이들과의 관계도 한층 원활해졌다.

셋째 날

오늘은 '새를 새장 속에'라는 프로그램과 외래어를 우리말로 바꾸는 활동을 했다. 외래어를 우리말로 바꾸는 활동은 생각보다 훨씬 힘들었다. 아이들은 외래어라는 단어는 물론이고 비디오, 오디오도 몰랐으며, 텔레비전도 우리말로 표현할 줄을 몰랐다. ○○은 무조건 모른다고 못하겠다는 말만 해서 곤란했고, ○○은 입을 꾹 다물고 표현을 하지 않았다. ○○만 혼자서 대답하고 다음 진도를 나가자고 졸랐다. 단어별로 하나하나 그림을 그리고 말로 설명을 해서 이해시켰지만, 뜻도 모르고 우리말로 바꾼다는 문제 자체를 이해하지 못하는 아이들 때문에 답은 거의 내가 도움을 주어야 했다. 멘토링을 해서 아이들의 실력을 향상시키는 것은 기대하지 않고 아이들에게 발표하는 능력과 자신감을 주고 애정을 주라던 선생님의 말이 기억나서 조금 맞지 않게 대답해도 잘 생각했다고 칭찬해 주고 틀리더라도 발표를 하도록 했다. ○○이 왜 이상한 답을 맞다고 하느냐면서 "진짜 이상해, 선생님" 하고 말해서 슬프기도 했지만 ○○과 ○○이 자신감을 갖게 하는 게 무엇보다도 중요했다. 오후에 활동한 '새를 새장 속에'는 색칠하는 것을 좋아하는 ○○과 ○○을 위해서 준비한 프로그램이다. 잔상과 관성 등의 원리에 의해 새가 새장 속에 있는 것처럼 보이게 하는 활동은 가위질을 잘못 해 그림을 망친 ○○이 또 울기는 했지만 아이들도 흥미 있어 하고 유익했던 프로그램이었다.

넷째 날

오전에는 신체 표현, 친구와 있었던 일에 대한 감정 표현과 착시 놀이를 했고, 오후에는 잔상과 회전축에 관련하여 팽이를 만들어 보았다. 팽이를 만드는 것은 ○○ 멘토가 도와주어서 그동안 나는 다른 멘토들의 활동 사진을 찍으러 다녔다. 내가 많은 것을 느낀 것은 감정 표현 시간에서였다. 진도를 꽤나 잘 따라오는 ○○이 한 말이 마음에 많이 걸렸기 때문이다. ○○은 공부 면에서는 말도 잘 알아듣고 무리 없이 진도를 따라와 주었지만 인성적인 면에서 특이한 성향을 나타낸다. ○○은 친구와 싸웠던 일을 생각해 보고 이유와 그때의 감정을 적으라고 하자 아무 감정이 없다고 말했다. "저는요, 아무 감정 없어요. 제가 대장이어서 싸움 대신 해 주는 거고요, 이기면 좋고 져도 별로 상관없어요. 좋아하는 애도 아닌데 전 그냥 아무 감정 없어요. 저한테는 기쁨, 즐거움, 이런 감정은 없어요." 난감했다. 감정이 없는 것은 기계고, ○○은 인간이라고 설명해 주어도 내가 이상하다는 표정을 지어보일 뿐이었다. "선생님한테 혼나면 기분이 어떨까?" 하고 물으니 "전 잘못한 거 없어요. 아무렇지도 않아요. 아무 감정 없어요."라고 대답했다. 나는 오후 멘토링을 ○○ 멘토에게 넘기고 사진을 찍으러 돌아다니다가 중간에 돌아와 보니 ○○은 보미 멘토가 낯설어서 입을 열지 않았던 모양이다. 보통 아이들과 많이 다를 거라는 이야기를 듣긴 했지만 그것이 학업적인 면에서라고만 은연중에 생각하고 있었나 보다. ○○의 반응에 나는 당황했고, 어떻게 고쳐줘야 할지 생각이 나지 않았다. 멘토링 종료를 하루 앞두고 앞으로 진지하게 생각해 보아야 할 과제가 생겼다.

↘ 다섯째 날

멘토링의 마지막 날이었다. 오전에는 칠교판을 하기로 했다. 칠교판의 기원을 읽으면서 이해할 수 있도록 쉽게 설명을 해 주고, 정사각형이라는 개념을 이해시키기 위해 칠판에 평행사변형, 직사각형, 마름모, 정사각형 모양을 그려서 용어와 각각의 다른 점을 설명했다. 지금 당장은 이해하지 못할지라도 나중에 그 도형에 대해 배우게 되었을 때 익숙함을 느낄 수 있다는 생각에서 이등변 삼각형 등 조금 어려운 도형도 설명을 해 주었다. 얼마 전 도형 모양을 가지고 원뿔, 원기둥, 삼각기둥, 사각뿔 등의 개념을 설명해 놓아서 아이들이 이런 도형들을 친숙하게 받아들이는 것만 보아도 그 효과를 기대할 수 있었다. 칠교판은 색종이를 이용해서 멘토를 따라 직접 만들도록 했다. 결국 칠교판은 종이접기 시간이 되고 말았지만 아이들은 창의적인 생각으로 재미있는 모양을 색도화지에 만들어 붙여서 나를 즐겁게 했다.

오후 시간에는 준비한 과자와 우유를 마시면서 게임도 하고 사진도 찍으면서 마지막 시간을 보냈다. 아이들이 별로 아쉬워하지 않아서 조금 서운하기도 했지만 전화번호를 묻고 또 전화를 해 주어서 정말 행복했다. ○○과 ○○은 앞으로 문자나 통화를 자주 하게 될 것 같다. 이번 멘토링을 계기로 아이들이 평소에도 공부를 재미있어 하고 발표를 하는 데도 자신감을 가지게 되었으면 좋겠다. 그리고 자신들을 사랑해 주는 사람들이 많다는 사실을 항상 잊지 않고 살아가 주었으면 좋겠다.

6) 사례 6: 창의성 신장 멘토링

↘ 첫째 날

아이들과 5일의 멘토링을 시작하는 시간이었다. 설레는 마음도 있고, 약간의 두려움도 있었다. 5일간 공부하게 될 학생은 인천 장도초등학교 3학년 학생들 6명이다. 오전에는 서로에 대한 소개를 하며 간단하게 할 수 있는 프로그램인 '생각 열기－다양한 생활에서 창의적 해결 방법 찾기'를 진행하였다. 오후에는 3 · 6 · 9게임과 내 친구라는 프로그램을 진행하였다. 우리가 알고 있는 3 · 6 · 9게임을 하는데, ○○이 이해를 하지 못해 계속 틀렸다. 벌칙을 정해 놓고 게임을 진행하였는데, ○○은 부끄럽다며 벌칙을 하지 않고, 결국에는 눈물을 보였다. 이런 점에서 6명 학생의 학업 편차가 있어서 한두 명의 학생들만 발표를 열심히 하고 멘토링에 참여적이였으며, 나머지는 잘 참여하지 않았다. 나의 목표를 마음속으로 생각했다. 5일의 시간이 지나갔을 때에는 모두 손을 들고, 자신의 생각을 표현할 수 있게 분위기를 바꿀 수 있으면 좋겠다고 말이다. 이런 바람으로 첫째 날 멘토링은 끝이 났다.

둘째 날

아침에 학교에 도착하자 몇 명의 아이들이 먼저 교실에 와 있었다. 아이들은 반갑게 서로 인사하며 우리를 맞이해 주었다. 잠시 기다리라고 한 뒤 연구실에서 멘토링 준비를 하는데, 빨리 멘토링을 시작하자면서 우리를 데려갔다. 그리고 오전에는 소중하게 간직하는 마음과 칠교판 놀이를 했다. 소중하게 간직하는 마음에서는 지구에서 없어져야 할 것을 말하라고 했더니 학생들 거의 총과 탱크라고 말을 했다. 이런 생각이 문득 들었다. 한국의 3학년 학생들에게 물어봤다면 쓰레기나 나쁜 공기 따위였을 텐데……. 아이들은 환경 속에서 배워 간다는 말이 떠올랐다. 그래서 조금 더 한국의 문화 속에서 아이들이 자라날 수 있게 약간의 도움이라도 더 주고 싶다는 생각을 하게 되었다. 칠교판 놀이는 색종이를 잘라서 자신이 원하는 모형을 만들었는데, ○○와 ○○은 방법을 잘 몰라서 2명의 멘토가 맨투맨 방식으로 앉아서 함께 진행했다. 그런 다음 점심을 먹는데, ○○은 편식을 해서 고기를 거의 먹지 않았다. 그래서 한번 먹어 보라고 권유했더니 먹으면 토를 한다고 했다. 내 생각에는 못 먹는 것이 아니라 많이 먹어 보지 않아서 음식에 익숙하지 않은 것 같았다. 오후에는 해시계를 만들었다. 해시계를 만들 때, 12지신을 가르치고 가장 잘 외우는 사람에게 선물을 준다고 했더니, 모두 하나같이 "자축인묘진사오미……"를 외우면서 즐거워한 기억이 난다. 또, 나침반으로 북쪽을 가리키고 그림자가 어떤 글자에 와 있는지를 확인하는 과정에서 아이들이 웃으면서 멘토링을 마무리 지을 수 있게 도와주었다. 이렇게 이틀이란 시간이 가게 되었다.

셋째 날

이틀 동안 결석한 ○○이가 왔다. 여자아이지만 외모가 남자같아서 깜짝 놀랐다. 장난치는 것도 짓궂어서 한 번 더 놀라게 했다. 오전에는 '우리말을 소중히－외래어를 우리말로'라는 프로그램을 진행시켰다. 처음에는 외래어와 우리말을 구분하지 못해 바꾼 말도 외래어인 경우가 있었다. 그러나 차츰 함께하면서 서로가 도와가며 진행해 나갔다. 나도 아이들에게 '얼음 복숭이'라는 말을 아는지 물어보았다. 그랬더니 '얼음 복숭아'라고 한다면서 ○○이가 큰 소리로 말해 주었다. 아마 북쪽에서도 지역별로 사용하는 단어가 다르겠지 하는 생각이 들었다. 그리고 재미있는 광고 멘토링을 했다. 신문, 잡지 속의 사진을 오려 자신만의 광고를 만드는 것이다. 별로 큰 기대를 하고 진행했던 멘토링은 아니었다. 그러나 우리가 준비해 온 사인펜과 색연필 외에, 교실에 있는 파스텔을 이용해 색감을 내고 정말 현실적인 광고처럼 만들어 내는 아이들의 모습이 대견스러웠다. 우리는 컴퓨터에 프로젝터를 연결시켜 모두가 한 번씩 발표를 했다. 아이들의 발표는 첫날과는 달리 너무나 자신감이 넘쳤다. 서서히 변해가는 아이들, 비록 3일이지만 많은 변화가 느껴지는 아이들의 모습이었다. 오후에는 아이들이 좋아하는 고무동력기를 만들었다. 모두가 집에 들고 가고 싶어 해서 1인당 1개씩 만들었다. 철사같이 위험한 작업은 우리가 도와주었다. 그러나 아이들은 자기들이 직접 하고 싶다며 더 적극적으로 참여해서 고무동력기를 완성시켰다. 내일 아침에 모두 함께 날리기로 약속하고 하루를 마무리했다.

넷째 날

어제 만들었던 고무동력기를 날리기 위해 아침에 도착하자마자 각자의 고무동력기를 들고 운동장으로 나갔다. 고무줄을 돌리면서 제법 서로 장난도 치고, 이제는 아이들과 예전부터 알고 지냈던 사람처럼 편하게 느껴졌다. 사촌동생처럼 아이들이 친근하게 느껴지기도 했다. 신나게 고무동력기를 날렸지만, 얼마 날아가지는 못했다. 그래서 실망하는 아이들에게 우리는 고무동력기를 하나씩 선물해 주기로 했다. 그리고 오전 프로그램으로 선들의 대행진을 했다. 가족들을 선으로 표현하라고 했더니, ○○을 제외한 모든 아이들은 손을 잡고 있거나, 함께 하는 선으로 표현하였다. 그러나 ○○은 뾰족한 선으로 가족들을 표현하고 그 선의 거칠기가 점점 심해졌다. 캠으로 화면을 비춰주면서, 발표를 할 때 왜 그렇게 표현했는지 물어보았다. 대답하기를 지그재그선 하나가 각각의 가족이라고 했다. 예전에 어디선가 선을 거칠게 쓰면 상처받은 아이라는 것을 들었다. 어떠한 일이 ○○의 마음에 상처를 주었을까 하는 생각이 들었다. 그리고 신체 표현 영역-개성시대를 하고, 오후에는 언어 영역-낱말 창조 프로그램을 진행하였다. 오늘 깜짝 놀란 건 아이들이 서로 발표를 하겠다고 모두가 손을 들었던 일이다. 시켜 주지 않으면 왜 안 시켜주느냐며 불만을 토로해서 일일이 한 명씩, 발표를 모두 다 했다. 이렇게 조그마한 관심에도 학습에 좀 더 참여적인 모습을 보면서 우리와의 멘토링이 아니라 학교 멘토링에서도 아이들이 이렇게 되기를 바랐다. 마지막 프로그램으로 '새를 새장 속으로'를 진행하며 만들기를 했다. 이제 내일이 마지막 날이다. 아이들에게 내일은 꼭 나오라는 말을 전했다. 우리가 마지막으로 멘토링하는 날이라고 말이다.

↘ 다섯째 날

마지막으로 아이들과 함께한 날이다. 서로에 대해 조금 더 알아갈 듯한데 마지막 날이라는 것이 아쉽기만 하다. 오늘은 오전에만 프로그램을 진행하고, 오후에는 아이들과 함께 얘기하면서 보내는 시간을 갖기로 하였다. 첫 번째 프로그램은 '원숭이 엉덩이는 빨개'였다. 단어를 연결하여 문장을 만들어 나가는 것이었다. 이번 멘토링은 힌트 없이 아이들의 힘으로 하기로 했다. 단, ○○은 아직까지 약간 불안해서 옆을 지나가면서 조금씩 힌트를 주기도 하였다. 마지막 멘토링인 만큼, 아이들에게 혼자 하는 방법을 가르쳐 주고 싶었다. 오늘이 지나면 학교 선생님이 30명이 넘는 학생 중에서 이 아이들에게 특별한 관심을 가져주기는 힘들기 때문이다.

아이들은 자신이 맡은 문제를 충실하게 수행하였다. 문제를 다 풀고 난 뒤, 한 명씩 큰 소리로 발표를 했다. 그리고 그 단어를 다른 학생들은 받아쓰면서 우리의 계획은 성공적으로 끝났다. 마지막 프로그램으로 착시놀이를 하였다. 검은색 사인펜으로 착시현상을 느낄 수 있게 하는 것이다. 이것은 처음에 잘못한 아이들이 종이를 또 달라고 해서 다시 복사를 해서 같이 하게 되었다. 그만큼 아이들의 멘토링 태도가 열정적으로 바뀐 것이라고 느꼈다. 이렇게 약간의 관심을 가져 주면 아이들은 우리가 준 것보다 더 큰 결과를 보여 준다. 마지막으로 점심을 먹고 난 뒤, 우리는 설문지를 작성하고 함께 치킨을 먹었다. 그리고 모든 멘토와 멘티들이 한 교실에 모여 아이들이 소감문을 작성했다.

○○는 "선생님만 보세요." 하면서 나에게 소감문을 보여 주는데, "선생님들과 함께한 시간이 너무나 행복했어요. 사랑해요. 그리고 감사합니다."라는 글을 보는 순간 눈가가 촉촉해졌다. 아니, 오히려 내가 부끄러워졌다. 더 잘해 줄 수 있었는데, 그리고 더 신경 써 줄 수 있었는데 하는 미안함이 스쳐 지나갔다. 이번 멘토링을 하면서 내가 가르쳐 준 것보다 배운 것이 더 많은 것 같다. 전화번호를 주고받으면서 꼭 연락하라고 말했다. 정말 이번 만남으로서 끝이 아니라 이를 계기로 아이들에게 조금이나마 도움이 되고 싶다는 생각을 했다. 그리고 우리사회가 보는 새터민에 대한 시선이 잘못되었음을 뉘우치고, 모두가 같은 아이라고 생각할 기회를 만들어 준 경험이었다.

7) 사례 7: 창의성 신장 멘토링

↘ 첫째 날

3학년 학생들은 대체로 모두 밝은 아이들이었다. 처음 본 우리에게 이것저것 물어보면서 살갑게 굴어서 첫날부터 친근감이 들 정도였다. 오전에는 멘토와 멘티의 마음 열기를 위해 서로 소개하는 시간을 가졌다. 첫날이라서 그런지 아이들이 일어나서 서로를 소개하는 것에 부담감을 가지고 서로 순서를 미루었다. 점심 시간 아이들이 서로 선생님 옆에 앉겠다고 하여 기분이 좋았다. 내가 공부방에서 만난 학생들보다 아 아이들이 정이 많은 것 같다는 생각이 들었다. 밥 먹을 때 아이들은 자신들의 가족 얘기라든가, 자신이 좋아하는 게임과 무엇을 하고 노는지 등 이것저것 우리에게 말해 주었다.

첫 멘토링은 언어 영역인 '생각 열기-다양한 상황에서의 창의적 해결 방안 찾기'였다. 아이들은 우리가 생각하지 못했던 창의적인 방법의 해결 방안을 찾아 우리를 놀라게 하였다. 또한 ○○이 이 멘토링의 4번과 5번 문제를 바로 이해하는 것을 보고 놀람을 금치 못했다. 다음으로 수리 영역 '3·6·9 내친구'를 하였다. 여기서 ○○이 자꾸 틀려서 벌칙을 받게 됐는데, ○○은 일어나서 벌칙을 받는 것이 창피하다고 느꼈는지 그만 울음을 터트려버려 난감해하면서 달래주었다. 계속해서 프로그램을 진행하는데, ○○과 ○○과 ○○는 아주 뛰어나게 3·6·9게임 번외편까지 끝냈다.

↘ 둘째 날

○○과 ○○가 다른 학생들보다 일찍 와서 우리를 기다리고 있었다. 진행한 멘토링 프로그램은 첫 번째로 언어 영역 '소중하게 간직하는 마음'이었다. 아이들은 각자가 생각하는 중요도 순으로 지구 위에 그림을

그렸다. ○○이 지구 위에 없어져야 하는 것에 총과 대포와 장갑차와 수류탄과 칼을 들고 있는 살인자를 그려 깜짝 놀랐다. 이러한 것에 아이들이 노출되었었나 하고 생각했다. 두 번째는 수리 영역 '칠교판 만들기'였다. 아이들은 저마다 특별하게 칠교판 조각을 완성시켰다. ○○는 다른 아이들의 것을 따라 하려는 경향이 있는 것 같았다. 그것은 무조건 베끼려고 한다기보다, 배우려고 하는 ○○의 의지에서 비롯된 것이라는 생각이 들었다. 첫날과 달리 아이들은 서로의 칠교 조각을 발표하려는 적극성을 보이기 시작했다. 마지막으로 세 번째는 과학 영역 '해시계 만들기'다. 해시계에 대한 설명과 함께 12지신에 대해 설명해 주었다. 아이들에게 12지신을 외워 오면 마이쭈를 주겠다며 과제를 내주었다. 해시계를 설명할 때 아이들은 지구와 중력, 태양계에 대해 이것저것 질문하였다. 다 만든 해시계를 가지고 밖에 나가서 직접 해시계를 관찰하였는데, 나의 우려와는 달리 해시계가 정확하게 시간을 가리켜 기분이 좋았다. 아이들도 직접 관찰해 봄으로써 그림자가 어떻게 시간을 가리키는지 보고 신나하였다. 쉬는 시간 마다 내가 앞에 앉아 있으면 아이들이 몰려와 "선생님, 선생님" 부르며 대화를 하는데, 친구 같은 선생님이 된 기분이 들었다.

↘ 셋째 날

처음으로 멘토링 학습에 참여한 ○○이는 전혀 어색해하거나 낯을 가리지 않고, 모든 활동에 열심히 참여하고 스스로 하는 모습을 보여 주었다. 또한 아이들과 대인관계가 원만한 듯 보였다. 가끔 ○○와 갈등을 일으키기도 했다. 온라인 게임을 자주하는 ○○가 게임을 통해 배운 욕을 아이들에게 자꾸 해서 혼을 냈는데 ○○가 울어서 무척이나 속상하였다.

첫 번째로 언어 영역 '우리말을 소중히 – 외래어를 우리말로 창의적으로 바꾸기'를 진행하였다. 아이들은 수학이나 과학 영역 멘토링보다 언어 영역을 더 힘들어하는 것 같았다. 외래어가 우리말이 아님을 인식하는 것을 힘들어하여 이해시키는 데 어려움을 느꼈다. 두 번째는 언어 영역 '재미있는 광고'였다. 아이들이 잘 이해하지 못할 것이라고 생각했는데, 의외로 광고를 잘 꾸며 주어서 깜짝 놀랐다. 세 번째로 과학 영역 '고무동력기 만들기'를 했다. 고무동력기를 만드는 데 정말 어려움을 느꼈다. 아이들이 하기에는 힘든 자르기 작업 때문에 ○○ 선생님이 고생이 많았다. 아이들이 그 전부터 기대한 멘토링 시간이어서 그런지 고무동력기 만드는 것을 어려워하면서도 꼼꼼히 만들려고 하였다. 고무동력기를 날려보는 것까지 하고 멘토링 시간을 마치려고 했는데, 생각보다 만드는 시간이 오래 걸려서 고무동력기는 목요일에 날리기로 하고 멘토링을 마쳤다.

↘ 넷째 날

아이들은 고무동력기를 날리고 싶은 기대감에서인지 다른 날보다 학교에 일찍 와 있었다. 아이들과 아침 인사를 마친 뒤, 각자의 고무동력기를 들고 운동장으로 나갔다. 고무동력기를 열심히 날렸지만 추락해서 부러지고, 그냥 고꾸라지기까지 했다. 생각보다 고무동력기가 잘 날지 못해서 아이들이 실망한 듯 보였다. 오늘은 첫 번째 멘토링으로 미술 영역 '선들의 대행진'을 진행하였다. 아이들은 각자 선들을 그렸는데, ○○와 ○○이 다른 멘토링 때보다 어려움을 느끼는 듯했다. 다른 아이들은 모두 끝내고 발표를 하고 있는데, ○○와 ○○은 과제를 끝내지 못하고 있었다. 두 번째는 신체 표현 영역 '개성시대'를 진행하였다. 이번 멘토링이 가장 뿌듯했던 것은 다른 학생들도 열심히 자신들의 개성을 표현했지만, ○○이 과제를 완벽하게 해내 뿌듯하였다. 다른 아이들도 미술적 능력이 뛰어나지만 미술 시간에는 ○○이 특히 두각을 나타내는 것 같다. 자신이 슬플 때나 기쁠 때의 표정을 다른 학생들보다 다양하게 그렸다. 그 다음에 선생님들의 얼굴을 그리게 했는데, 아이들이 신나하면서 서로 그렸다. 예쁜 그림을 가리키며 ○○○ 선생님이라고 하는데 기분이 좋았다. 예쁘게 그려 줄려고 하는 아이들의 마음이 너무 고마웠다. 세 번째는 언어 영역인 '낱말 창조' 프로그램을 하였다. 아이들은 신나게 단어를 찾았다. 역시나 학년 1등 ○○는 네 글자 단어까지 막힘없이 잘 찾아냈다. ○○ 뿐만 아니라 다른 아이들도 단어를 막힘없이 술술 찾았고, 다른 언어 영역 시간보다 신이나 보였다. 세 번째 시간이 끝나고 아이들이 쉬는 시간에 자주하는 빙고게임을 하였다. 아이들은 승부욕이 강해서 지면 계속 다시 하자고 졸랐다. 네 번째는 과학 영역 '새를 새장 속으로'를 진행하였다. 이 멘토링에는 약간의 아쉬움이 있다. 만드는 데 집중하느라 원리를 제대로 설명하지 못한 것이다. 만들기를 하고 나서는 아이들이 모두 집중이 흩어졌고, 시간이 많이 흘러 마칠 시간이 되었기 때문이다.

↘ 다섯째 날

첫 번째로 언어 영역 '원숭이 엉덩이는 빨개'를 했다. 아이들은 유연하게 말들을 이어나갔다. 두 번째는 미술 영역 '착시놀이'를 했다. 아이들은 착시놀이에서 두 가지 그림을 찾아내는 데 어려움을 느꼈다. 아이들이 다른 그림도 볼 수 있게 설명하느냐 어려움을 느꼈다. 아이들은 착시놀이의 재미에 푹 빠져 그림 속 비밀을 찾아내려고 애썼다.

점심을 먹고 나서 아이들이 〈전설의 고향〉 구미호 편을 보고 싶다고 하여, 마지막 날이기도 해서 담당 부장 선생님께 여쭈어 본 다음 보여 주었다. 마지막 날을 기념하기 위해 아이들이 점심 시간에 가장 좋아한 메뉴였던 치킨을 시켜 주었다. 치킨을 다 먹고 치우고는 마지막으로 인사하는 시간을 가졌다. 멘토링 활동을 마치고 수료증 증정식과 아이들의 소감문 작성 시간이 있었다. 나는 ○○이와 ○○ 옆에 있었는데, ○○은 자신의 소감문을 보여 주려고 하지 않았지만 ○○이는 나에게 소감문을 보여 주었다. ○○이가 쓴 소감문에서 자신이 욕을 해 혼날 짓을 하였지만, 선생님들이 이해해 주어서 고마웠다고 한 부분이 참 고맙고 미안했다. 자꾸 욕을 했던 ○○이가 버릇없다고 생각하여 ○○에게 무섭게 혼냈는데……. 또한 우리 때문에 학교 오는 길이 즐거웠다는 말에 기분이 좋기도 하였고 슬프기도 하였다. 아이들이 평소 학교생활을 할 때 이와 같은 즐거움을 느꼈으면 좋겠다는 생각이 들었다.

8) 사례 8: 창의성 신장 멘토링

↘ 첫째 날

첫날은 무엇보다도 멘티들과 가까워지기 위한 시간이 필요했다. 생각보다 아이들은 밝고 활기차 보였다. 탈북자나 중국에서 온 아이들임을 알아보기 힘들 정도로 남한 아이들과 다른 것이 없었다. 이런 아이들을 상대로 여러 가지 프로그램을 실행하면서 많이 가까워질 것 같은 느낌을 받았다. 오전에는 아이들과 친해지는 시간을 갖기 위해 말도 많이 걸어보고 학습보다는 대화와 친목에 중점을 두고 프로그램을 실시했다. 서로에 대해서 어느 정도 알아가면서, 멘티들에 대해 여러 가지를 알려고 하기보다 나 자신을 드러내면서 가까워지려고 했다. 생각보다 멘티들의 마음이 열려 있었던 때문인지 점심 시간이 되어서는 서로 많이 가까워져서 이야기도 많이 나누게 되었다. 오후에는 공부하는 프로그램보다 점심을 함께 먹으며 쌓은 친목을 다지기 위해 오락 프로그램 위주로 실시했다.

↘ 둘째 날

어제보다 멘티들과 조금 더 친해졌다는 생각이 들었다. 프로그램을 실시하면 별 말 없이 모두 따라주던 멘티들이 자신들의 생각을 제시하고 이의도 제기하는 등 활발한 모습을 보여 주었다. 오전에는 칠교판으로 즐기는 다각형 탐구를 통해 색종이를 잘라서 모형을 만들어 보고 앞에 나와서 자신의 작품을 발표하는 시간을 가졌다. 또한 우리 지구의 소중함을 느낄 수 있는 시간을 가졌다. 그런데 프로그램을 하는 도중 "우리나라(한국)가 참 살기 좋은 나라 아닌가요?"라는 질문에 멘티들이 "우리나라(중국)도 아닌데요." "여긴 중국에 있는 물건들이 거의 없어요."라는 대답을 했다. 다문화 멘토링을 하면서 이런 부분들도 보완해 주고 좋은 면을 많이 알려 주어야겠다는 생각을 했다. 오후에는 해시계를 만들면서 한국의 과학 수준과 환경에 대해 설명해 주었다. 아이들의 창의성 신장도 중요하지만 다문화 아이들인 것을 감안해 보다 한국에 잘 정착할 수 있도록 문화적 측면에서의 학습이 중요하겠다는 것을 다시 한 번 자각하였다.

↘ 셋째 날

오늘도 멘티들의 모습은 활기차 보였다. 9시 반부터 프로그램이 시작되는데 9시도 되지 않아 도착해서는 그날의 멘토링을 준비하고 있었다. 지금까지 3일간 프로그램을 하면서 멘티들에게 가장 시급한 문제가 한글을 잘 읽고 쓰는 문제라는 것을 깨달았다. 오늘 프로그램에서도 아이들의 한글 실력이 여실히 드러났다. 전○○라는 멘티는 읽고 쓰는 데에 한글을 바로 쓰지 못하고 소리나는 대로 쓰고 있었다. 또한 비교적 학습능력이 우수한 다른 멘티들도 한글을 읽는 것은 문제가 없었지만 쓰는 데는 도움이 필요하다는 것을 느꼈다. 우리가 하고 있는 멘토링이 창의성 멘토링을 중시하는 것이었기 때문에 한글을 가르쳐 주는 데 크게 도움이 되지 못했던 것 같아서 아쉬움이 남았다.

↘ 넷째 날

벌써 멘티들을 만난 지 4일째가 되고, 내일이면 아이들과 프로그램을 하는 마지막 날이 된다. 오늘은 학습도 중요하지만 멘토링이 끝난 뒤에도 계속 연락을 주고받을 수 있도록 멘티들과의 친목을 다지는 시간을 가졌다. 멘티들에게 앞으로의 학교생활에 대해 묻기도 하고, 멘토들에 대해 묻기도 하였다. 점심을 먹고 오후부터는 '고무동력기 만들기'를 했다. 멘토링을 하기 전 먼저 고무동력기를 만들어 봤는데 만들기가 어려워 멘티들이 잘 따라오지 못할까 걱정이 됐었다. 그래서 멘토로서 만드는 방법을 가르쳐 주기도 하고 직접 도와주기도 했는데, 조금 더 멘티들에게 맡겨 봤으면 어땠을까 하고 후회가 되기도 했다. 앞으로의 멘토링은 멘티들에게 좀 더 자발적으로 할 수 있는 기회를 주는 데 중점을 두어야겠다고 생각했다.

↘ 다섯째 날

오전에 학습 프로그램을 마치고 오후에는 자신의 미래에 대해 이야기하는 시간을 가졌다. 멘티들이 각자 장래희망을 갖고 앞으로 새터민으로서 한국의 아이들과 같이 어울려서 생활해 나갈 수 있도록 도와주고 싶었다. 멘티들이 각자의 포부를 말하고 앞으로의 생활을 생각하는 시간을 가진 다음, 5일간의 멘토링을 자축하고 멘토와 멘티의 친밀감을 더하는 조그마한 파티를 열었다. 멘티들이 즐거워하는 모습을 보며 5일간의 멘토링을 돌아보니 부족한 부분도 많았고 즐거웠던 부분도 많았다. 지금까지 보낸 5일의 짧은 시간은 멘티들의 활동을 돌아보고 멘토 자신도 돌아볼 수 있는 소중한 시간이었다.

9) 사례 9: 언어 학습 및 창의성 신장 멘토링

↘ 첫째 날

내가 담당한 학생은 ○○이와 ○○이었다. ○○이가 오지 않아서 우선 ○○이만 데리고 이야기를 했다. 처음에는 수줍음을 많이 탔지만 점차

이야기를 나누면서 나에게 먼저 말을 걸기도 하고 마음을 열었다. 새터민이라서 말을 잘 알아듣지 못하면 어떡하나 걱정했는데, 내 예상과는 달리 말도 곧잘 하고 의사소통에는 전혀 문제가 없었다. 오전에 간단히 실력을 테스트했는데 받침 있는 글자를 잘 쓰지 못하고 단어를 소리나는 대로 적었다. 오후에 ○○이가 뒤늦게 도착하여 함께 한글 공부를 시작했다. ○○이는 평소 학교에서 받아쓰기를 하면 10~20점을 맞는다고 했다. ○○이 역시 의사소통에는 문제가 없었지만 쓰기 능력이 부족한 것을 알 수 있었다. ○○이는 집중력이 뛰어나서 한번 자신에게 일이 주어지면 마칠 때까지 자리를 뜨지 않는 모습을 보였다. 지금은 쓰기 능력이 부족하지만 이 정도 끈기라면 나중에 자신의 관심 분야에서 두각을 나타내지 않을까 생각했다. 말할 때 가끔씩 북한 억양이 묻어나오는 점은 차차 고쳐야 할 점인 것 같았다. ○○이는 전형적인 초등학교 1학년 여학생의 발랄한 모습이었다. 새터민이라고 미리 언급해 주지 않았으면 보통 초등학생과 전혀 구별할 수 없을 정도로 또래 집단과 비슷한 모습이었다. 다만 쓰기 능력이 부족한데 공부하기를 싫어해서 걱정되었다. 그 밖에는 친구들과 사이좋게 지내는 등 별다른 문제는 없어보였다.

↘ 둘째 날

멘토링 시작할 때, 오전에는 한글을 집중적으로 가르치고 오후에는 창의성 멘토링을 하기로 계획했다. 아이들과 공부를 시작하기 전 이야기를 나누면서 긴장을 풀고 한글 쓰기 시간을 가졌다. 아이들에게 여러 가지 단어를 한 번씩 쓰게 하는 것보다 몇 개의 단어를 집중적으로 설명하여 완전히 자기 것으로 만들게 하려고 반복 학습을 시켰다. 몇 번씩 따라 쓰고 받아쓰기를 계속 하다 보니 하루의 멘토링이 끝날 무렵에는 아이들이 그날 배운 단어는 완벽하게 읽고 쓸 수 있게 되었다. 오후에는 아이들이 만들기를 좋아한다는 점을 보고, 해시계 만들기를 진행하였다. 비교적

쉬운 수준의 만들기였지만 어린 학생들이어서인지 조립을 잘하지 못하고, 중간에 찢어지는 일도 생겼다. 그럴 때마다 나는 아이들이 문제를 스스로 해결할 수 있도록 해시계를 만드는 과정에 개입을 최소화하였다. 스스로 문제를 해결하고, 결과물을 완성함으로써 아이들이 성취감을 맛볼 수 있도록 하고 싶었다.

↘ 셋째 날

아이들과 점차 친밀해지면서 첫날에는 선생님이 하라고 한 일에 대해 두말없이 따르던 아이들이 산만해지기 시작했다. 특히 받아쓰기를 어려워해서 불러 주는 단어를 아예 쓰지 않거나, 다시 써 보라고 해도 자리를 비우는 등 공부하기를 무척 싫어했다. 그래서 단어를 다섯 번 다시 쓰면 재미있는 활동을 하겠다고 약속하는 등 아이들에게 보상을 주는 방법을 사용했다. 이 방법은 어느 정도 효과가 있었던 것 같다. 아이들이 손으로 만드는 것을 좋아해서 종이접기, 지점토 공작, 바람개비 만들기 등 여러 가지 작품들을 만들어 보는 시간을 가졌다. 자신이 만든 작품은 집에 가져가도록 했더니 아이들이 무척 좋아했다. '새를 새장 속으로' 활동을 하여 눈의 잔상에 대해 이해해 보았다. 이 활동을 아이들이 무척 신기해했고, 멀리서 만드는 것을 바라보던 아이들까지 와서 만들고 싶다며 조르는 탓에 여러 개를 만들었다.

↘ 넷째 날

오전에는 한글 학습을 했다. 지금까지 배운 단어들을 다시 시험보고 부족한 부분은 또 써보는 시간을 가졌다. ○○이는 받아쓰기도 열심히 하고 다시 써보라는 과제를 주었을 때도 한눈팔지 않고 끝까지 열심히 했다. ○○이는 잘 쓰지 않고 놀고 싶어 해서 과제를 끝냈을 때 보상을 주는 식으로 공부를 하도록 유도했다. 점심 시간에는 ○○이가 밥을 잘 먹지 않고, 식사 도중 교실에서 뛰어노는 등 산만한 행동을 해서 식사 예절을 가르쳤다.

오후에는 '바늘구멍 사진기를 통한 빛의 성질 이해' 활동을 했다. 사진기에 상이 거꾸로 맺히는 모습에 아이들이 신기해했다. 나이가 어려서인지, 상이 거꾸로 맺히는 것에 대한 원리를 설명하는데 잘 듣지 않았다. 연구실에 있는 색소를 이용해 전지에 손바닥 찍기 활동을 했다. 저학년이라서 그런지 활동에 열심히 참여하고 즐거워했다.

다섯째 날

태극기를 그려서 긴 막대기에 붙여 깃발을 만들어 보았다. 의외로 아이들이 태극기의 모양을 비교적 정확하게 알고 있었다. 다음에는 마지막 날이니 만큼, 서로 편지를 주고받기로 하고 도화지에 편지를 쓰는 시간을 가졌다. 아이들이 그림을 그리고 틀린 맞춤법과 삐뚤빼뚤한 글씨지만 고사리 같은 손으로 편지를 써서 주니 감동이 밀려왔다. 나도 아이들에게 준비해 온 편지와 선물을 주고 앞으로 생활에 대한 조언을 해 준 뒤, 과자와 음료수를 먹으며 대화하는 시간을 가졌다. 마지막 날이라고 해도 별 감흥이 없었던 아이들이 있었던 반면, 다음 주에도 계속 나오겠다고 아쉬워하는 아이들도 있었다. 연락처를 주고 선생님한테 자주 전화하라고 했지만 아쉬움은 없어지지 않았다. 오후 시간에는 감상문과 설문지를 작성하는 시간을 가졌다. 5일간 멘토링 활동을 하면서 힘들다는 생각이 많이 들었는데 금요일이 되어서야 5일이라는 기간이 너무 짧음을 느꼈다. 한글을 열심히 가르치려고 했지만, 1학년 아이들이 집중할 수 있는 시간이 짧은 데다가 기간도 짧아 주로 창의성 멘토링에 중점을 두었던 것 같다. 연구부장 선생님께서도 새터민 아이들이 평소 학급에 섞여 있을 때는 내성적이고 잘 웃지 않아 걱정인데 이번 멘토링 활동을 통해서 전반적인 생활 태도가 좋아지기를 바란다고 하셨다. 그래서 공부도 공부지만 아이들과 최대한 가깝게 지내고 아이들이 나에게 마음을 열고 이야기할 수 있도록 노력했다. 아이들에게 내 노력이 고스란히 전해졌을지는 의문이지만 어느 정도는 아이들과 인간 대 인간으로 교감할 수 있었던 시간이 아닌가 생각한다. 아이들과 다시 만날 수 있을지는 잘 모르겠지만, 멘토링 프로그램에서 학생들과 지속적인 만남을 가질 수 있는 활동이 있다면 더욱 좋을 것 같다는 생각이 들었다.

10) 사례 10: 언어 학습 및 창의성 신장 멘토링

↘ 첫째 날

오전에는 아이들과 친목의 시간을 가졌다. 내가 맡게 된 아이들이 첫날에 다소 늦게 학교에 도착하여 오자마자 점심을 먹는 사태가 발생하였다. 점심을 챙겨 주면서 서로의 이름을 소개하고, 밥과 반찬에 대한 이야기를 하면서 서로에 대해 차츰 알게 된 시간이었다.

아이들의 한글 실력이 부족하여 교재로 한글 공부를 시작하였다. 기역 니은 디귿…… 기초부터 잘 몰라서 그림과 함께 설명하며 가르쳤다. 말은 잘하는 편이나 읽기나 쓰기에 너무 취약하였다. 게다가 학습 의욕도 저조하여, 이야기를 꾸며 동화구연을 하면서 등장인물이나 사물에 대해 한글로 적어 보도록 읽도록 지도하였다. 하지만 집중 시간이 다소 짧아 흥미를 유발하기 위하여 해시계를 만들어 보았다. 조립을 하고 해시계 보는 방법에 대해 이야기를 하였지만 듣기 실력 또한 부족하여 아주 간단한 일상의 단어들을 잘 알아듣지 못하였다. 다시 한 번 한글 지도가 우선이라는 생각이 들었다.

↘ 둘째 날

내가 생각했던 것보다 아이가 훨씬 어휘력이 부족하다는 것을 알았다.

연못, 놀이터, 운동장 등의 단어도 잘 알지 못했고 은, 는, 이, 가 등 조사를 사용할 줄 몰랐다. 올해 1월에도 새터민 아이를 지도한 적이 있었는데 다행히도 그 아이는 중국어를 구사할 줄 알았기 때문에 최소한 하나의 언어에 대해서 의사소통이 가능하였지만, 지금 ○○의 경우는 중국어나 한자도 전혀 모르고 한글도 모르며 그저 말만 할 수 있는 수준이었다.

어제 자음에 대해 학습하였기 때문에 오늘은 모음을 가르치고 자음과 모음 모두 받아쓰기 시험을 보았다. 다행히도 백점을 맞아서 내가 더 기분이 좋았던 것 같다.

오후에는 고무동력기를 만들었다. 아이가 고무동력기를 만드는 과정에는 흥미가 없고 그저 다 만들어진 완성품만을 갖고 싶어 하였기 때문에 부품들을 다 잊어버리고 고생이 이만저만이 아니었지만, 그나마 ○○ 친구 ○○가 고무동력기에 많은 애착을 가지고 있어서 셋이서 열심히 완성하였다.

↘ 셋째 날

자음과 모음을 다 배웠기 때문에 이번에는 받침이 있는 글자를 학습하였다. 받침 없는 글자를 읽는 것보다 받침이 있는 글자 읽는 것을 정말 어려워하였다. 학교 측에서 만든 교재는 구성은 좋지만 그 교재 안의 어휘가 외래어가 대부분이고 아이들이 알 수 없는 어려운 단어들이 많아서 이야기를 하면서 이야기 속에 나오는 단어를 한 번씩 써 보고 읽어 보게 하였다.

오후에는 페트병과 학교 연구실에 있는 식용색소로 미니 분수대를 만들어 보았다. 투명한 플라스틱 상자 안에 페트병 입구를 고무찰흙으로 막았다. 그런 다음 페트병에 긴 빨대 2개를 꽂았다. 한쪽 빨대를 입으로 불면 다른 쪽 빨대에서 페트병 안의 물이 나오는 원리로 분수대가 만들어졌다. 물속에 식용색소를 넣었기 때문에 물 색깔이 알록달록해서 아이들이 좋아했다. 또한 커다란 전지에다가 색소를 혼합한 물에 자신의 손바닥을 찍어 보는 활동도 하였다. 흰 전지에 다양한 색깔의 손바닥이 찍히니 아이들도 무척이나 신나했다.

사실 하루 종일 다양한 프로그램을 계획해서 어떻게 지루하지 않게 할 수 있을까 생각했는데 대학 측에서 준비한 자료뿐 아니라 초등학교 내의 많은 준비물도 멘토링을 수월하게 하는 데 많은 도움이 되었던 것 같다.

↘ 넷째 날

오전에는 한글 교재에 나오는 간단한 단어로 종이접기를 해 보았다. 한글을 써 보고 그 다음 그 단어를 종이로 접거나 그림을 그렸다. 아이와 조금 친해져서인지 내가 맡은 ○○가 자신이 중국에서 살았던 집을 그려주고 키우던 강아지와 고양이 이야기를 해 주었다. 엄마, 아빠, 가족 이야기까지 듣게 되었다.

오후에는 학교 체육관에서 볼링도 하고 야구, 농구, 체조 등 체육 학습을 하였다. 역시 공부보다 직접 몸을 움직이면서 하는 활동을 훨씬 더 좋아하였다. 운동을 하고 나서는 사용한 공과 체육관 시설들을 정리하면서 이야기도 많이 나누었다. 조금 일찍 끝낸 후 역할을 분담하여 교실 청소도 하였다. 아이들이 청소를 하면 더 더럽혀질 것이라는 예상과는 달리 걸레도 빨고 쓰레받기로 쓰레기도 정성껏 주워 담는 모습을 보니 대견스러웠다.

↘ 다섯째 날

마지막 멘토링 날이라 아이들을 위해 자그마한 선물과 과자 파티를 준비하였다. 멘티가 교과서를 가져와서 어려워서 빈칸을 채우지 못했던 부분들을 가르쳐 달라고 하여 같이 쓰기 교과서로 멘토링을 하였다. 또 한글 학습을 위해 멘토와 멘티가 서로에게 편지쓰는 시간을 가졌다. 편지를 쓰면서 어려운 단어나 쓰지 못하는 말들을 물어보고 대답해 주며 편지를 완성하였다.

오후에는 아이들과 설문지를 함께 작성하였다. 한글을 잘 읽지 못하고 이해하지 못하기 때문에 설문지를 작성하는 데에도 큰 어려움이 있었다. 5일간의 멘토링은 수료식과 함께 마감되었다.

11) 사례 11: 창의성 신장 멘토링

↘ 첫째 날

멘티와의 결연은 자기소개 위주로 30분 정도 진행했다. 처음에는 이름을 물어도 대답하지 않고, 작은 목소리로 간신히 대답하는 등 나에게 관심을 갖지 않았다. 그러나 '나에 대해 알아보기' 활동을 하면서 내가 적극적으로 멘티들과 함께 좋아하는 일상의 것들을 이야기하면서 아이들이 좋아할 만한 것들을 의도적으로 말한 결과 조금은 친숙하게 된 것 같았다. 점심을 먹고 나서는 즐거웠던 때를 떠올리며 그림을 그려 보는 활동을 했다. 내가 담당한 멘티는 초등학교 2학년 남자아이 2명인데, 남자아이들이어서 그림 그리기 활동을 싫어하면 어쩌나 걱정했는데 우려와는 달리 활동에 즐겁게 참여했다. 가장 적극적인 활동을 한 것은 '해시계 만들기'였다. 해시계 자체는 대학에서 제공한 교구로 만들었는데, 미리 부분들이 잘려져 있어 수월하게 만들 수 있었다. 멘티들이 어려워하거나 지루해하지 않아 다행이었다. 특히 만들기 활동에 큰 흥미를 보여 화요일에는 2학년 아이들에게는 다소 어려울 수 있지만 차근차근 고무동력기를 만들어 보자고 약속했다.

↘ 둘째 날

'수 카드놀이'는 수학 교구인 수 카드를 이용한 활동이었다. 수 카드를 한 세트씩 나누어 준 다음 내가 더하기, 빼기, 곱하기 등의 계산 문제를 내면 아이들은 그에 해당하는 답을 단순히 말로 하기보다는 계산은 속으로 하되 그 결과를 숫자 카드로 만드는 것이다. 처음에 연습할 때는 익숙하지 않아 어려워하더니, 나중에 먼저 6점을 선취하는 시합을 할 때는 승부욕을 보이며 참여하였다.

고무동력기 만들기의 경우 전체적인 골격을 조립하는 활동은 무리 없이 잘 따라하는 등 좋았지만, 나중에 종이를 오려 붙이는 과정에서 마음대로 되지 않아 조급한 모습을 보이고 짜증을 내기도 했다. ○○는 다소 성미가 급하고 싫증을 잘 내며 특히 순간순간의 감정 기복이 심했다. ○○의 경우, 활동을 이끄는 대로 원만하게 잘 따르는 편이다. ○○이에게 조금 더 많은 신경을 써야겠다는 생각이 든다.

↘ 셋째 날

찰흙 인형 만들기는 오전에 진행했다. 책상 위에 책받침 2장을 각각 깔고 연구실에서 가져온 지점토와 색깔 찰흙으로 처음에는 자유롭게 만들기를 했다. 그러고 나서는 냉장고에 붙이는 조그만 장식 인형과 같은 것을 만들어 보는 활동을 했다. 내가 맡은 멘티 중 ○○이는 만들기에 흥미를 보이면서도 찰흙이나 수 카드놀이 등의 활동은 재미없어 했다.

물로켓 활동은 오전 활동인 찰흙 만들기와는 다르게 ○○뿐 아니라 ○○도 열성적으로 참여하였다. 오전에 6학년들의 물로켓이 날지 않아 걱정을 많이 했다. 우리도 비록 날리지는 못했지만, 실망하지 않고 계속 해보려고 하는 아이들의 모습이 기특하면서도 나의 부족한 점 때문에 물로켓을 날리지 못한 것 같아 아쉬운 생각이 들었다.

↘ 넷째 날

쌓기 나무 활동은 오전에 진행했다. 연구실에서 색깔별 쌓기 나무와

2학년－나 수학책을 가져와서 멘티들과 함께 쌓기 나무를 직접 해 보는 활동을 주로 했다. 교과서에 나와 있는 대로 여러 가지 모양을 만들어 보고 모눈종이에 직접 색칠을 했다. 이 활동보다는 점심 먹기 전에 자유롭게 쌓아보라고 했는데, 이때 더 흥미를 느끼며 참여했던 것 같다.

점심을 먹고 난 뒤, 지금까지 체육 활동을 한 적이 없는 것 같아 다목적실에서 간단한 T볼 활동을 했다. 배트가 고무지만 무게가 꽤 나가 나에게도 무거운 감이 없잖아 있었는데 처음 해 보는 것이어서인지 땀을 뻘뻘 흘리면서도 웃으면서 달리는 모습을 보니 내가 특별히 한 것은 없다고 생각되었지만 보람을 느꼈다.

멘토 활동이 끝나고 나서 진행된 협의 때, 장일태 선생님께서 오늘이 어느 덧 마지막 전날이라 하셨는데 벌써 시간이 이만큼 지나갔구나 하는 생각이 들었다. 쌓기 나무를 하는 동안 나에게 이제 몇 번 더 오냐고 물어보던 아이들 얼굴이 생각났다.

다섯째 날

어제 ○○와 ○○에게 지금까지의 활동 중 가장 즐거웠던 활동에 대해 물어보자 고무동력기 만들기라고 했는데 마침 다른 선생님들이 사용하지 않은 고무동력기가 2~3개 정도 남아 있어서 다시 한 번 만들어 날려 보기로 했다. 어제 협의 시간에 학습적인 측면의 도움보다는 아이들의 상황상, 즐거운 시간을 보낼 수 있도록 하는 데 중점을 두고 프로그램을 진행했으면 좋겠다는 담당 선생님의 말씀을 참고해서였다. 이미 한 번 만들어 봐서 그런지 1시간도 되지 않아 완성을 했다. 이번에는 직접적인 도움은 배제하고 멘티들로 하여금 만드는 과정을 생각해내서 스스로 할 수 있도록 하는 데 주안점을 두었다.

'멘티와의 시간'은 함께 2학년 3반 교실을 사용한 4, 5, 6학년 담당 멘토들과 함께 약간씩 돈을 모아, 아이들과 과자 파티를 했다. 과자를 먹으면서 짧은 시간이었지만 그동안의 활동을 되돌아보고 서로 대화하는 시간을 가졌다. 무엇보다 ○○와 ○○가 어제와는 다르게 서로 짜증내지 않고 웃으면서 하루를 보내서 기분이 좋았다.

수료식은 2시까지 프로그램을 마무리 해달라는 장일태 선생님의 요청으로 2시 30분까지 1반으로 모여서 3시까지 멘티, 멘토 모두 설문지를 작성하고 3시부터 시작되었다. 5일이라는 짧은 시간 동안, 실습과는 다른 소중한 경험을 할 수 있었다.

12) 사례 12: 교과학습 멘토링

↘ 첫째 날

멘토링 활동 첫날이다. 삼산종합사회복지관이라는 이름 하나만 알고 그곳에 찾아가야 했다. 버스 편을 찾아봐도 잘 모르겠고, 택시 아저씨도 그곳이 어딘지 잘 모르셔서 엄청 헤매다가 아파트 단지 속에 작은 건물인 복지관에 겨우 도착했다. 복지관에는 같이 멘토링을 할 우리 학교 학생들이 꽤 와 있었고, 나처럼 길을 잃고 헤매서 아직 도착하지 못한 사람들도 있었다. 첫모임이었기 때문에 복지사 선생님과 소개를 하고, 앞으로 무슨 교재로 가르치게 될 것인지, 어떤 방법으로 가르치게 될 것인지 설명을 들었다. 그리고 새터민 식구들 중에 연락받고 온 몇몇의 학생들과 소개를 했다. 다들 순박하고 착한 아이들 같아 보였다. 다음 주 월요일부터 멘토링을 시작하기로 하고, 학생들이 다 오지 않아 여기서 마쳤다.

↘ 둘째 날

멘토링 둘째 날. 멘토와 멘티를 연결하기로 한 날이다. 저번에 한 번 가 본 길이라서 이번에는 헤매지 않고 곧장 복지관을 찾아갔다. 나는 '○○'라는 초등학교 6학년 아이와 멘토-멘티 사이가 되었다. 같이 앉아서 이야기를 하다 보니 ○○는 16세였다. 북한에서 배우는 것과 우리나라에서 배우는 교육 과정이 달라서 학교 수업을 따라가는 데에 어려움을 느끼기 때문에 새터민 자녀들 중 고학년 학생들은 한두 살 정도 아래 학년에 들어가서 멘토링을 한다고 했다. 같은 나이의 친구들은 다 중학생인데 혼자 초등학생이면 기분이 나쁘지 않을까? 좀 비뚤어지거나 대하기 힘든 아이는 아닐까 하는 생각이 들었었는데, 같이 앉아서 이야기하다 보니 정말 착하고 밝은 성격을 지닌 아이란 걸 알 수 있었다. 첫날이라서 앞으로 멘토링을 어떻게 할지 상의하고, 서로에 대해 이것저것 알아가는 시간을 가졌다. 새터민 활동을 하는 아이들 중에 나이가 가장 많아서 나와 말도 잘 통했고, 핸드폰도 가지고 있어서 서로 연락처를 교환할 수 있어서 좋았다.

↘ 셋째 날

멘티인 ○○가 나오지 않아서 다른 멘티를 같이 돌봐주다가 3층 교실에서 성인 새터민 영어 멘토링을 청강하였다. 일반 영어 강사분이 복지관에 오셔서 일주일에 두 번 정도 성인 새터민 주민들에게 간단한 기초 영어를 가르쳐 주는 멘토링이었다. 멘티를 어떻게 가르쳐야 하나 걱정이 많이 앞서고, 어디서부터 어떻게 도와주어야 멘티의 학습 능력을 높이는 데 보탬이 될 수 있을지 전혀 감을 잡지 못했었는데, 성인 새터민 영어 멘토링을 청강하고 난 뒤 많이 배울 수 있었다. 다음 날 ○○가 오면 ○○의 수준을 테스트해 보고 며칠 안 되는 멘토링 기간이지만 ○○에게 도움이 될 수 있는 방향으로 멘토링을 해야겠다는 생각을 했다.

↘ 넷째 날

○○와 구체적으로 공부에 대한 이야기를 해 보았다. ○○는 영어와 수학, 과학이 좀 부족하다고 느끼고 있었다. 창의력 학습지의 시간을 줄

이고, 수학 시간을 더 늘리고 싶다고 얘기하는 것으로 보아 공부에 참 열의가 있는 아이라는 생각이 들었다. 함께 하는 동안 ○○가 공부하는 데 많은 도움이 되기 위해 노력해야겠다.

↘ 다섯째 날

○○가 좀 늦게 왔다. 학원 숙제가 많아서 피곤하다고 했다. 피곤해하면서도 빠지지 않고 나와서 공부하는 모습을 보니 기특하게 생각되었다. 우리가 해야 할 내용을 끝내고 ○○의 학원 숙제를 도와주었다. 학원에서 배우는 내용이 엄청 많아 보였다. ○○은 우리나라에서 생활하는 데 전혀 문제가 없어 보였다. 그래도 ○○을 위해 내가 도와줄 수 있는 만큼은 열심히 도와줘야겠다.

↘ 여섯째 날

눈이 엄청 많이 내린 날이었다. 추운 날씨임에도 불구하고, ○○은 나보다 빨리 와 있었다. 다른 학생들 중 몇몇은 눈이 너무 많이 내려서 결석을 했다. 멀리서 오는 학생은 특히 힘들었을 것이다. 우리도 눈이 와서 좀 더 일찍 나왔음에도 불구하고, 차가 꼼짝도 못해서 지하철까지 탔는데 그래도 좀 늦었으니 말이다. 오늘도 ○○의 많은 숙제에 놀라하면서 그럼에도 ○○이 열심히 하는 모습이 또 한 번 멋져 보였다. 벌써 일주일이 지나가다니. 다음 주가 되면 ○○과 헤어져야 한다는 것이 아쉽다. 끝까지 열심히 해야겠다.

↘ 일곱째 날

오늘은 ○○이 아파서 복지관에 오지 않았다. 그래서 다른 멘토들과 아이들을 함께 돌봐주었다. ○○는 처음 왔을 때 한마디도 안 하더니, 이제는 멘토 시간이 재미있는지 온 교실을 휘젓고 다녔다. 그 모습을 보니,

아이들은 참 빨리 적응하는구나! 하는 생각이 들었다. 그리고 오늘은 복지관 안에 있는 어린이도서관을 구경했다. 좋은 책들이 많이 있었다. 같이 도서관에 간 국어과 언니가 동화책에도 좋은 내용이 많다고 해서 언니가 추천해 주신 동화책 몇 권을 읽어 보았다. 정말 좋은 내용이 많이 있었다. 동화책임에도 불구하고 내가 읽고 느낀 점이 참 많았다. 동화책 안에도 많은 뜻이 담겨 있다는 것을 새삼 깨닫는 하루였다.

여덟째 날

어제 아파서 하루 쉬었던 ○○이 오늘은 더 많은 분량의 공부를 하자고 했다. 보통 미루거나 꾀를 부리기 일쑤인데 그런 말을 해 주어서 좋았다. 하지만 영어 단어 암기는 힘들어하는 것 같았다. 다른 멘티들은 알파벳 암기, 색칠놀이 등을 하고 있는데 혼자 공부하려니 집중하기가 더 힘들어 보였다. 저학년과 고학년을 나눠서 교실 배정을 해야 좀 더 효율적일 것 같다는 생각을 했다. 그리고 초등학생을 대상으로 연속 4시간 멘토링을 하는 것은 비효율적이라는 생각도 들었다.

아홉째 날

어제 다른 아이들의 미술 활동을 부러워하던 ○○이 오늘은 우리도 미술 활동을 해 보자고 했다. ○○이 직접 재료를 가져오겠다면서 A4 용지를 가져왔다. ○○은 그림을 꽤 잘 그렸다. 창의력 수학 문제를 푸는데도 생각하는 방법이 아주 훌륭했다. 삼국지, 수호지 같은 책들도 읽었다고 하는데, 책 읽는 것도 좋아하는 것 같았다. 정말 ○○은 의욕적이고 하고자 하는 욕심도 많고 열심히 하는 학생 같았다. 이제 내일이면 마지막인데 끝까지 좋은 멘토가 되어 주고 싶다.

↘ 열째 날

멘토 마지막 날이었다. 그동안 외운 영어 시험을 마지막으로 보고 마무리 시간을 가졌다. 그 전에 ○○ 교수님이 오셔서 교수님과 다른 멘토 언니와 ○○와 셋이 이야기를 나누었는데, 북한 얘기도 더 많이 듣고, ○○한테 중국어를 배우기도 하고 재미있는 시간이었다. 막상 오늘이 마지막이라고 하니 마음이 적적했다. 다들 모여서 사진을 찍고, 마무리를 했다. 10일이라는 짧은 시간이었지만 그래도 ○○와도 많이 친해지고 재미있었던 시간이었다. 내일도 아침 일찍 일어나서 복지관으로 향해야 할 것 같은데, 이제 안 온다고 생각하니 허전했다. 2기 멘토링도 잘 연결되어서 ○○에게 좋은 날들이 되길 바란다.

13) 사례 13: 교과학습 멘토링

↘ 첫째 날

멘토링 활동 첫날로 아직 멘토와 멘티는 정해지지 않았지만 새터민이란 용어 사용의 유래와 거주 현황 및 정착 지원 제도에 관한 사전 교육이 실시되었고, 우리가 시작하게 될 활동에 관한 의의를 다시 한 번 돌아보는 계기가 되었다. 월요일부터 시작될 멘토링 활동에 최선을 다할 것을 다짐하며 첫날 사전 교육을 마쳤다. 사실 북한 이탈 주민들에 대해 막연하게만 생각해 왔지 제대로 된 실상을 알지는 못했다. 하지만 오늘의 사전 교육을 통해 여러 가지 현황에 대해 알 수 있었고, 어떤 교육이 필요할지 어떤 방식으로 진행해야 할지에 대해 생각해 볼 수 있는 시간이 되었다.

↘ 둘째 날

멘티와 첫 만남을 가졌다. 내 멘티는 5세인 ○○○이란 아이였다. 처음에는 친숙한 대화 소재를 통해 많은 이야기를 나누었고, 부족한 한글 공부와 함께 그림 공부도 하고 만들기도 해 보았다. ○○이는 겉으로 봐서는 전혀 새터민이란 사실을 알 수 없는 밝고 귀여운 아이였다. 아직 나이가 어려 다른 아이들과 눈에 띄게 다른 점은 발견할 수 없었고 처음 한 시간은 약간 낯설어했지만 조금 시간이 지나자 밝아져서 말도 많이 하고 적극적인 활동을 보여 기분이 좋았다.

↘ 셋째 날

갈산복지관으로 처음 멘토링 활동을 나갔다. 오전에 갔을 때는 갈산복지관 선생님과 만나 ○○에 대한 이야기를 나누었다. 그러나 오전 중에 오기로 했던 ○○이가 아무리 기다려도 오지 않고 연락도 되지 않아 할 수 없이 오후에 다시 가기로 하고 복지관을 나섰다. 오후에 다시 가서 방과 후 교실에 참가하고 있는 ○○를 잠깐 만나고 그곳 선생님과 ○○에 대한 이야기를 나누어 보았다. 말투로는 겉모습이나 ○○는 전혀 새터민처럼 보이지 않았다. 친구들과도 잘 지내는 것 같고 학습 능력도 떨어져 보이지 않았다. 내가 이 아이에게 무엇을 가르쳐 주면 좋을지, 부족한 것은 무엇인지 내일 첫 멘토링 활동을 통해 서서히 알아가야겠다.

↘ 넷째 날

○○ 어머님이 오셔서 ○○에게 부족한 점들과 내가 채워주었으면 하는 부분들에 대해 이야기를 나누어 보았다. 어머님이 가시고 나자 ○○도 처음에는 어색해했으나 차차 말문을 열어 하고 싶은 말을 잘하였다. 상담 후, 일단 학교에서 제작한 창의력 신장 프로그램 책자로 멘토링을 해 보았다. 수학쪽에 흥미가 있어 해서 수리 능력 문제 위주로 풀어 보았는데, 창의성을 필요로 하는 문제를 해 본 적이 없다며 조금 어려워했다. 지금은 학습에 대한 열의가 있고 학습 능력도 떨어지지 않았지만 2년 전

한국에 처음 왔을 때는 적응이 어려웠고 학년도 자기 나이보다 두 학년이나 어린 5학년이 되었다고 하였다. 하지만 지금은 교우관계도 원만하고 공부도 웬만큼 한다고 하였다. 내 도움이 너무 늦은 것은 아닌가 하는 생각도 약간 들었지만 나름의 고민이 있다면 내가 도와주고 형제자매 없이 어머니와 단둘이 사는 ○○에게 내가 누나가 되었으면 좋겠다는 생각을 해 보았다.

다섯째 날

○○에 대해 제대로 아는 게 없어 자기 소개서를 쓰는 시간을 가졌다. 일단 자기 모습을 그림으로 그리고 자신에 대한 여러 가지 정보를 쓴 다음 꾸며 보도록 했다. 나도 만들어서 서로 바꿔 가지기로 했다. ○○이 그림 그리는 걸 좋아해서 내가 학교도서관에서 빌려온 그림 그리기용 도서를 이용해 함께 그림을 그려 보았다. 그 후에는 ○○이 가져온 한자책과 국어 문제집을 풀도록 하면서 내가 조금씩 봐 주었고 공부한 후에는 삼각형 그리기 게임을 해 보았다. 마지막으로 파란 종이에 여러 가지 물고기와 해조류를 접어 꾸며 종이접기를 통해 바다 꾸미기를 해 보았다. 일단 자기 소개서를 통해 ○○에 대해 조금 더 알 수 있었다.

○○이 그림 그리는 걸 너무 좋아해서 나와 소통 없이 계속 그림만 그리려고 해서 조금 힘들었지만 나도 같이 그려 보기도 하고 말을 걸어 보기도 하며 활동을 하였다. 학습을 하려 하자 조금 지루해하는 모습을 보여서 간단한 게임을 하였고, 종이접기에도 그다지 흥미가 없어했으나 일단 해 보자며 시작을 하니 끈기 있게 접는 모습을 보여 주었다. 친구들과 놀고 싶어 하는 모습을 보여 조금 더 ○○의 흥미를 끌 수 있는 방법이 필요하다고 생각했다.

↘ 여섯째 날

○○의 상상력과 창의력이 조금 부족하다는 판단하에 이것으로 학습 지도 방향의 초점을 맞추기로 하였다. 그래서 처음 준비해 간 것이 상상력 그리기라는 주제였다. 사실적인 그림은 잘 그리지만 무언가를 상상해서 독창적으로 그리라고 하면 그림에 손을 대지도 못하는 모습이 조금 안타까웠다. 그 다음은 창의력 글짓기 시간이었다. 상상할 수 있는 주제를 주고 짧은 글짓기를 해 보는 것이었다. 간단한 상식을 통한 가로세로 퀴즈와 쉬는 시간에는 오목 두는 법을 가르쳐 주기도 하였다. 한자 급수 시험을 준비하는 ○○을 위해 한자 공부도 같이 해 보고, 마지막으로 준비해 간 점토로 작품을 만들어 보았다.

학습 능력이나 사실적인 상황 파악 능력은 뛰어나지만 그 나이 또래 아이가 가져야 할 기발한 생각이라든지 독창적인 상상력, 창의력이 너무 부족한 것을 느낄 수 있었다. 그래서 되도록 손을 많이 쓰도록 하고 함께 생각해 볼 수 있는 주제를 통해 발달해 갈 수 있도록 조금씩 도와줘야겠다는 생각을 했다.

↘ 일곱째 날

어제에 이어 오늘도 창의력 글짓기를 해 보았다. 글만 쓰는 것이 아니라 책을 준비해 가서 그 안의 여러 가지 퀴즈와 놀이를 해 가면서 진도를 나갔다. 그림 그리는 걸 좋아하는 ○○을 위해 오늘은 자료물을 준비해 가서 만화 그리기도 해 보았다. 이제 5학년이 되는 ○○을 위해 수학 문제집으로 수학 공부도 하였다. 어제부터 틈날 때마다 그리스 로마 신화 책을 읽고 있는 ○○을 위해 오늘은 따로 독서할 시간을 주어 책을 읽고 그에 대해 이야기를 조금 나누어 보았다. 가로세로 퀴즈를 좋아하는 ○○을 위해 퀴즈도 풀어 보고 빙고 게임도 가르쳐 주었다. 마지막 시간에는 어제 못다한 점토 작품을 완성해 보았다.

확실히 또래 아이들이 그렇듯 흥미로운 주제에는 열심이지만 조금 흥미가 없으면 겉으로 그대로 나타나 버린다. 그래서 흥미를 지속시킬 수 있는 주제를 찾기 위해 노력하고 있지만 한 가지 주제로 오래 할 수 없으므로 다양한 주제를 찾는 것이 조금 힘들었다. 하지만 준비해 간 것을 열심히 하는 ○○을 보면 다시 힘을 낼 수 있었다. 이제 멘토링 활동에도 익숙한 듯 보이고 하고 싶은 것도 말할 줄 알아서 참 보기 좋다.

↘ 여덟째 날

오늘은 ○○이 제일 친한 친구라며 친구를 한 명 데리고 왔다. 친구와 함께 활동할 수 있도록 처음에는 숨은그림찾기와 다른그림찾기를 해 보았다. 그리고 문화재에 대해 조금 공부해 본 뒤에 준비해 간 문화재 관련 가로세로 퀴즈도 풀어 보았다. 수학 공부를 위해 준비한 놀이 학습 주제는 바로 칠교놀이였다. 칠교판을 직접 그려 오리고 색종이를 붙여 완성시킨 후 준비해 간 다양한 모양을 맞춰보았다. 그리고 매우 간단한 영어 퀴즈를 준비해 갔는데 생각보다 영어에 기초가 없어서 놀랐고 학습해야겠다고 생각했다. 함께 책을 좀 읽다가 ○○ 친구들 4명이 더 와서 같이 보드 게임을 하며 오늘 멘토링을 마무리하였다.

일단 제일 친한 친구를 데려와서 기분이 좋았고, 친구가 있으니 더 활기차게 열심히 활동하는 ○○이 보기 좋았다. 그리고 과연 재미있어 할까 고민하며 준비해 간 칠교놀이를 무척 좋아하면서 내일도 하자고 말해주어서 무척이나 힘이 났다. 영어 학습 능력이 이렇게 부족한 것을 진작 알았더라면 조금 더 공부할 수 있었을 것이라는 아쉬움이 들었고, 친구들과 다 같이 보드 게임을 하며 협동심도 배우고 모두 함께 하는 멘토링 시간이 된 것 같아 좋았다.

아홉째 날

도서실에 도착하니 ○○이『삼국지』를 열심히 읽고 있었다. 그래서 독서할 시간을 조금 더 주고 학습에 집중할 수 있도록 숨은그림찾기 시간을 가졌다. 오늘은 다양한 게임과 퀴즈를 통해 속담 공부를 해 보는 시간을 가졌다. 속담은 많이 알아둘수록 좋다고 생각했기 때문이다. 그리고 인터넷에서 찾아간 초등학생 골든벨 문제로 퀴즈를 내고 맞혀 보기도 하였고 위인을 주제로 가로세로 퀴즈도 풀었다. 어제 즐거워했던 칠교놀이를 오늘은 좀 더 다양한 주제로 변형해서 해 보았고 마지막으로 종이를 이용해 모빌과 연필꽂이를 만들어 보았다. 첫 활동은 또 숨은그림찾기를 해 보았는데 숨은 그림을 찾으면 활동에 집중할 수 있고 또 어려운 그림을 같이 찾으면서 친밀감을 느낄 수도 있어서 좋다. 생각보다 ○○이 속담 공부를 좋아했다. 네모를 만들어 맞추어도 보고 뜻 맞춰보기도 했는데 집중하여 학습하는 것이 보기 좋았다. 역시 퀴즈를 좋아하는 ○○은 오늘도 골든벨 문제와 가로세로 퀴즈를 열심히 풀었다. 칠교놀이도 역시나 흥미를 잃지 않고 열심히 하였다. 종이로 모빌과 연필꽂이를 만들 때는 끝까지 열심히 만들어 작품을 완성하고 나서 기뻐해 주어서 고마웠다.

열째 날

12시 반까지 갈산복지관에서 만나기로 한 ○○과 ○○ 어머님이 아무리 기다려도 오시지 않았다. 결국 1시가 넘어 담당 선생님께서 그냥 삼산복지관으로 일단 가보자고 하셨다. 삼산복지관에 도착하니 많은 새터민 분들과 한전 분들, 그리고 실습생 분들이 계셨다. 그곳에 앉아 함께 레크리에이션을 하며 이야기를 나누었다. 2시 반쯤이 되어 다시 갈산복지관으로 돌아오니 그제서야 ○○이 왔다. 치과에 다녀왔다고 했다. 화도 못 내고 알았다고 한 뒤, 삼국지를 거의 다 읽어 가길래 책을 읽고 있으라고 했다. 그동안 수학 퀴즈를 준비하여 여러 문제를 같이 풀어 보고,

종이접기를 통해 다양한 것들을 만들며 이야기를 나누었고 준비해 간 큐브를 선물로 주며 멘토링을 마무리하였다.

마지막 날인데 약속을 지키지 않는 모습이 너무 야속했다. 당연한 듯이 치과에 다녀왔다고 말하는 것이 이해가 잘되지 않았다. 그런데 그곳 실습생들이 나중에 새터민들이 원래 시간이라든가 약속에 관한 관념 같은 것이 없어 자기들도 힘든 점이 많았다고 말해 주었다. 원래 그랬을지는 몰라도 여기서는 그런 점들은 고쳐나가는 것이 옳다는 것을 알았으면 좋겠다. 그래도 마지막으로 이야기도 좀 더 나누고 연락처도 주었고 멘토링을 잘 마무리한 것 같아 다행이라고 생각했다.

3 새터민을 바라보는 남쪽 멘토의 시선 변화

1) 멘토 A

멘토링을 시작하기 전날에 그동안 미뤄 왔던 〈크로싱〉이라는 영화를 보았다. 나는 북한의 실황에 대해서 거의 알고 있는 것이 없었다. 그러므로 아이들을 만나기 전에 그 아이들이 겪었을지도 모를 일들에 대해 대강이나마 알아두어야 멘토와 멘티 사이에 좀 더 발전된 관계를 맺을 수 있을 것이라 생각하였다. 영화의 내용은 생각했던 것보다 훨씬 심각했고 처음부터 끝까지 슬프고 안타까웠다. 그래서 이런 상처를 가진 아이들이 마음을 열고 멘토를 받아들여 줄지 혹은 내가 실수로 아이에게 또 다른 상처를 주게 되는 건 아닐지 등의 여러 걱정을 가지고 아이들을 만나게 되었다. 하지만 아이들과 만났을 때 우려했던 것보다 아이들이 마음을 빨리 열어 준 것 같다. 그리고 이야기를 나누고 함께 장난을 치면서 일반 아이들보다 순수한 모습을 가지고 있다는 것을 느꼈다. 멘토의 말도 잘 따라 주었고 해맑게 웃는 모습을 보면 탈북자 자녀라는 사실을 종종 잊곤 했다. 그러다가도 〈크로싱〉의 여러 장면이 겹치면서 이 아이들이 운이 나빴다면 겪었어야 될지도 모를 일들이 생각나 마음이 아팠고 앞으로 살아가면서 탈북자 자녀이기 때문에 겪어야 할 모든 것들 때문에 아이들이 좌절감이나 소외감을 느끼게 되진 않을까 조바심도 들었다.

5일이라는 짧은 멘토링 기간에 나의 멘티가 멘토로부터 많은 사랑과 관심을 받고 학습과 만들기를 통한 성취감을 느낌으로써 세상의 유일한 자신의 존재에 대해 자존감을 높일 수 있는 경험이 되었길 바란다. 또한 다문화 가정의 자녀에게 도움을 주는 것 외에 나 스스로도 많은 것을 배우기 위해서 멘토링을 신청하였는데, 기대만큼 정말 많은 것을 배우고 느꼈다. 탈북자 가정 아이들과의 만남은 사회의 소외 계층에 대한 지속적인 관심을 갖게 하는 데 도움을 주었고 이들에 대해 좀 더 알게 됨으로써 앞으로도 계속 함께 공감해 갈 수 있을 것 같다. 이번 멘토링은 정말 소중한 기억이 될 것 같다.

2) 멘토 B

처음 다문화 멘토링에서 새터민 아동 멘토링을 맡았을 때, 사실 교통편이 너무 불편해서 조금 불만스러웠다. 하지만 지금은 새터민 아동 멘토링을 맡길 잘했다고 수백 번, 수천 번 말하고 싶다. 너무나 귀엽고, 예쁘고, 똑똑하고, 해맑은 아이, ○○…… 아침마다 내게 머리를 예쁘게 묶어달라고 하고, 내게 장난도 많이 치고, 안아달라고 하고, 사랑한다고 한 ○○, 정말 잊지 못할 것이다. “선생님, 눈감고 아~해 봐요.” 하면서 내게 마이구미와 사탕을 입에 넣어 준, 노래도 잘하고 춤도 잘 추고, 그림도 잘 그리는 똑똑한 아이 ○○이, 정말 잊지 못할 것이다. 하얗고, 조용

조용하면서도 자기가 할 일은 똑 부러지게 하는, 그림을 정말 잘 그리는 똑똑한 아이○○, 잊지 못할 것이다. 한 가지 안타까운 건, ○○은 중국에서 태어나서 중국에서 쭉 자라 열 살이지만 아직 한글을 잘 몰라서 학교에서 학습 부진아라는 소리를 듣는데, 한글을 떼어 주고 오지 못한 점이다. 이 아이들 모두 똑똑하고 야무지다. 하지만 학교 측에서는 한글을 모른다고 이 아이들을 학습 부진아로 생각하는 것 같다. 학교에서 좀 더 이 아이들에게 따뜻한 관심을 기울여 주고 도와준다면 정말 크게 성공할 가능성이 다분한 아이들이다. 나는 이 아이들이 바르게 클 수 있도록 따뜻한 관심과 사랑을 가질 것이고, 앞으로 이 아이들에게 도움이 될 수 있도록 노력할 것이다. 비록 짧은 5일간의 만남이었지만, 이 아이들에게서 많은 것들을 배웠고, 보람을 느낀 5일을 보낼 수 있었다. 5일 동안 최선을 다해 아이들을 가르친 내 자신에게, 그리고 5일 동안 나와 재미있게 공부한 ○○, 미연이, ○○에게 참 잘했다고 칭찬해 주고 싶다.

3) 멘토 C

3학년임에도 불구하고 멘토링 활동을 하는 것은 이번이 처음이기 때문에 시작할 때에는 다소 두려움이 있었다. 새터민 아동들이라고 하기에, 성격이 어두운 것은 아닐까, 내가 혹시 말이나 행동을 잘못해서 아이들에게 상처를 주게 되는 건 아닐까 싶어서 많이 우려가 되었고 조심스러웠기 때문이다. 그런데 그것은 나의 지나친 걱정이었다. 아이들은 내가 처음 보는 사람인데도 잘 따르고 마음을 열어 주었을 뿐더러 그다지 어두운 면을 갖고 있지 않았다. 며칠 지나자 아이들이 그동안 자신이 겪었던 일이나 가족관계에 대한 이야기를 일부 해 주기도 하였는데, 본인들은 내가 생각하는 것보다 그것을 크게 의식하지 않는 것 같았다.

멘토링 활동이 그동안 했던 참관 실습이나 교과교육 실습과 비슷하지 않을까 하고 어렴풋이 짐작을 했었는데, 사실 실습과 멘토링은 많이 달랐다. 실습에서처럼 정해진 시간이 존재하고 그 시간에 맞추어 참관, 멘토링, 협의를 하는 게 아니라, 모든 것을 미리 계획한 상태에서 아이들과 직접 맞대어 이끌어가야 했다. 비록 어렵고 힘든 점도 있었지만, 교사로서 아이들을 어떻게 대해야 하는지를 어느 정도 터득하게 되었고, 아동의 발달 수준과 실제 학업의 연계가 어떻게 이루어져야 하는지도 조금이나마 깨닫게 되었다. 5일이라는 짧은 시간이었지만 금세 아이들과 정이 들 정도로 정말 즐거웠고, 많은 것을 배우고 느끼게 되었다. 처음의 그 다짐과 설렘을 잊지 않고 늘 아이들과 함께 하는 사람이 되고 싶다.

4) 멘토 D

처음에는 탈북자 아이를 만난다고 해서 그동안 가지고 있었던 북한 사람에 대한 나의 인식을 생각해 보았다. 한국말도 잘 못하고, 말의 끝은 항상 '~했습네다'라는 투일 것 같고, 생긴 것도 나와는 완전 다를 것이라고 생각했다. 공통된 이야기 소재가 없기 때문에 대화도 어려울 것 같았고, 단지 내가 새터민 멘토링을 신청한 것은 새터민을 만날 기회가 많지 않기 때문이라고만 생각했었다. 하지만 막상 내가 만난 17세 ○○이는 여느 남한 아이와 똑같았다. 단지 한국말이 조금 서투르고, 다른 고등학생과 비교해서 너무 순진하다는 점이 ○○이가 일반 아이와는 다르다는 것을 말해 주었다. 처음에는 말도 별로 없었지만, 하루 이틀 만나면서 자신의 얘기도 서슴없이 해 주고, 나에 대해 궁금한 점도 물어보는 ○○이를 보면서 많이 뿌듯했고 우리가 만난 10일이라는 시간이 굉장히 짧게 느껴졌다. 제일 아쉬웠던 점은 한국에서 아직 영화관에 가본 적이 없다는 말에 하루 시간을 내서 부천 영화관 근처에서 만난 적이 있는데, 그날 하필이면 눈이 너무 많이 오는 바람에 대중교통이 마비가 되어서 영화

시간에 늦어 ㅇㅇ이에게 영화를 보여 주지 못한 것이다. 그래서 그냥 피자헛에 갔는데 샐러드바를 보면서 너무나 좋아하고 신기해하던 ㅇㅇ이 덕분에 기분이 정말 좋았다. 첫날 멘토링을 하면서 'apple'이나 'student'와 같은 쉬운 단어들에 어려워하는 ㅇㅇ이를 보면서 10일이라는 시간이 짧지만 많은 것을 알려 주어야겠다는 생각을 했었다. 그래서 다른 새터민 아이와는 다르게 단어 시험도 꼬박꼬박 보고, 한국말 단어 시험도 보고, 도서관에서 책도 빌려 보는 등 학습 위주의 프로그램을 많이 했던 것 같다. 2학기 때부터 한국의 학교에 다니게 된다는 ㅇㅇ이가 고등학교에 더 잘 적응하려면 이러한 의사소통이 중요하다고 생각했기 때문이다. 그 결과 멘토링 마지막 날에는 긴 문장도 곧잘 쓰고 ㅇㅇ이가 가장 어려워했던 부분인 단어나 문장을 쓸 때 뒤에 적절한 조사를 붙이는 것도 한결 나아진 모습을 보여서 뿌듯했다.

처음에는 탈북자를 새터민이라고 부르는지도 모르고 멘토링에 참여했던 나에게 이번 멘토링은 많은 생각을 바꿀 수 있는 기회가 되었다. 내가 처음에 ㅇㅇ이를 만났을 때 가졌던 북한 사람들에 대한 많은 오해와 편견이 앞으로 통일을 하는 데 많은 걸림돌이 될 것 같다. 또 북한 아이들과 남한 아이들이 앞으로 함께 생활하고 공부하기 위해서는 그들의 대화 주제도 비슷해야 하고, 학습 수준이나 생각의 수준도 비슷해져야 할 텐데 지금은 차이가 너무 큰 것 같다. 그리고 미래에 통일이 꼭 이루어져야 하는 만큼 앞으로 일반 사람들이나 초등학교 학생들이 탈북자 자녀를 만나 함께 이야기하고, 그들의 생활을 이해할 수 있는 기회가 많아졌으면 좋겠다는 생각을 하였다.

5) 멘토 E

멘티 이외의 새터민과의 멘토링 활동을 진행하게 되었다. 멘토링 활동은 자택에서 진행되었으며 영어 멘토링 위주였다. 내가 맡은 멘티는 안병용 할아버님이었는데 이북에 계실 때 대학 공부까지 마치고 해외에서 근무를 하실 정도로 공부를 많이 하셨던 분이다. 러시아어, 중국어, 일본어까지 할 줄 아셨지만 영어라는 새로운 언어에 도전하시는 모습이 대단하다고 느꼈다.

할아버님께서는 교재를 받으시자마자 하루 만에 교재를 전체적으로 살펴보았다며 공부하신 것을 보여 주실 정도로 의욕이 넘치셨다. 혼자서 보신 것임에도 불구하고 내용이나 발음 체계에 대한 파악이 제대로 되어 있는 부분이 많아서 놀랐다. 할아버님께서 이번 멘토링에서 얻고자 하시는 것은 영어에 대한 간단한 내용이 아닌 혼자서도 공부할 수 있는 노하우라고 하셨다. 그래서 초급자에게 어렵지만 스스로 공부하시는 데 도움이 되도록 발음기호에 대한 멘토링과 간단한 발음 규칙 등에 대한 멘토링을 진행하였다. 그렇지만 역시 주 멘토링 내용은 생활 영어를 접하는 것으로 잡고 진행하였다. 처음에는 규칙이 없고 생소한 표현이 많아 어려워하셨지만 시간이 갈수록 학습 속도가 빨라져서 오히려 내가 더 많은 깨달음을 얻었다. 자신이 의욕만 있다면 공부란 나이나 환경과는 전혀 무관한 것임을 다시 깨달을 수 있었다.

이번 멘토링에서 며칠간 영어에 대한 자투리 멘토링을 한 것보다 더 중요한 것은 할아버님과 나누었던 대화라고 생각한다. 할아버님께서는 언제나 자신이 속한 자리에서 최고가 되기 위해 노력해 왔던 이야기들을 해 주시면서 나에게도 최고가 되지 못하더라도 최고가 되려는 노력은 해야 한다고 말씀을 해 주셨다. 항상 안일하게 지내왔던 내게 할아버님의 이야기들은 나도 모르게 할아버님께 그러겠노라고 약속하게 만드는 진실성이 있었다. 그 외에도 매번 갈 때마다 따뜻하게 맞아주시고 배려해 주셔서 오히려 내가 좋은 멘토를 만나고 온 기분이 들었다.

멘토링은 멘토에게서 멘티에게로 이루어지는 일방적인 활동이 아닌 상호작용으로써, 서로를 키워나가는 활동이라고 생각한다. 올 겨울 진행된 멘토링 활동은 안병용 할아버님께는 짧은 영어를, 나에게는 예비 교사로서의 마음가짐을 다지게 해 준 활동이었다. 내가 더 많은 것을 얻고 온듯하여 더 전해 주지 못함이 아쉬웠다. 이번 활동을 통해 새로운 마음가짐을 얻은 만큼 앞으로는 더 노력하는 태도를 가져야겠다고 생각했다.

6) 멘토 F

프로그램에 참여하겠다고 신청은 해도 실제로 참여하지 않을 가능성이 크다는 새터민의 특성 때문에 멘토링 첫날부터 절반 이상의 멘토링 참여 대학생들이 할 일 없이 방황하는 사태가 벌어졌었다. 새터민 대상 프로그램의 경우 신청자의 절반이 참여하면 성공이라고 담당 사회복지사 선생님이 말씀하셨고, 중반에 멘토-멘티 연결을 조정해 주셨다. 나는 다행히 아이가 멘토링 기간의 3/4 정도는 참여해 주어서 멘토링 활동을 할 수 있었다. 그러나 멘토링을 하면서 프로그램의 허술함을 느꼈다. 일단 새터민 대상 멘토링 참여 대학생의 배정이 너무 많았다. 반 정도는 다른 멘토링 프로그램에 참여시키는 쪽이 좋았을 것이라고 생각한다. 담당 조정 전에는 담당 학생들이 오지 않아 반 이상의 멘토링 참여 대학생이 할 일 없이 앉아 있기만 하는 사태가 벌어졌었다. 새터민의 특성을 조금만 알았어도 이런 일은 벌어지지 않았을 것이다. 그리고 방에서 부족한 공부만 하는 것이 아니라 좀 더 다양한 야외 활동이 포함되었으면 하는 점이 아쉬웠다. 그리고 창의력 교재보다는 교육적 요소가 들어 있는 게임을 몇 가지 제시해 주는 쪽이 더 나았을 것 같다.

7) 멘토 G

새터민 멘토링 활동은 처음이라서 관심도 많았고 어떤 식으로 프로그램이 이루어질까에 대해서도 매우 궁금했다. 앞에서도 언급했듯이 새터민 멘토링 활동은 크게 창의성 교육, 영어 교육에 멘토 1명당 멘티가 1명 또는 멘토 2명당 1명 정도의 멘티가 배정되어서 3시간 정도 서로 이야기도 나누면서 함께 공부하는 식으로 프로그램이 이루어졌다.

맨 처음에는 참가하기로 했던 새터민들이 모두 온 것이 아니라서 결연이 제대로 이루어지지 않았다. 복지사분께서는 새터민들의 특성이 외출을 좋아하지 않아서 안 나오는 경우가 많다고 하셨다. 그래서 나중에는 직접 집으로 찾아가서 일대일 교육을 하게 되었다. 직접 집에 찾아가 자택 교육을 해 보니 아동이 더 편안해하고 가정환경도 간접적으로나마 알 수 있게 되어서 자택에서 이루어지는 멘토링도 괜찮을 것 같다고 생각하였다. 한 가지 아쉬운 점은 멘티가 계속 바뀌었다는 점이다. 새터민 멘티들이 생각보다 지속적으로 참여해 주지 않아서 나의 경우에는 멘티가 계속 바뀌어 멘티에 대해 깊이 알기가 어려웠다. 프로그램이 초반이고 시행된 지 얼마 안 되어서였겠지만 앞으로는 참여하는 멘티들의 인원을 확실히 하고 지속적으로 나올 수 있도록 지도할 필요가 있다고 생각한다. 하지만 그동안 접해 보지 못했던 새터민들을 만나면서 그들이 가지고 있는 생각, 문화, 태도 등을 옆에서 보면서 새로웠고 조금은 더 이해할 수 있는 기회가 되지 않았나 싶다. 이렇게 새터민에 대해서 관심을 보이고 사회에 더 잘 적응할 수 있도록 도와주는 프로그램이 많이 만들어지고 자리를 잡아서 참여한 새터민들이 우리사회에 잘 융화될 수 있었으면 좋겠다.

8) 멘토 H

이번 멘토링을 통해서는 북한 새터민 자녀들과 만나볼 수 있었다는 것이 참 좋았다. 그러나 담당 멘티가 오지 않아서 실질적인 일대일 교류가 이루어지지 않았던 점에 대해서는 굉장히 아쉬운 부분이었다. 원래는 모두 일대일 멘토의 예정으로 새터민 아동들이 인원수에 맞게 섭외가 되었었는데, 월요일부터 불가피한 경우로 못 나오게 되거나 빠지게 되고 어떤 아동은 아예 당일 일정 계획을 무효로 하는 경우가 생겨서 기존의 계획을 변경하는 일이 발생했다. 나 또한 멘티에 대한 현황을 전달받고 준비하고 있었는데 멘티가 아파서 오지 못하는 어쩔 수 없는 상황이 되어서 전적으로 멘토 활동을 하지 못하고 다른 방향으로 멘토링이 이루어졌다. 다른 몇몇 선생님들 또한 일전에 하기로 되어 있던 학생들의 일정 취소로 한 멘티당 두세 명의 선생님이 멘토가 되어 활동을 하게 되었다. 이러한 상황은 앞에서 복지선생님께서 설명하셨던 새터민의 성향의 결과이기도 했다.

그러나 이를 통해서 다른 프로그램 참여도 해 볼 수 있는 기회가 되었다. 같은 복지관 내에서 진행되고 있는 새터민 성인 영어 기초반에 참석하여 어떻게 멘토링이 이루어지고 있는지 볼 수 있었다. 멘토링 시간에는 알파벳의 발음값 지도와 이에 기초한 영어 단어를 읽어보는 활동이 이루어지고 있었다. 앞서 오리엔테이션에서 '북한은 어려워서 못살고, 중국은 무서워서 못살고, 한국은 몰라서 못산다.'는 문구가 떠올랐다. 한국은 이미 간판이나 언어에서 영어가 굉장히 많이 쓰이고 있다. 평소에는 몰랐는데 이것이 새터민에게 원활한 의사소통을 가로막는 장애물로 작용했다. 이러한 점을 보더라도 기초 영어 지도는 꼭 필요한 과정인 것 같았다. 강사님께서 기초 알파벳을 가르치면서 예를 들 때, 특히 생활 속에서 자주 접할 수 있는 것들 위주로 함으로써 많은 도움을 주고자 하는 것을 알 수 있었다.

또한 다른 아동들과 친해지는 기회도 있었다. 첫날 만난 ○○은 중국에서 태어났기 때문에 중국말은 잘하지만 한국어를 잘 못하는 아이였다. 그러나 프로그램에서 제공되는 영어 교재로 영어를 공부해야 했기 때문에 한국어와 영어를 같이 해 주어야 하는 어려움이 있었다. 그러나 그림과 같이 지도해 주면서 ○○이 잘하는 중국어도 하게 하니 처음에는 조용하고 얌전했었는데 어느새 이리저리 활발하게 활동적으로 하는 것을 볼 수 있었다. 그런 모습을 보니 뿌듯하였다. 이후에도 김○○의 멘토 선생님들이 도서관에 가셔서 책도 읽어 주시고 열심히 지도해 주셔서 하루하루 좋아지는 모습을 보여 주었다.

안영민 선생님을 도와 새터민 아동 ○○(6학년)을 지도하였다. 실제 나이는 중학교 2학년이지만 한국에서 학교를 들어갈 때는 실제 나이보다 두 살 어린 학년으로 들어간다고 하였다. 나이가 있어서 처음에는 쉽게 친해지기 힘들 것 같았다. 그러나 ○○의 학원 숙제를 도와주면서 공부하는 것에 관심을 보였더니 금세 친해질 수 있었다. 생각과 다르게 다른 사람들을 굉장히 잘 받아들이고 마음도 잘 여는 편이었다. 대화도 많이 나누었다. 특히 인상적이었던 것은 공부에 관해서 굉장히 적극적이고 해야겠다는 의지가 많았다는 점이다. 그리고 이것저것 하고 싶은 것이 많아 보였다. 항상 무엇을 시작하고자 하는 의욕을 보이기 때문에 지도에 힘이 들지는 않았지만, 한 가지를 꾸준히 하는 것이 부족하고 학원 공부에 치여 멘토링 프로그램에 따른 영어 공부나 창의성 지도가 충분히 이루어질 수 없었다. 본인이 실질적인 공부를 봐주길 원하여서 학원 숙제와 중 1 공부를 도와주었다.

그러나 애초 학교에서 계획했던 창의성 교육을 했다고 하기에는 부족한 부분이 많았다고 생각한다. 교사로 간 나의 부족한 점도 많았겠지만, 좀 더 체계적인 프로그램으로 운영했으면 좋았을 것 같다는 아쉬움도 없지 않았다. 일대일의 멘토 상황일지라도 위에서 계획된 프로그램하에 움직이는 것이 좋지 않을까 생각했다. 서로 공통된 화제가 없었기 때문에 창의적인 사고를 유도하고자 이야기를 하는 데에 약간의 어려움이 있었다. 같이 견학을 가거나 체험을 했다면 더 친해졌을 것이라는 아쉬움도 남는다. 사실 날씨가 추워서 제한이 많았지만 바로 옆에 있던 도서관을 가지고도 활용할 수 있는 것이 충분히 많이 있을 것이다. 예를 들면, 도서관에서 선정한 재미있는 책을 같이 읽고 팀을 이루어서 메이킹 북, 각색하기, 그림 그리기 등의 활동을 통하여 창의성을 신장하는 방법도 있을 것이고, 재미있게 동화 구연을 해 주는 분을 초빙하는 것도 좋은 방법이라고 생각한다. 교재에 있는 내용을 바탕으로 게임을 만들어서 대항전을 하거나 각자 내용을 꾸민 후 큰 전지에 모두 적어 서로의 생각을 나누어 보면서 적극적이고 상호 교류할 수 있는 것들을 다양하게 마련하여 함께 하는 시간을 보내면 좋을 것 같다.

이번 멘토링은 북한 새터민 자녀들과 만나볼 수 있었다는 것이 참 좋았다고 생각한다. 북한 아이들에 관한 많은 고정관념들을 없앨 수 있었던 계기이기도 했다. 공산주의적 사상을 가지고 왠지 전투적일 것 같고 무서울 것 같았는데 직접 만나 보니 북한에 관한 편견이 아이들에게 잘못 투영되었음을 알 수 있었다. 그들과 이야기하고 도움을 줄 수 있었다는 것 또한 의미 있는 경험이었다고 생각한다.

9) 멘토 I

우선 새터민과 그렇게 가까이서 이야기를 나누고 시간을 함께할 기회가 주어져서 참 좋았다. 하지만 조금 아쉬웠던 것은 아이가 상처를 받을까봐 그 아이들에 대해 물어보지 못했는데, 새터민의 상황을 많이 알지 못하게 된 것 같아서 안타까웠다.

그리고 또 아이들을 보고 느낀 것은 아이들이 지금 남한에 있긴 하지만 마음의 문을 많이 열지 못하고 있다는 생각이 들었다. 아이들은 선생님들에게 자신의 마음을 열지 않고 경계하려는 듯한 모습을 자주 보였고, 또 혼자라서 그럴 수도 있지만 내가 맡은 ○○는 처음에는 하고 싶은 것, 노는 것, 만화책 보는 것만 하고 함께 공부는 하려고 하지 않아 속상하기도 했다.

나중에는 조금 엄한 모습도 보여 주고 해서 좀 미안한 마음도 있었지만, 그래도 나와 ○○가 함께한 10일이 그 아이에게는 좋은 경험이었을 것이라 생각한다. ○○이가 나중에 학교에서나 또래 집단에서도 함께 잘 어울려 지냈으면 좋겠다. 지식적인 면에서 우리가 많은 것을 가르쳐 주진 않았지만, 10일이라는 시간 동안 선생님들과 함께 하면서 분명 ○○이도 느낀 것이 있을 것이다. 내가 그 아이의 기억 속에서 좋은 추억으로 남았으면 좋겠다.

나 또한 이번 경험을 바탕으로 새터민에 대해서 많은 것을 알진 못했지만, 현장에 나가서 우리반에 새터민 친구가 있다면, 아이들과 함께 그 친구가 남한에 잘 적응할 수 있고, 친구들과도 사이좋게 잘 지낼 수 있도록 배려할 것이다. 이번 멘토링은 나에게 흔치 않은 좋은 경험이었던 것 같다. 나중에 이러한 기회가 또 주어지면 좋겠다.

10) 멘토 J

멘토링은 단기간이었지만, 알게 모르게 궁금하면서도 항상 우리의 관심 밖에 있던 새터민 아동들을 만나게 된 것이 말할 수 없는 기분을 느끼게 했다. 막상 만나고 나면 학업 수준을 제외하고는 우리와 나를 것이 없는 보통 아이들이다. 힘든 탈북의 과정을 어린 나이에 겪었을 텐데, 또 힘겹게 한국에서의 생활에 적응해 나가고 있는 것을 보면 안타깝기도 하고 대견하기도 하다. 단기간밖에 하지 못하고 나왔지만, 시간적 여유만 허락한다면 꼭 한 명의 멘토가 되어서 오랫동안 관계를 유지하고 싶다는 생각이 간절했다. 영어에 대한 어려움은 우리가 상상하는 수준 이상이었다. 그리고 탈북의 과정이 단기간이 아니라 중국에서 오래 경유하는 경우도 있기 때문에, 이런 아이들은 오히려 중국으로 다시 가고 싶어 한다는 뜻밖의 사실을 알게 되었다. 이 아이들을 위한 장기적 프로그램이 필요하다는 생각이 들었다.

단기간이어서 오히려 아이들에게 미안한 마음도 들었지만, 내가 교사가 되어 만날 수도 있는, 그리고 앞으로 우리사회에 더욱 늘어나게 될 새터민 아동들을 만나게 되어, 같은 민족이라는 생각에 반갑기도 하면서, 아이들을 대하는 데 무엇이 필요한지 한 번쯤 생각하게 되는 의미 있는 활동이었다.

11) 멘토 K

새터민에 대하여 충분한 교육을 받으면서 새터민에 대한 오해와 편견이 많다는 것을 깨달을 수 있는 기회가 되었고, 또한 그동안 몰랐던 것들을 많이 알게 되었다. 그렇게 교육을 받고 멘티들을 만났을 때 기대감에 벅찼고 처음 접해 보는 아동들에 대해 흥미로웠다. 하지만 새터민 아동들을 만나면 만날수록 한국의 여느 아동들과 별반 다를 것이 없다는 생각에 놀라우면서도 약간의 실망감을 감출 수가 없었다. 나름 '다를 것이다'라고 기대하고 있었던 것이다. 하지만 아이들은 똑같은 아이들이었다. 하나같이 순수하고 장난치는 것을 좋아하며 밝았다. 다만 안타까운 것은 새터민에 대한 지원이 너무 부족하다는 것이다. 삼산사회복지회관도 아동들을 관리하는 복지사가 1명뿐이었고 보일러도 잘 돌아가지 않는 열악한 환경이었다. 또한 좁아 빠진 주공아파트에서 어두운 방 안에 혼자 앉아 있는 나의 멘티를 본 적이 있었는데 마음이 너무 아팠다. 똑같은 한국인으로서의 생활을 할 권리는 있지만 권리만 주었을 뿐 그에 대한 지원은 아주 부족하다고 느꼈다. 새터민 아이들이 기존 한국 아이들보다 늦게 학교에 진학하고 또 열악한 환경에서 자라는 것은 나중에 나이가 들어 어엿한 사회인이 되는 데에도 많은 장애로 작용할 것 같았다. 새터민 아동들이 따뜻한 관심과 보호를 받으며 큰 꿈을 가지고 자랄 수 있으면 좋겠다.

참고문헌

경기도 초등수업사랑연구회(2002). 수업모형 핸드북-제7차 교육과정 교수실업 개선을 위한 수업모형 20가지.

경상남도교육과학연구원(2002). 제7차 교육과정 초등학교 교과별 수업모형 모음집.

곽병선 외(1998). **통일대비 교육과정 개발방안 연구**. 서울: 한국교육개발원.

교육과학기술부(2008). 새터민 청소년 지도교원 오리엔테이션 자료집.

교육인적자원부(2007. 5. 1.). 보도자료. 새터민 청소년 교육지원 대폭 확대.

교육인적자원부, 서울특별시교육청(2007). 새터민 청소년 교육프로그램 개발·실행 사업결과 보고서.

교육인적자원부, 충남교육청(2008). **새터민 청소년 학교 적응을 위한 교사 매뉴**얼. 서울: 교육인적자원부.

길은배(2003). **북한이탈 청소년의 남한사회 적응 실태 및 지원 방안 연구**. 서울: 한국청소년개발원.

김도태, 이경화(1997). 통일교육 개선방향 : 사회문화적 측면을 중심으로. **민족통일연구원 통일연구논총**, 6(1).

김동수(1983). **조선말례절집**. 평양: 과학백과사전출판사.

김미숙(2005). 북한이탈학생의 남한학교 다니기. **교육사회학연구, 15**(2).

김민수(1989). **북한의 국어연구**. 서울: 일조각.

김영훈, 지인배(2006). **식량난 이후 북한의 농업과 농정변화 분석(1995~2005년)**. 서울: 한국농촌경제연구원.

김윤영(2002). 탈북 아동들의 남한 학교생활과 문화적 갈등. **민족학연구, 제6집**.

김일성(1983). 조선로동당 제5차 대회에서 한 중앙위원회 사업총화보고(1970. 11. 2.), **김일성저작집 (25)**. 평양: 조선로동당출판사.

김일성(1997). 사회주의교육에 관한 테제(조선로동당 중앙위원회 제5기 제14차 전원회의에서 발표, 1977. 9. 5.). **김일성저작집, 32권**. 평양: 조선로동당출판사.

노동은(1996). **노동은의 음악상자**. 서울: 웅진출판사.

무지개청소년센터(2007). 새터민 · 다문화 전문가 양성교육(초급) 자료집.

박성희(1994). 교과서 분석에 의한 북한 청소년의 가치관 연구. 평화문제연구소. **통일문제연구**, 6(2).

박윤숙(2002). 북한이탈주민대상 자원봉사활동의 실제. 제4회 탈북동포돕기 자원봉사자 수련회 자료집 (7강).

박찬석 외(2007). **소수 새터민 학생을 위한 맞춤식 교육 지원**. 서울: 교육인적자원부.

배경숙(2001). **학급활동으로 이어가는 집단상담**. 서울: 우리교육.

사회과학원 언어학연구소(1976). **우리 당의 언어정책**. 평양: 사회과학출판사.

사회과학원 언어학연구소(1981). **현대조선말사전**. 평양: 과학백과사전출판사.

삼죽초등학교(2008). **새터민 초등학생의 학교생활 적응 능력 향상을 위한 연계 지도 방안 보고서**. 안성: 삼죽초등학교.

새터민학생 보호담당관 모임(1997). 새터민학생 적응지원을 위한 교육보호담당관제 운영의 활성화.

서강식(1999). **도덕 · 윤리과 수업 모형**. 파주: 양서원.

서울초중등남북교육연구회(2006). **새터민 학생의 학교생활 적응 프로그램 개발**. 서울: 서울특별시교육연구원 학교통일교육연구팀.

서울특별시교육연구원(1997). **학교적응 프로그램**. 서울: 서울특별시 교육연구원.

세종리더십개발원(2001). **새로운 민주시민 교육방법**. 서울: 백산서당.

양계민, 황순택(2008). 입국초기 새터민 청소년들의 심리적 건강상태에 관한 탐색적 연구. **한국청소년연구**, 19(2).

오기성 외(2002). **통일교육 교수법과 그 실제**. 서울: 통일부 통일교육원.

오기성(1999). **남북한문화통합론**. 파주: 교육과학사.

오기성(2000). **북한사회의 이질성과 통일한국의 갈등 분석**. 서울: 국방대학원.

오기성(2001). 남북한 문화의 '긍정적 다름'이 통일교육에 주는 함의 연구. **통일정책연구**, 10(1).

오기성(2002). **북한이탈주민 교육지원제도 운영현황의 문제점**. 통일부. 탈북 청소년 교육보호문제 워크숍.

오기성(2003). **제7차 도덕과 개선 방향 연구**. 인천: 경인교육대학교.

오기성(2004). 초등 도덕과 수업모형의 발전 방안 탐색. **초등도덕교육, 제3집**.

유동석(1995). 북한의 언어생활. 민족문화연구소 편. **북한사회의 이해**. 부산: 부산

대출판부.

윤기옥 외(2002). **수업모형의 이론과 실제**. 서울: 학문출판.

윤상석(2008). 새터민청소년 교육지원 방안과 제언. 서울특별시교육연수원. **2008 초등 맞춤식 직무연수—새터민 학생의 학교생활 적용 교육.**

윤인진(2001). 남북한 사회통합모델의 새로운 모색. **한국사회학회 2001년도 춘계 특별 심포지엄 자료집.**

이근철, 임용경, 고대혁, 오기성(2002). **도덕교육론**. 파주: 양서원.

이기영(2002). **탈북청소년의 남한사회 부적응문제에 관한 유형분석**. 서울: 한국청소년개발원.

이상면(1997). 통합과정에서의 문화적 충격과 사회·문화적 문제들. 문화방송사. **남북한의 사회·문화·경제·정치적 통합과 방송**. 서울: 문화방송.

이서행(1994). 남북한 사회관 및 일상적 사회생활 관련 가치관의 갈등양상. 한국정신문화연구원. **통일후유증 극복방안 연구**. 성남: 한국정신문화연구원.

이택휘, 유병렬(2000). **도덕교육론**. 파주: 양서원.

이향규(2007). 학교공부의 벽: 새터민 청소년 교육 실태와 학력격차. 한반도평화연구원 제3회 한반도평화포럼 자료집. **새터민 청소년 교육—우리의 미래다: 새터민 청소년들의 학력격차 및 미래 교육을 위한 제언.**

임상수(2001). 에듀테인먼트와 게임을 응용한 통일교육의 방법론. **국민윤리연구, 제48호.**

임순희(2006). 새터민 가정 내의 갈등. 무지개청소년센터·남북문화통합교육원. **만남과 외로움 지방 거주 새터민 청소년의 적응과 과제.**

장경모(1993). 남북한 언어 변동에 관한 연구. 통일원 **'93 북한통일연구 논문집(VII)**. 북한의 경제사회문화 분야.

전라북도 군산교육청(2001). 교실수업 개선을 위한 수업 아이디어 자료집.

전영태(1992). 민족적 대서사시 창출을 위한 준비작업. **문학사상, 봄호.**

정병호 외(2006). **새터민 청소년 사회적응력 제고를 위한 교육방안 마련 연구**. 수원: 경기도 교육청.

정진경(2001). 남북 문화이해지를 활용한 남북 상호 이해 교육. 통일교육원 학교통일교육과정 강의안.

정진웅(2004). '적응'을 넘어서: 탈북 청소년 교육의 방향 모색. **열린교육연구, 12(2).**

정진웅(2007). '적응'을 넘어서: 새터민 청소년 적응교육의 의미와 한계. 무지개청소년센터. **새터민 · 다문화 전문가 양성교육(초급) 자료집.**

정혜승 외(2007). **창의성 계발을 위한 국어과 교수 · 학습 전략.** 서울: 사회평론.

정홍익(1993). 문화정책의 가치론적 접근. **문화예술논총, 제5집.**

조명순(2008). 새터민 청소년과 교육의 역할. 서울특별시교육연수원. 2008 초등 맞춤식 직무연수–새터민 학생의 학교생활 적응 교육.

조정아(2007). 함께 살기와 서로 돕기: 새터민 청소년의 학교생활 적응과 지원 방안. 한반도평화연구원 제3회 한반도평화포럼 자료집. 새터민 청소년 교육–우리의 미래다: 새터민 청소년들의 학력격차 및 미래 교육을 위한 제언.

조한범 외(2003). **북한이탈청소년 및 귀국 청소년 문제행동 예방과 대책 연구.** 서울: 한국청소년개발원.

진주교대 부설초교(2002). 교실수업 방법 개선을 위한 수업모형.

차우규(2002). PMR 수업 모형 평가. **도덕과교육, 제14호.**

최명선 외(2006). 탈북아동, 청소년의 심리적 특성과 상담전략 모색. **놀이치료연구, 9**(3).

최운실 외(1995). **남북한 학생과 주민의 통일 사회 적응 연구.** 서울: 한국교육개발원.

최창렬 외(2004). **국어과 교수법.** 서울: 역락.

최현섭, 이인제, 최영환(1999). **남북한 초등학교 국어과 교육연구.** 서울: 역락.

추병완(1987). 콜버그 도덕적 추론의 가치교육에의 적용과정. 서울대학교 대학원 석사학위 청구논문.

추병완(1999). **도덕교육의 이해.** 서울: 백의.

추병완(2000). **열린 도덕과 교육론.** 서울: 하우.

통일부 통일교육원(2000). **북한이해.** 서울: 통일교육원.

통일원(1992). **북한의 교과서 분석.** 서울: 통일원.

하치근(1993). **남북한문법 비교연구.** 서울: 한국문학사.

한국교육개발원(1993). **유치원용 민주시민교육 프로그램.** 서울: 한국교육개발원.

한국국제이해교육학회(2001). 지구촌 시대의 국제교육 프로그램.

한국도덕윤리과교육연구회(2001). 민주시민교육을 위한 교육 프로그램 개발.

한국자유총연맹 민주시민교육센터(2000). 민주시민교육의 방법과 실제.

한만길 외(1999). **남북한 교육용어 비교 연구.** 서울: 한국교육개발원.

한만길 외(2000). **남북한 학생의 학력수준 비교 연구.** 서울: 한국교육개발원.

한만길, 현주, 오기성(1999). **북한이탈주민의 남한교육적응 연구**. 서울: 한국교육개발원.

한상훈(2008). 새터민 학생의 적응 교육. 서울특별시교육연수원. 2008 초등 맞춤식 직무연수-새터민 학생의 학교생활 적응 교육.

Archer, Margaret S. (1996). *Culture and Agency* (Rev. ed.). Cambridge: Cambridge Univ., Press.

Berry, J. W. (1998). *Acculturation and psychological adaptation: a conceptual overview*. Berwyn, PA: Swets North America.

Betancourt, H., & Lopez, S. R. (1993). The Study of Culture, Ethnicity, and Race in American Psychology. *American Psychologist* (June 1993).

Eberstadt, N. (1993). Perilous Road to Reunification. *Foreign Affairs, 72*(2).

Fong, S. (1974). Assimilation and Changing Social Roles of Chinese Americans. *Journal of Social Issues, 29*(2).

Fulbrook, Mary (1994). Aspect of Society and Identity in the New Germeny, *Daedalus, 123*(1).

Hicks, David (1988). *Education for Peace*. 고병헌 역(1993). **평화교육의 이론과 실천**. 서울: 서원.

Matsuoka, J. (1990). Differential Acculturation among Vietnamese Refugees. *Social Work, 35*(4).

Nathan, Andrew J. (1997). Promoting Politico-Cultural Integration: Lessons for Korea from the Chinese Experience. Paper for the International Seminar of "*Korean Unification and the Role of the Media*" sponsored by the Hankuk Foundation and Nuhhwa Broadcasting Company (Nov. 26).

Nobis, Adam, Boguslwaw Pawloski (1996). Cultural Conflict: It's Nature, Inevitablity and Function. Proceeding of the Fortieth Annual Meeting of the International Society for the System Society. *Sustainable Peace in the World System, and the Next Evolution of Human Consciousness* (Sep., 17-20).

Oberg, Kalvergo (1960). Cultural Shock: adjustment to new cultural environment. *Practical Anthropology, 7*.

Opitz, Peter J., & Dietmer Herz (1994). The Integration of East and West Germany in the Post-Unification Period. *Sino-Soviet Affairs*, *Vol. XVIII,* No. 4 (Winter, 5).

Pederson, Paul (1996). *The Five Stage of Cultural Shock-Critical Incidents around the World* (Conneticut/London).

Peterson, Richard A. (1979). Revitalizing the Culture Concept. *Annual Review of Society, 5,* 135-145.

Sandole, Dennis J. D., & Hugo van der Merwe (ed.) (1993). *Conflict Resolution Theory and Practice: Integration and Application.* Manchester: Manchester Univ. Pr.

Sorokin, Pitirim (1985). *Social and Cultural Dynamics.* NY: New Brunswick and Oxford L Transaction Books.

Spradely, James P. (1987). *Culture and Cognition: Rules, Maps, and Plans.* Prospect Heights, Illinois: Waveland Press.

Sue, S., & Sue, D. (1971). Chinese Personality and Mental Health. *Amerasia Journal, 1*(2).

Wong-Rieger & Quintana (1987). Comparative Acculturatio of Soutkeast Asian and Hispanic Immigrants and Sojourners. *Journal of Cross-Cultural Psychology, 18*(3).

찾아보기

인명

내용

| 저자 소개 |

▩ 오기성

서울대학교 대학원 윤리교육과 윤리교육전공(교육학박사)
통일부 통일정책자문위원, 민주평화통일자문회의 기획특별위원
세계평화통일학회 편집위원
현 경인교육대학교 윤리교육과 교수

〈주요 저서〉
남북한 문화통합론(교육과학사, 1999)
통일 교육론-사회문화적 접근(양서원, 2005)
통일사회로의 발돋움, 그 성공을 위하여(양서원, 2007)

▩ 김미선

숙명여자대학교 교육대학원 상담교육전공(교육학석사)
도덕과연구회 부회장, 도덕윤리연구실천학회 부회장
현 정왕초등학교 교사

〈주요 논문〉
생활지도 실천 사례(2008)
에듀테인먼트 교수학습 모형 구안적용을 통한 기본생활습관 형성(2008)
자아존중감 증진 프로그램이 다문화가정 아동의 자아존중감 및 학교생활적응에 미치는 효과(2009)

▩ 신은섭

서울대학교 대학원 윤리교육과 박사과정
경인초등도덕교육학회 회원, 한국도덕과교육학회 회원
현 인천효성남초등학교 교사

〈주요 논문〉
정보통신윤리교육 프로그램 효과에 관한 실험 연구(2005)
정보통신윤리교육(2007)

경인교육대학교 특성화사업단
C-멘토링 총서 9

새터민 청소년, 현명한 민주시민으로 거듭나기

2009년 2월 20일 1판 1쇄 인쇄
2009년 2월 25일 1판 1쇄 발행

지은이 • 오기성 · 김미선 · 신은섭

펴낸이 • 김진환
펴낸곳 • (주) 학지사
121-837 서울특별시 마포구 서교동 352-29 마인드월드빌딩 5층
대표전화 • 02)330-5114 팩스 • 02)324-2345
등록번호 • 제313-2006-000265호

홈페이지 • http://www.hakjisa.co.kr
커뮤니티 • http://cafe.naver.com/hakjisa

ISBN 978-89-6330-109-9 94370
978-89-6330-100-6 (set)

정가 14,000원